Jules-Louis CHARDON

DOCTEUR EN DROIT

La Réforme Électorale en France

PARIS
LIBRAIRIE NOUVELLE DE DROIT ET DE JURISPRUDENCE
ARTHUR ROUSSEAU, ÉDITEUR
14, RUE SOUFFLOT ET RUE TOULLIER, 13

1910

LA RÉFORME ÉLECTORALE

EN FRANCE

Jules-Louis CHARDON
DOCTEUR EN DROIT

La Réforme Électorale en France

PARIS
LIBRAIRIE NOUVELLE DE DROIT ET DE JURISPRUDENCE
ARTHUR ROUSSEAU, ÉDITEUR
14, RUE SOUFFLOT ET RUE TOULLIER, 13

1910

A MES PARENTS

BIBLIOGRAPHIE

AJAM. — *A propos du scrutin de liste et de la R. P.* (*Revue politique et parlementaire*, décembre 1906).

BENOIST (Charles). — *La Crise de l'État moderne, De l'organisation du suffrage universel* (Paris, 1895).

— *La réforme parlementaire* (Paris, 1902).

— *Pour la réforme électorale* (Paris, 2ᵉ éd., 1908).

BODLEY. — *La France* (traduction par l'auteur) (Paris, 1901).

BOURGEOIS (Léon). — *Vues politiques* (*Revue de Paris*, 15 avril 1910).

BUISSON (Ferdinand). — *La politique radicale* (Paris, 1908).

CLÉMENT (H.). — *La réforme électorale* (Paris, 1906).

DIÉTERLEN (Ph.). — *Le scrutin uninominal et le scrutin de liste...*, thèse (Paris, 1890).

EICHTHAL (Eugène d'). — *Souveraineté du peuple et gouvernement* (Paris, 1895).

ESMEIN (A.). — *Éléments de Droit constitutionnel*, 5ᵉ éd., (Paris, 1909.)

FAURE (Fernand). — *La législature qui finit et la Réforme électorale* (*Revue politique et parlementaire*, décembre 1909)

FERNEUIL (Th.). — *La réforme parlementaire par la révision du règlement de la Chambre* (*Revue politique et parlementaire*, juillet 1894).

— *La crise de la souveraineté nationale et du suffrage universel* (*Revue politique et parlementaire*, décembre 1896).

FLANDIN (Étienne). — *Scrutin de liste et représentation proportionnelle* (*Revue politique et parlementaire*, juillet 1903).

GOBLET. — *Le scrutin de liste* (*Revue politique et parlementaire*, juin 1902).

HANOTAUX (G.). — *Histoire de la France contemporaine* (Paris, t. I et II, 2ᵉ éd. ; t. III et IV, 1ʳᵉ éd).

Journal officiel. — *Débats et documents parlementaires.*

LA CHESNAIS. — *La représentation proportionnelle et les partis politiques* (Paris, 1904).

— *La représentation proportionnelle en France* (*Revue politique et parlementaire*, octobre 1903).

— *Les radicaux et la représentation proportionnelle* (*Revue politique et parlementaire*, octobre 1906).

— *Représentation et répartition proportionnelles* (*Revue scientifique*, 9 et 16 février 1907).

LEYRET (Henri). — *La République et les politiciens* (Paris, 1909).

MACQUART. — *Comment opérer la réforme électorale ? Organisation de la R. P.* (*Revue politique et parlementaire*, octobre 1901).

MAGNE. — *Scrutin de liste et scrutin uninominal*, thèse (Paris, 1895).

MAIRES DE FRANCE (Compte rendu sommaire des travaux du 4ᵉ Congrès des) (Châteaudun, 1909).

MEYER (Alfred). — *La théorie des élections et la représentation proportionnelle* (*Revue générale des Sciences*, 15 et 28 février 1905).

MONTESQUIEU. — *Esprit des lois* (Londres, éd. Nourse, 1769)

NAVILLE. — *La réforme électorale en France* (Paris, 1871).

— *Les progrès de la représentation proportionnelle en 1873* (Genève, 1874).

— *Les progrès de la représentation proportionnelle* (Bruxelles, 1885).

— *La démocratie, les systèmes électoraux et la représentation proportionnelle* (*Revue politique et parlementaire*, septembre 1896).

POINCARÉ (Raymond). — *Vues politiques* (*Revue de Paris*, 1er avril 1898 et 15 avril 1910).

REINACH (Joseph). — *Du rétablissement du scrutin de liste* (Paris, 1880).

— *La politique opportuniste* (Paris, 1890).

Représentation proportionnelle (La). — Études de législation et de statistiques comparées (Paris, 1888).

SALEILLES (R.). — *La représentation proportionnelle* (*Revue de droit public*, 1898, t. IX).

SARIPOLOS. — *La démocratie et l'élection proportionnelle*, thèse (Paris, 1899)

SÉVERIN DE LA CHAPELLE. — *Le scrutin de liste et la représentation proportionnelle* (Guingamp, 1884).

— *Étude de la représentation proportionnelle* (Grenoble, 1887).

— *De la réforme parlementaire en France* (Paris, 1897).

— *De la vraie représentation politique* (Paris, 1898).

— *Nouvelle méthode politique française* (Paris, 1903).

— *Objections et réponses sur le principe de la représentation proportionnelle, de 1899 à 1903* (Paris, 1903).

— *Le problème de la vraie représentation politique* (*Revue politique et parlementaire*, septembre 1901).

INTRODUCTION

L'étude impartiale, sinon dans son fonctionnement, au moins dans ses résultats, du système qui anime tous les rouages de la vie intérieure de la France, est peut-être une tâche difficile pour des Français, en général à la fois juges et parties ; toujours est-il que, sur ce terrain si proche de la politique et, du fait même de cette connexité, les notes discordantes sont nombreuses. Les uns, ceux qui goûtent les charmes de la majorité, sont portés à l'indulgence, les autres, jetés dans l'opposition par la défaite de leurs idées, sont naturellement portés, par un excès de pessimisme, à croire qu'un Parlement, s'il n'est pas constitué selon leurs préférences, ne peut pas légiférer avec fruit. Cependant, depuis quelques années, les critiques deviennent plus vives, plus générales et, si l'on en croit même les écrits de certains publicistes et non des moindres, le régime parlementaire en France serait tombé dans un profond discrédit.

Voici ce qu'en pensait, dès 1895, M. Eugène d'Eichthal :
« ..... Le Parlement, au lieu d'un organisme approprié, apte à constituer et à contrôler un gouvernement, devient nécessairement une sorte de champ-clos ouvert à la compétition des intérêts locaux ou privés, des passions ou des rancunes de personnes ou de groupes... Toute vue générale ou même simplement à longue portée tend à s'effacer (1). »

En 1897, M. Jules Roche écrivait, sous le ministère Méline : « Nous n'en sommes pas moins le pays le plus mal gouverné, — ou l'un des plus mal gouvernés, pour n'humilier personne — qu'on puisse voir dans le monde (2). »

A la même époque, M. Jules Lemaître affirmait que la France était en décadence, et il ajoutait :

« Voilà vingt sept ans qu'il n'y a plus guère de plaisir à être Français (3). »

De son côté, quelques années plus tard, M. Charles Benoist, dans des articles aux titres violents (4), stigmatisait, en même temps que le gouvernement de M. Combes, la dégénérescence constitutionnelle :

« Derrière le ministère que la fiction constitutionnelle

---

(1) *Souveraineté du peuple et gouvernement*, p. 239.
(2) *Figaro* du 11 juin 1897.
(3) *Figaro* du 13 avril 1897.
(4) Ces études : *Où est le gouvernement? — Le ministère perpétuel. — L'anarchie provoquée*, ont été réunies dans le livre : *Pour la réforme électorale*.

présente comme responsable, qui l'est en droit, sinon en fait, il y en a un autre, extra-constitutionnel, inconstitutionnel, anti-constitutionnel, qui n'est responsable ni en droit, ni en fait. Derrière M. Combes, qui n'est pas le maître, il y a la Délégation des gauches (1), qui n'est pas la maîtresse ; il y a la rue Tiquetonne (2), il y a la rue Cadet (3) ; il y a les forts ténors du collectivisme légalitaire ou révolutionnaire ; il y a toutes sortes de meneurs qui mènent ceux dont l'office et la fonction seraient de mener (4). »

Et plus loin : « Il est possible que ce soit la déviation démocratique du régime parlementaire, et quelques-uns soutiendront peut-être que c'est la démocratie elle-même. Non, ce n'est pas elle, mais une démagogie : ce n'est pas le gouvernement par le peuple, mais le gouvernement par un syndicat (5). »

A l'heure actuelle, les opinions ne semblent guère plus favorables. En voici quelques-unes :

---

(1) C'était la réunion des délégués des quatre groupes de gauche de la Chambre (groupe socialiste, extrême-gauche radicale-socialiste, gauche radicale, union démocratique), en une sorte de conseil qui examinait les questions portées devant la Chambre, se mettait d'accord sur leur solution et parfois imposait sa volonté au ministère. Elle devint un véritable moyen de gouvernement, dont la légitimité fut âprement contestée par l'opposition.
(2) Comité d'action pour les réformes républicaines, siégeant 62, rue Tiquetonne.
(3) Grand-Orient de France.
(4) *Pour la réforme électorale*, 2ᵉ éd., p. 16.
(5) *Ibid.*, p. 32.

M. Paul Leroy-Beaulieu : « Le pays est écœuré et révolté des abus du présent système représentatif (1). »

M. Lasies : « La France souffre d'un malaise que personne, sauf ceux qui en profitent, ne songe à contester (2). »

M. Gauthier (de Clagny) : « Notre parlementarisme incohérent commence à tomber dans le plus profond discrédit. La masse des travailleurs, méfiante ou gouailleuse, n'attend plus rien de lui; le monde des penseurs se désintéresse de ses agitations stériles et cherche sur quelles bases nouvelles il conviendrait d'organiser dans la République un gouvernement d'ordre et de liberté, conforme aux traditions de toutes les démocraties et au génie de notre race (3). »

M. Cruppi, après avoir insisté sur la nécessité d'une rénovation économique : « Le Gouvernement et les Chambres, dans l'état actuel de leur organisme, peuvent-ils mener à bien un tel effort de rénovation ? Il est permis d'en douter (4). »

M. Labori : « L'initiative parlementaire est à peu près nulle pour tout ce qui touche aux intérêts généraux. Le travail parlementaire se fait sans règle, sans ordre, souvent sans sincérité... La vie politique n'est qu'un perpé-

---

(1) *Économiste français* du 6 novembre 1909, p. 670.
(2) *Matin* du 28 février 1910.
(3) *Matin* du 3 mars 1910.
(4) *Matin* du 25 octobre 1909.

tuel compromis entre deux puissances de surenchère ou de corruption : la démagogie et l'argent (1). »

M. Poincaré : « La pensée commune de tous ceux qui observent et qui réfléchissent se peut exprimer en deux mots : Dans les conditions où il fonctionne aujourd'hui, le mécanisme parlementaire, sans fournir une production appréciable, fait une consommation ruineuse de forces individuelles : il gaspille les intelligences, il broie les meilleures volontés, il multiplie les surfaces de frottement et les pertes d'énergie, et il n'y a finalement aucune correspondance entre le rendement constaté et la valeur morale des efforts accomplis. Loin d'avoir changé depuis douze ans (2), les raisons profondes de ce détraquement interne se sont, tous les jours, accusées davantage (3). »

Les récriminations de M. Lasies et de M. Gauthier (de Clagny), découragés de voir leur talent et leur esprit impuissants à vivifier l'opposition parlementaire, peuvent sembler naturelles, mais combien plus inquiétantes sont les critiques de M. Labori, de M. Cruppi et de M. Poincaré (ces deux derniers anciens ministres), qui font partie de la majorité parlementaire !

Il est difficile, en vérité, de nier qu'un peu partout règne

---

(1) *Matin* du 7 mars 1910.
(2) Allusion à un précédent article sur le même sujet, *Revue de Paris* du 1ᵉʳ avril 1898, p. 638.
(3) *Revue de Paris* du 15 avril 1910, p. 848.

un certain mécontentement qui se traduit, ici, par les lamentations des classes possédantes, là-bas par des revendications ouvrières ; les intérêts s'entre-choquent et des conflits troublent périodiquement la vie économique de certaines régions. Pour porter remède à ces malaises, on en recherche la cause et, comme il faut un coupable, on accuse le Gouvernement, le régime parlementaire :

Qui donc nous gouverne ? — Une Chambre viciée dès son origine, où l'élite du pays ne figure pas, pour avoir refusé d'affronter l'arène électorale d'où l'on a chance de sortir vainqueur peut-être, mais toujours sali, parfois déshonoré.

Que font les députés ou tout au moins beaucoup d'entre eux ? — Dès le lendemain de leur élection, ils songent uniquement à leur réélection ; la législature s'ouvre à peine et ils recommencent à être candidats. La France ne les préoccupe guère, ils vont rarement à la Chambre et quand ils s'y trouvent, ils font leur courrier, tandis qu'un orateur, faute de mieux, s'adresse aux banquettes ; des collègues plus assidus votent pour eux. Ils passent leur temps dans les antichambres ministérielles ; sollicités par leurs électeurs, ils sollicitent et, pour obtenir davantage, ils marchandent leur concours. Ils perdent de vue les grandes questions et ils s'adonnent aux petites ; ils condamnent d'avance toute augmentation de dépenses et ils réclament à grands cris des subventions pour leurs électeurs ; dans leur circonscription, ils protestent contre le gaspillage et, à la Chambre, ils se livrent à la surenchère, et ils augmentent leur indemnité.

Tel est le fonctionnement du régime, tel est le tableau des mœurs parlementaires en France d'après une grande partie des livres, des revues et de la presse.

On comprend que de tels faits, colportés un peu partout, aient jeté le trouble, même en tenant compte de l'exagération possible, dans un certain milieu, chez certains esprits soucieux de l'avenir de leur patrie, mais, jusqu'à ces dernières années, si l'on met à part cette minorité intellectuelle, le parlementarisme ne s'était pas discrédité aux yeux du pays, semble-t-il, car le pays ne souffrait pas de ses abus et il n'en avait pas envisagé les conséquences possibles, l'incidence lointaine, mais probable. Qu'importaient, en effet, à la majorité de la nation, les dépenses les plus folles, les surenchères les plus extravagantes, puisque ses mandataires lui affirmaient qu'ils les votaient dans son intérêt et que, seule, une petite minorité en ferait les frais ?

Quoiqu'il en soit, on s'est préoccupé, depuis longtemps déjà, de rechercher des remèdes ; l'amélioration du régime politique est un problème qui tente à toute époque les réformateurs.

Certains, au temps de l'Assemblée nationale, enviaient la division prussienne des classes (1), quelques-uns, — l'abbé

---

(1) Le vote est à deux degrés ; les électeurs sont répartis en trois classes

Lemire est de ce nombre — préfèreraient encore aujourd'hui le vote plural des Belges (1), d'autres enfin seraient favorables au suffrage à plusieurs degrés, mais ces désirs ne peuvent être que des regrets, car ces réformes n'ont aucune chance de se réaliser en France et elles appartiennent au passé.

A l'heure actuelle, certains penchent vers une refonte complète de nos institutions représentatives, par l'organisation de la *représentation des intérêts* : cette réforme consisterait à diviser la nation en groupes de citoyens ayant des intérêts matériels ou moraux connexes, en vue de l'élection de représentants qui auraient pour mission principale la défense de ces intérêts. Mais, sans examiner *si une conciliation est possible* entre la souveraineté nationale et la représentation professionnelle, il semble que si l'on se place au point de vue pratique, la réforme ne soit nullement désirable : on ne voit pas pourquoi l'on remplacerait un système auquel on reproche de favoriser *les intérêts locaux* au détriment de l'intérêt général, par un régime qui, dans son essence même, est destiné à la défense des intérêts particuliers.

---

dont chacune représente le tiers de l'impôt et nomme le tiers des électeurs secondaires.

(1) Tout citoyen âgé de vingt-cinq ans a droit à un vote ; un autre vote est accordé aux électeurs de plus de 35 ans, chefs de famille et payant l'impôt, *et aux propriétaires de certains biens* ; deux votes supplémentaires sont attribués à raison de certaines capacités intellectuelles, mais nul ne peut cumuler plus de trois votes.

Toutefois, il est nécessaire que les grands intérêts économiques soient défendus, que les revendications professionnelles puissent parvenir nettement jusqu'au gouvernement, jusqu'au législateur. On pourrait, sans doute, arriver à un résultat, en étendant le régime des chambres de commerce à chaque groupe d'intérêts, en accroissant leurs attributions, en faisant d'elles, en un mot, de vastes corps consultatifs dont il faudrait demander l'avis pour les questions professionnelles. Peut-être éviterait-on ainsi de nombreuses lois, séduisantes en théorie, mais difficiles à mettre en pratique ou contraires aux intérêts qu'elles visent à défendre.

Plus modestes sont ceux qui réclament le vote obligatoire, au premier abord, la réforme paraît tentante car ce sont, on le prétend du moins, les meilleurs électeurs, les plus posés, les plus intelligents, qui s'abstiennent, mais elle serait nettement contraire à la souveraineté nationale : le premier droit de l'électeur, souverain, est de ne pas faire usage, si bon lui semble, de sa souveraineté (1).

Depuis quelques années, on a beaucoup parlé de réfréner la pression électorale, mais le seul remède efficace serait trop énergique : pendant les trois dernières années de la législature, il faudrait d'abord condamner au silence les préfets et les sous-préfets qui débordent d'activité politique ; ce serait peut-être difficile.

---

(1) Pour défendre leur système, les partisans du vote obligatoire répondent que le vote est, non un droit, mais une fonction sociale.

On a voulu également assurer la liberté et la sincérité du vote, en introduisant dans la législation électorale la pratique de l'isoloir et du vote sous enveloppes, d'un modèle unique, fournies par l'Administration. L'établissement, dans chaque salle de vote, d'un isoloir où l'électeur pourrait, à l'abri des regards indiscrets, introduire son bulletin dans l'enveloppe, paraît d'une utilité contestable ; la rapidité du vote serait compromise sans nécessité, car rien n'empêche l'électeur de préparer à l'avance, chez lui, le bulletin et l'enveloppe. Quant au vote sous enveloppe lui-même, il a contre lui la presque universalité des maires ; il blesse dans leur conscience ceux qui sont honnêtes et il lèse les autres dans leurs intérêts ; tous lui reprochent d'allonger considérablement le dépouillement. La pratique de bulletins uniformes qui ne devraient pas être touchés par les présidents des bureaux serait peut-être préférable.

Par contre, une mesure très utile et qui ne modifierait en rien la procédure actuelle, serait l'admission dans les diverses sections de vote, de représentants des divers candidats, agréés par eux et chargés de contrôler la marche des opérations électorales ; ce seraient les « témoins » de la loi belge. Il faut croire que ces propositions comportent de sérieux dangers pour des situations acquises car le projet est pendant, devant le Parlement, depuis deux législatures et la Chambre et le Sénat ne peuvent, ou plutôt, ne veulent jamais se mettre d'accord.

Mais ces tentatives de réforme ne sont que les petits côtés de la grande réforme électorale : le problème du mode de scrutin a pris une telle importance, que toutes les autres questions semblent rejetées dans l'ombre. A l'heure actuelle, la réforme électorale, en apparence, se limite à un seul objet, la suppression du scrutin d'arrondissement (1) que ses adversaires accusent d'être l'origine, la cause primordiale, sinon unique, du malaise parlementaire.

Tout d'abord, la formation arbitraire des circonscriptions électorales fausse le résultat des élections. Il est vrai qu'il est à peu près impossible de tracer des divisions absolument égales, mais, souvent, le Gouvernement entraîne la Chambre à considérer plutôt les divisions politiques que les divisions géographiques de l'arrondissement (2).

Cette répartition défectueuse n'est rien à côté de l'inégalité qui existe entre les départements, les arrondissements, les circonscriptions même d'un arrondissement, au point

(1) Ce scrutin, on le sait, est le mode de votation d'après lequel l'arrondissement (ou une partie, lorsqu'à raison de sa population, l'arrondissement a droit à plus d'un député), est pris comme collège électoral ; dans ce système chaque électeur ne peut voter que pour un seul candidat. — D'après la loi du 13 février 1889, art. 2, chaque arrondissement a droit à un député, et au-dessus de 100.000 habitants, à un député supplémentaire par 100.000 ou fraction de 100.000 habitants.

(2) C'est ce qui se passa, en 1902, pour l'arrondissement de Tournon : il y avait deux circonscriptions inégales, la première avait 76.000 habitants, la seconde 68.000 ; cela n'empêcha pas de distraire un canton de la seconde, pour l'octroyer à la première qui eut, ainsi, 28.000 habitants de plus. Ce fait motiva une énergique protestation de M. Drake, qui déposa avec MM. de Gailhard-Bancel et Jules Roche, un amendement, d'ailleurs repoussé (17 mars 1902).

de vue de la représentation. On peut citer de nombreux exemples :

Inégalités entre départements. — Les Basses-Alpes, pour 111.000 habitants ont cinq députés, l'Ariège avec 205.000 n'en a que trois ; le Var, avec 325.000, n'en a que quatre, soit trois fois plus d'habitants que les Basses-Alpes et un député de moins (1).

Inégalités entre arrondissements. — Les exemples bien connus, cités par M. Et. Flandin, dans son rapport sur la représentation proportionnelle prennent pour base de comparaison le chiffre des électeurs inscrits (2). Si l'on prend, pour s'en tenir à notre loi électorale, le nombre des habitants, les chiffres n'en sont pas moins concluants : voici un tableau de dix circonscriptions qui toutes nomment un député :

Sceaux 2e.	135.323 hab.	Barcelonnette.	13.855 hab.
Lille 7e.	124.656 —	Castellane.	16.832 —
Versailles 1re.	120.722 —	Sisteron.	17.728 —
Nantes 3e.	118.605 —	Puget-Théniers.	20.550 —
St-Denis 6e.	110.823 —	Gex.	20.833 —
	610.129 —		89.798 —

Ainsi 89.798 habitants ont cinq députés, 610.129 ne

(1) Ces chiffres, ainsi que les suivants, s'appliquent à la Chambre élue en 1906, et sont extraits du recensement de 1901.
(2) Voy. *Journal officiel*, Doc. parl., Chambre, 9e législature, annexe n° 683.

sont pas mieux représentés, et le bulletin de l'électeur de Sceaux, dans la balance électorale, pèse dix fois moins que celui de l'électeur de Barcelonnette.

Inégalités entre circonscriptions d'un même arrondissement. — La troisième circonscription de Bordeaux, par exemple, compte 110.000 habitants, alors que la quatrième en a seulement 70.000, la sixième circonscription de Lille a 103.000 habitants et la septième, 124.000, alors que la neuvième n'en a que 61.000 et la quatrième, 67.000 : ainsi la septième circonscription est plus de deux fois plus peuplée que la neuvième.

Ces inégalités sont assurément un des vices les plus graves du scrutin uninominal.

On lui reproche encore d'être le scrutin des luttes personnelles, non des luttes d'idées. Parfois, les élections se font sans programme ; en tous cas, la lutte est mesquine, toujours violente ; il faut, en effet, terrasser son adversaire, et pour y arriver sûrement, on ne choisit pas toujours les moyens.

Ce mode de votation favorise en outre la corruption électorale : comme il n'y a pas en général un grand nombre d'électeurs ou tout au moins un grand nombre de voix à déplacer, on peut les acheter.

Il traîne à sa suite la candidature officielle : plus le collège électoral est restreint, plus la pression électorale s'exerce facilement.

Il donne plutôt la mesure de la popularité des personnes que celle de l'opinion de la circonscription ; aussi s'oppose-t-il aux grands courants d'opinion (1) et n'envoie-t-il au Parlement que des majorités instables, sans homogénéité, incapables de mener à bien une réforme.

Enfin, il abaisse le niveau du personnel parlementaire : avec lui, dit-on, la conception du mandat est tellement mesquine, la lutte tellement âpre, les arguments tellement personnels que la plupart des citoyens qui ont révélé leur compétence, leur valeur au cours de leur carrière, s'abstiennent d'affronter la bataille. Même ceux que leur passé irréprochable semblerait mettre au-dessus de toute suspicion, de toute injure, même ceux-là, ils manqueront de courage ; ils savent que la calomnie est là, prête à les atteindre et ils ne se sentent pas le cœur assez cuirassé pour en subir les outrages. S'ils se décident, la lutte est inégale, car ils ont devant eux un candidat qui promettra plus qu'il ne pourra tenir et se livrera aux surenchères les plus folles (2). Après l'élection, le député devient, non pas le représentant de la nation, mais le commissionnaire de ses électeurs qui l'assiègent pour lui demander de l'argent,

---

(1) M. Ch. Benoist a brillamment développé cette critique : « Ces circonscriptions multipliées et closes sont comme des épis, des brise-lames, qui s'opposent à la circulation des courants d'opinion. Ce sont comme des douanes intérieures de la politique ». (*Pour la réforme électorale*, 2ᵉ éd., p. 150).

(2) D'après M. Berthélemy, à son cours, un candidat recueille toujours les applaudissements de son auditoire, en déclarant gravement que s'il est élu, on demandera plus à l'impôt et moins au contribuable.

des faveurs. La situation des ministres est encore pire, ils doivent toujours satisfaire les sollicitations des députés qui votent ou peuvent voter pour eux ; un refus ne pourra-t-il pas un jour être la cause de la chute du cabinet? Un tel système donne naturellement de mauvais résultats, le député ne songe qu'aux intérêts locaux, aux intérêts de clocher, il regarde vers sa circonscription, avant de regarder vers la France, et défenseur quand même de son arrondissement jusque dans ses rouages les plus inutiles, il s'oppose à toute réforme administrative et judiciaire.

PREMIÈRE PARTIE

Les réformes proposées

CHAPITRE I

LE SCRUTIN DE LISTE

Le scrutin de liste par département est le mode de votation d'après lequel chaque électeur est appelé à nommer autant de députés qu'il en a été affecté au département, pris comme collège électoral.

En sa faveur, on fait, en général, valoir les arguments suivants :

La nation est une ; il ne devrait y avoir qu'un collège électoral unique, mais ce mode est irréalisable, vu le nombre des électeurs et des députés ; il faut dès lors se borner à adopter le système qui s'en rapproche le plus, sans cesser d'être praticable.

Il multiplie le droit de chaque électeur et il l'exalte en lui permettant de contribuer à la nomination de plusieurs représentants.

Il favorise les grands courants d'opinion et permet d'avoir l'expression sincère de la volonté du pays car il donne aux élections une signification politique plus grande : c'est en effet le scrutin des idées, les questions de personnes passent au second plan, l'électeur se décide sur des programmes. Le député se ressent de son origine : il est plus libre vis-à-vis de ses électeurs, il n'est plus leur commissionnaire, il peut avoir en vue les intérêts généraux. Il se constitue ainsi des majorités compactes et stables, qui rendent possible le fonctionnement du régime parlementaire.

On n'a plus à craindre l'existence scandaleuse de collèges électoraux vraiment trop inégalement peuplés ni le découpage arbitraire des arrondissements qui ont droit à plusieurs députés.

Enfin il moralise le scrutin : avec lui, plus de corruption électorale — un département coûterait trop cher à acheter — plus de candidature officielle car la pression administrative s'exerce difficilement sur une circonscription étendue.

Ce tableau enchanteur n'a pas convaincu les adversaires du scrutin de liste. D'après eux :

Il établit entre les électeurs des divers départements une **inégalité injustifiable : suivant le hasard de son domicile,** un électeur nomme trois députés, un autre vingt, un autre quarante (1).

La Constitution est violée : l'équilibre entre les deux Chambres est rompu ; la Chambre des députés, élue par le suffrage universel dans un collège aussi vaste, réduirait bientôt au silence le Sénat, élu du suffrage restreint.

L'élection manque de sincérité ; l'électeur n'est plus libre ; il est obligé de s'abstenir ou de voter pour des candidats imposés par des comités sans mandats, candidats qui lui sont, en général, inconnus sauf un qui sert de « remorqueur » aux autres et varie suivant les arrondissements. Ainsi le député est l'élu d'un département, mais il reste le mandataire d'un arrondissement (2).

L'élection manque de vérité et les programmes sont un mensonge car les listes résultent souvent de transactions et indiquent mal l'opinion du pays. D'ailleurs le scrutin de liste favorise les pactes entre partis opposants.

Les villes, où les électeurs sont réunis et placés sous la main des comités, ont une prépondérance excessive sur les campagnes.

Enfin les minorités sont écrasées, en dépit de l'affirmation de certains qui persistent à soutenir le contraire (3).

(1) Cet argument n'a aucune valeur : en effet, si un électeur nomme trois fois plus de députés qu'un autre, c'est qu'il habite dans un département trois fois plus peuplé et que son vote a un pouvoir trois fois moins grand.
(2) Cf. J. Reinach, *Politique opportuniste*, p. 86.
(3) On cite comme exemple, l'élection en 1885, dans la Sarthe, de M. Cavai-

Avec le scrutin d'arrondissement, 50 plus 1 est tout, 50 moins un n'est rien; avec le scrutin de liste, 500 plus 1 est tout, 500 moins 1 n'est rien. Le scrutin d'arrondissement permet, par des compensations empiriques, une certaine représentation des minorités grâce au fractionnement du territoire, on lui reproche cependant d'être injuste; le scrutin de liste accentue ces iniquités et ce seul inconvénient, le plus grave du reste, suffit à rendre son rétablissement peu désirable et même dangereux.

Aussi quelques-uns de ses partisans font-ils des concessions et proposent-ils de sectionner les départements qui ont droit à plus d'un certain nombre de représentants. Le scrutin de liste serait limité à trois noms ou plus généralement à cinq ou à dix.

On réalise ainsi deux avantages : en premier lieu, les minorités sont un peu moins sacrifiées et ensuite, le système est d'un maniement plus facile car il ne faut pas se dissimuler que, dans un département comme la Seine, où il y a une quarantaine de députés à nommer, le scrutin de liste pur et simple n'est pas très pratique pour l'électeur et entraîne des difficultés pour le dépouillement : ainsi, à Paris, en 1885, le dépouillement

---

gnac et de M. d'Aillières, de M. Leporché et de M. de La Rochefoucauld; dans l'Ille-et-Vilaine, de M. de Lariboisière et de M. Waldeck-Rousseau; dans le Lot-et-Garonne, de M. Fallières et de M. Sarrette. Mais on ne trouve de tels résultats que lorsque les partis opposés sont sensiblement égaux en nombre. Ce n'est jamais qu'une exception.

dura plusieurs jours et on finissait par ne plus trouver de scrutateurs pour le terminer.

En revanche, ces transactions ont l'inconvénient de rétablir, dans certains départements, les circonscriptions arbitraires tant reprochées au scrutin d'arrondissement, aussi en définitive, n'apportent-elles, semble-t-il, qu'une amélioration bien minime au fonctionnement du scrutin de liste pur et simple.

CHAPITRE II

LA REPRÉSENTATION PROPORTIONNELLE

La représentation proportionnelle des opinions est la réforme vers laquelle tendent ceux qui, tout en repoussant le scrutin d'arrondissement, refusent de s'associer à la brutalité du scrutin de liste majoritaire ; elle a pour but, en donnant aux divers partis en présence un nombre de représentants proportionnel au chiffre de voix obtenus par chacun d'eux, d'assurer autant que possible, le pouvoir à la majorité réelle du pays et le contrôle aux minorités.

Son objet est un objet de justice et de vérité auquel il semble que tout le monde pourrait rendre hommage; cependant, son principe est attaqué à sa base même: on dit que la représentation proportionnelle est incompatible avec le régime parlementaire et cet argument est d'une gravité telle qu'il est indispensable de l'examiner tout d'abord.

L'objection est présentée et soutenue avec une grande vigueur par M. Esmein qui est, à l'heure actuelle, un des plus redoutables adversaires de la représentation proportionnelle (1) : le gouvernement représentatif est nécessairement le gouvernement de la majorité, il repose sur ce principe que, pendant un temps déterminé, le pouvoir appartient aux représentants choisis par la majorité des électeurs. Si ls pays formait un collège électoral unique, la majorité aurait le droit de nommer tous les députés, or la décomposition en circonscriptions multiples ne résulte que de nécessités pratiques.

Ce principe, s'il était exact, ne devrait pas souffrir de tempérament, cependant M. Esmein l'abandonne en partie :

« Est-ce à dire qu'une assemblée représentative, qui ne comprendrait que des représentants de la majorité, serait bien composée ? Elle le serait au plus mal. Car le régime représentatif est essentiellement un régime de débat et de libre discussion, et l'on ne discute pas utilement, on résout souvent imprudemment, si l'on n'a pas devant soi des contradicteurs et des adversaires. Une majorité, sans minorité opposante peut être le plus dangereux de tous les modes de gouvernement. Il est utile, nécessaire même, que chaque parti sérieux et honnête puisse faire entendre sa voix et proposer sa doctrine au Parlement. » (2).

Mais le savant professeur se hâte d'ajouter qu'il suffit à la minorité, pour faire entendre sa voix, d'être représentée et que peu importe son nombre :

---

(1) *Éléments de droit constitutionnel*, 5ᵉ édition, p. 273 et suiv.
(2) *Ibid.*, p. 274.

« Tant qu'une minorité reste telle dans le pays, son rôle légitime ne consiste point à réclamer une part dans le gouvernement, mais à s'efforcer de gagner des adhérents pour devenir la majorité » (1).

Les proportionnalistes prétendent qu'une assemblée représentative doit être en plus petit l'image du corps électoral qu'elle représente. Il y a dans cette affirmation une confusion : il devrait en être ainsi, si les assemblées étaient purement consultatives, on concevrait alors que l'autorité supérieure fût éclairée par tous les partis, mais elles ne font pas que débattre, elles statuent aussi et exercent par là un attribut de la Souveraineté. Elles doivent donc être composées d'après le principe majoritaire, pour assurer le droit de décision qui appartient à la majorité. De plus, dans les pays parlementaires, les Assemblées ont encore pour mission de soutenir ou de renverser le Cabinet, alors qu'une majorité stable et homogène est nécessaire, la proportionnelle ne peut donner jamais qu'une juxtaposition de minorités.

Ces arguments ne sont pas irréfutables : tout d'abord, M. Esmein, montrant qu'à la source du régime représentatif se trouve un collège électoral unique divisé simplement pour raisons de commodité, en conclut que la majorité a le droit de priver la minorité de tout représentant; c'est là, semble-t-il, une pétition de principes. Il est nullement prouvé, en effet, que la délégation de la souveraineté

---

(1) Esmein, *op. cit.*, p. 274.

nationale doive se faire plutôt suivant les règles du scrutin majoritaire que suivant celles du scrutin proportionnel : une longue tradition doctrinale ne saurait tenir lieu de démonstration. Il semble même que la théorie soit favorable à la réforme : la nation délègue ses pouvoirs parce qu'elle ne peut les exercer elle-même, le régime représentatif n'est qu'un expédient ; sans lui, la nation entrerait toute entière dans l'Assemblée et les minorités y seraient. Il est donc juste que la minorité, comme la majorité, soit représentée et que l'Assemblée soit, suivant le désir des proportionnalistes, la miniature de la nation.

La représentation proportionnelle, dit-on ensuite, ne fait que juxtaposer des minorités ; or, pour bien fonctionner, le régime parlementaire exige une majorité forte sur laquelle puisse s'appuyer un ministère stable ; l'adoption de la réforme entraînerait donc l'anarchie.

Cette objection serait très forte si le Parlement n'avait qu'une seule mission, le contrôle du gouvernement : gouverner est possible avec le seul principe majoritaire, le pays peut, tous les quatre ans, lors des élections, montrer s'il approuve ou non la politique suivie. Mais le Parlement a une autre mission, celle de légiférer, et la loi n'est pas seulement un acte de souveraineté, elle doit être encore une règle de justice ; gouverner, c'est obéir à un parti ; légiférer, c'est rechercher la vérité juridique, économique et morale. Il est difficile au pays d'exprimer son opinion sur les lois sans caractère politique ; comme on l'a dit justement, les ministères passent, mais les lois restent et il est rare qu'une Chambre détruise l'œuvre de sa devancière ; aussi est-il nécessaire de mettre en présence, lors de l'élaboration de la loi, toutes les variétés de l'opinion nationale.

Il semble d'ailleurs que la représentation proportionnelle dégagerait une majorité suffisante pour assurer le fonctionnement du régime parlementaire ; moins nombreuse peut-être qu'avec le scrutin majoritaire, elle serait plus homogène, et ce qui fait la force des majorités, c'est moins leur nombre que leur consistance. Les proportionnalistes citent à l'appui de cette opinion l'exemple de la Belgique où la majorité, très compacte, est d'autant plus stable qu'elle est plus faible. On ne peut donc guère tirer argument de l'affaiblissement de la majorité ; l'objection contraire a du reste été présentée et elle a peut-être plus de valeur.

Voici les principaux arguments que l'on donne contre la représentation proportionnelle :

Il y a trop de systèmes, et tous sont plus ou moins mauvais.

La théorie et la pratique de la réforme sont trop compliquées pour être comprises de la grande masse des électeurs.

Les comités électoraux dont l'influence est contraire à la liberté des électeurs, sont renforcés.

Le gouvernement devient difficile car les centres sont

affaiblis au profit des partis extrêmes, ce qui est grave dans les pays où existent des partis anti-constitutionnels.

Pour bien fonctionner, la proportionnelle exige des collèges électoraux vastes, le collège unique serait l'idéal; comme la plupart de ses promoteurs la combinent avec une réduction du nombre des députés, beaucoup de départements n'enverraient plus au Palais-Bourbon que deux, trois ou quatre représentants, ce qui rendrait son jeu difficile.

La représentation proportionnelle introduit la lutte dans les partis : comme pour être élu, il faut se classer en tête de la liste, tout le monde essaie d'arriver premier et, pour atteindre ce résultat, tous les moyens, même la trahison, peuvent sembler bons. La réforme devient une prime à la déloyauté.

Enfin, les minorités sont peut-être mieux représentées, mais elles sont tyrannisées par une majorité cristallisée qui peut, sans rien craindre, se livrer à toutes les fantaisies, tant elle est homogène et bien disciplinée.

De leur côté, les proportionnalistes opposent un certain nombre d'avantages :

La proportionnelle, en représentant les partis d'après le nombre de voix qu'ils ont obtenus, peut être regardée comme un baromètre politique capable de révéler l'état exact de l'opinion.

Elle rend aux partis leur physionomie particulière car ils n'ont plus à se préoccuper de leur appoint.

Elle supprime en grande partie les coalitions de partis opposés.

Elle diminue la pression officielle et la corruption électorale car, dans beaucoup de cas, il faut déplacer un grand nombre de voix pour réussir et on ne tente pas l'expérience.

Les abstentionnistes seraient sans excuse puisque, sauf exception, aucune voix ne sera perdue.

On n'a plus à craindre le découpage arbitraire des circonscriptions.

La lutte s'élève au-dessus des personnes, elle devient une lutte de programmes où les intérêts généraux passent au premier plan.

Enfin, la représentation proportionnelle évite les révolutions; sans elle, les minorités n'ayant rien à attendre du scrutin, recourent aux armes.

Voilà les arguments que nous donnent les proportionnalistes; examinons maintenant les principaux systèmes qu'ils nous proposent. Les systèmes anciens sont rudimentaires et n'ont d'autre ambition qu'une certaine représentation des minorités. Comme le dit M. Benoist, « ils ne se rattachent à la représentation proportionnelle qu'en filiation illégitime (1). »

---

(1) *La Crise de l'État moderne. — De l'organisation du suffrage universel*, p. 125.

1° **Vote limité.**

Le vote limité consiste en ce que chaque électeur ne peut voter que pour un nombre de candidats inférieur à celui des députés à élire. S'il y a, par exemple, quatre députés à nommer, on ne peut voter que pour trois noms, ce qui doit avoir pour résultat d'attribuer le quatrième siège à la minorité.

Ainsi, soient quatre députés à élire ; la majorité dispose de 12.500 voix, la minorité de 8.000. On obtiendra :

A : 12 500 voix, élu   A' : 8.000 voix, élu.
B : 12.500 — —   B' : 8.000 —
C : 12.500 — —   C' : 8.000 —

2° **Vote cumulatif.**

Le vote cumulatif tend au même but, par le procédé contraire : soient quatre députés à élire, chaque électeur peut porter sur son bulletin quatre noms différents, ou quatre fois le même ; il a quatre suffrages dont il peut disposer comme il l'entend.

Dans l'exemple précédent, la majorité cumulera ses suffrages sur trois noms, la minorité sur deux et l'on aura le résultat suivant :

A : 16.667 voix, élu   A' 16.000 voix, élu.
B : 16,667 — —   B' 16.000 —
C : 16.666 — —

La majorité aura donc également trois sièges et la minorité, un (1).

3° Vote gradué.

Le vote gradué renforce artificiellement la minorité et, en même temps, affaiblit la majorité. Ce système avait été proposé par Borda, puis par Condorcet, mais il n'avait pas en vue la représentation des minorités.

Chaque électeur doit voter pour autant de noms qu'il y a de députés à élire, mais son vote qui compte 1 pour le premier nom, ne compte que 1/2 pour le second, 1/5 pour le cinquième, 1/8 pour le huitième.

Soient, par exemple, cinq députés à élire, 12.500 électeurs de la majorité, 8.000 de la minorité, on aura le résultat suivant :

$$A : 12.500 \text{ voix} \times 1 = 12.500. \text{ élu.}$$
$$B : 12.500 \quad - \times 1/2 = 6.250 \quad -$$
$$C : 12.500 \quad - \times 1/3 = 4.166 \quad -$$
$$D : 12.500 \quad - \times 1/4 = 3.125$$
$$E : 12.500 \quad - \times 1/5 = 2.500$$

---

(1) M. Séverin de la Chapelle a proposé un système, le scrutin de liste fractionnaire et proportionnelle, qui combine le vote cumulatif et le vote limité. Quand il y a deux noms à élire, on ne peut voter que pour un, et quand il y en a plusieurs, on ne peut voter que pour la moitié plus un. L'électeur est libre d'inscrire des noms différents ou de n'inscrire qu'un ou plusieurs noms, cumulativement répétés, dans la limite indiquée.

A' : 8.000 voix $\times$ 1 = 8.000, élu.
B' : 8.000 — $\times$ 1/2 = 4.000 —
C' : 8.000 — $\times$ 1/3 = 2.666
D' : 8.000 — $\times$ 1/4 = 2.000
E' : 8.000 — $\times$ 1/5 = 1.600

La minorité aura deux représentants.

4° Quotient électoral et liste de préférence

On fixe l'unité de représentation en divisant le nombre des votants par celui des sièges à pourvoir : soient 200.000 votants et 10 députés à nommer ; le quotient sera de 20.000 ; sera proclamé élu quiconque aura réuni ce chiffre de 20.000 voix. Chaque électeur ne vote que pour un nom, mais, pour éviter la perte de voix données à des candidats ayant déjà réuni le quotient, l'électeur peut inscrire sur son bulletin le nom des autres candidats, dans l'ordre de ses préférences. Si le candidat qu'il a inscrit en tête a déjà 20.000 voix, on reporte le suffrage sur celui qu'il a présenté en seconde ligne, etc.

Ce système appelé système d'Andrœ, ou système de Hare, du nom de ses inventeurs, a été préconisé par Stuart Mill. C'est une combinaison du scrutin uninominal et du scrutin de liste, puisque l'électeur, tout en inscrivant sur son bulletin le nom de plusieurs candidats, ne vote valablement que pour un seul.

Ce système est assez simple, mais on lui reproche de

donner une élection proportionnelle par rapport aux sympathies pour les personnes, plutôt que par rapport aux partis. Aussi ses partisans lui préfèrent-ils un autre système qui présente certaines affinités avec lui.

5° Concurrence des listes et double vote simultané

Chaque parti peut présenter une liste de candidats en nombre égal ou inférieur à celui des sièges à pourvoir. Pour trouver le quotient électoral, on divise le total des votants par le chiffre des députés à élire.

On détermine ensuite le nombre de sièges qui reviennent à chaque liste, en divisant par le quotient le chiffre de voix total que chacune d'elles a obtenues.

Soient 200.000 votants, dix députés à élire et quatre listes en présence. Le quotient électoral sera de 200.000 divisé par 10, soit 20.000. La liste A obtient 80.000 voix, la liste B, 60.000, la liste C, 40.000 et la liste D. 20.000. La première aura quatre sièges, la seconde, trois, la troisième, deux, et la dernière un.

Pour déterminer les élus de chaque liste, l'ordre d'inscription ne fait plus rien : sont élus ceux qui, sur chaque liste, ont obtenu le plus de suffrages, les quatre premiers de la liste A, les trois premiers de la liste B, les deux premiers de la liste C, le premier de la liste D.

Dans ce système, l'électeur vote donc à la fois pour une liste à qui sa voix sera comptée lors de la distribution des sièges entre les listes, et pour certains candidats à qui son suffrage sera attribué lorsqu'on répartira les sièges entre les candidats de chaque liste. L'électeur marque donc du même coup ses préférences personnelles et ses préférences de parti.

6° Diviseur commun

M. d'Hondt, professeur à l'université de Gand, prétend avoir trouvé un système plus mathématique, plus juste que celui de la concurrence des listes (1882). Au lieu de rechercher le quotient qui, généralement, ne peut diviser exactement le total des voix obtenues par chaque liste et laisse des restes, on cherche le diviseur commun, et c'est ce diviseur commun qui servira de chiffre répartiteur.

On le détermine, en divisant successivement par 1, 2, 3, 4, 5, etc., le nombre de voix réunies par les différentes listes et en rangeant dans l'ordre de leur importance les quotients ainsi obtenus jusqu'à concurrence d'un nombre de quotients égal à celui des députés à élire. C'est le dernier quotient qui sert de diviseur électoral.

Chaque liste obtient autant de députés que ce diviseur entre de fois dans le total des voix obtenues par elle.

Soient, par exemple, 47.000 votants, cinq sièges à pourvoir et quatre listes. La liste A obtient 24.000 voix, la liste B, 11.000, la liste C, 9.000 et la liste D, 3.000.

Les quotients seront :

En divisant par 1 : 24.000, 11.000, 9.000, 3.000
En divisant par 2 : 12.000, 5.500, 4.500, 1.500
En divisant par 3 : 8.000, 3.666, 3 000, 1.000

Les cinq plus forts quotients sont 24.000, 12.000, 11.000, 9.000 et 8.000 ; ce dernier est le chiffre répartiteur. 8.000 est contenu trois fois dans 24.000, une fois dans 11.000 et une fois dans 9.000 ; la liste A aura trois sièges, la liste B et la liste C en auront chacune un. Quant à la liste D, qui n'atteint pas le chiffre répartiteur, elle n'aura droit à aucun représentant.

Tels sont les principaux systèmes de représentation proportionnelle.

CHAPITRE III

LE SCRUTIN DE LISTE PAR ARRONDISSEMENT

Pour remplacer le scrutin uninominal, certains adversaires du scrutin de liste par département proposent le scrutin de liste par arrondissement, le véritable scrutin d'arrondissement. Avec ce système, l'arrondissement en effet est toujours pris comme collège électoral : si, d'après sa population, il a droit a plusieurs députés, il les nomme au scrutin de liste.

C'est un système transactionnel qui, d'après ses partisans, réunit à la fois les avantages du scrutin d'arrondissement et ceux du scrutin de liste : il respecte notamment l'unité de l'arrondissement, évite la création de circonscriptions artificielles, arbitrairement découpées et les trop grands collèges électoraux.

Cependant, en général, le scrutin de liste par arrondissement ne satisfait personne, et l'on va même jusqu'à lui reprocher de renfermer les inconvénients des deux systèmes qu'il veut concilier.

CHAPITRE IV

LA REPRÉSENTATION PROPORTIONNÉE

La défaveur qui s'attache au scrutin de liste par arrondissement, la brutalité majoritaire du scrutin de liste, les complications de la représentation proportionnelle, ont conduit certains esprits à rechercher la solution de la réforme électorale dans un perfectionnement du système actuel.

Malgré les critiques dont il est l'objet, le scrutin uninominal conserve un grand nombre de partisans ; il comporte en effet de sérieux avantages.

Tout d'abord, il consacre la liberté de l'électeur qui, grâce à l'étendue restreinte des circonscriptions, connaît tous les candidats, ou peut les connaître au cours de la campagne électorale et choisit ainsi de lui-même, sans avoir besoin d'être guidé par personne, sans avoir la main forcée par un comité (1).

---

(1) Montesquieu s'exprime ainsi à ce sujet, Esprit des lois, Livre XI, Chapitre VI, p. 317 : « L'on connaît beaucoup mieux les besoins de sa ville, que ceux des autres villes ; et on juge mieux de la capacité de ses voisins, que de celle de ses autres compatriotes. Il ne faut donc pas que les membres

C'est une barrière opposée aux ambitieux qui visent au plébiscite : il est plus difficile d'organiser la lutte dans 600 circonscriptions que dans 86. Cet avantage est si réel qu'on s'est empressé de le rétablir en 1889, pour lutter contre la popularité grandissante du général Boulanger dont les succès partiels avaient un grand retentissement, vu le nombre considérable des électeurs.

Il permet en outre une certaine représentation des minorités : il est rare, en effet, que toutes les circonscriptions d'un département soient d'une même opinion et dans l'ensemble du corps électoral, il s'établit des compensations dans la répartition des sièges.

Mais ces avantages du scrutin uninominal n'en laissent pas moins subsister les inconvénients. A cette objection, ses admirateurs répondent en insistant sur les vices des autres systèmes; ils retiennent cependant une critique, toutefois ils prétendent qu'elle ne s'adresse pas au scrutin uninominal lui-même, mais au scrutin d'arrondissement qui n'en serait que la caricature déformée : il s'agit des inégalités entre les départements, entre les arrondissements, entre les circonscriptions d'un même arrondissement.

Pour remédier à cet état de choses, on propose d'instituer la représentation proportionnée, par la péréquation des circonscriptions.

---

du corps législatif soient tirés en général du corps de la nation; mais il convient que, dans chaque lieu principal, les habitants se choisissent un représentant. »

Le principe est excellent, mais la difficulté réside dans son application. Si l'on veut diviser le territoire français en circonscriptions d'une population sensiblement égale, on se trouve en face d'obstacles presque insurmontables : il faut refaire la carte administrative de la France car, non seulement on ne peut plus tenir compte des arrondissements, mais encore il n'est guère possible de respecter les départements. A chaque recensement, il faudrait remanier les divisions électorales et on tomberait fatalement dans l'arbitraire le plus dangereux.

Ce système offre encore l'inconvénient de remplacer l'arrondissement qui est une unité morale par des circonscriptions artificielles qui ne tiennent compte ni de l'histoire, ni des intérêts régionaux.

Devant ces objections on propose deux réformes plus modestes :

Dans la première, on maintient intacts les départements et on attribue à chacun d'eux le nombre de représentants auxquels ils ont droit d'après leur population ; on les divise ensuite en autant de circonscriptions qu'ils ont de députés à élire.

La réforme est moins profonde, mais la représentation est beaucoup moins proportionnée ; il existerait encore des inégalités entre départements, analogues d'ailleurs à celles que laisse subsister le scrutin de liste, et l'arrondissement serait toujours remplacé par des circonscriptions artificielles, arbitrairement découpées.

Aussi, en dernière analyse, propose-t-on de conserver les arrondissements avec cette réserve que tous ceux qui n'atteindraient pas un chiffre minimum de population seraient réunis au plus petit arrondissement voisin ; ce dernier aurait alors droit à un nombre de députés calculé sur sa population totale.

Ce système offre l'avantage d'éviter en grande partie les divisions arbitraires, mais il est déjà loin du principe de la représentation proportionnée.

DEUXIÈME PARTIE

La réforme dans l'histoire

CHAPITRE I

LE MODE DE SCRUTIN DE LA RÉVOLUTION FRANÇAISE A LA CHUTE DU SECOND EMPIRE

Il ne faudrait pas croire, grâce à la nouveauté relative de l'expression, grâce à son actualité, que la question de la réforme électorale en France est un problème posé depuis peu : c'est une question très ancienne, elle date du jour où la Révolution naissante a donné aux Français le droit d'avoir des représentants — on s'est demandé quelle était la meilleure manière de les élire — mais elle est en perpétuel devenir. Chaque régime en effet, chaque parti a ses préférences, variables suivant ses intérêts, et les systèmes que l'on choisit, parfois sous l'influence de circonstances passagères, sont' attaqués et décriés, au moins depuis l'époque contemporaine, presque au lendemain de leur adoption.

Chaque génération, pourrait-on dire, voit se poser devant elle un problème de réforme électorale qui varie selon les aspirations, selon son éducation, selon l'époque. Aujourd'hui la question du mode de scrutin est au premier plan; autrefois, au contraire, pour le peuple, la question du suffrage primait tout et la « réforme des réformes » était — la représentation proportionnelle n'existant pas encore — le suffrage universel : entrevu sous la Révolution, conquis en 1848, il fut, après une réaction passagère, consacré définitivement en 1852. Mais pour les gouvernements, que le suffrage universel n'intéressait guère, la question des systèmes électoraux était déjà au premier rang, et comme elle y demeura dans la suite, sauf sous le Second Empire, on s'explique que la France, depuis un siècle, n'ait pas changé moins de 10 fois son mode de scrutin. Alors que la Constitution républicaine dure depuis 35 ans et que la République elle-même date de près de 40 ans, un seul mode de votation a pu se maintenir plus de 20 ans, c'est celui qui nous régit actuellement, depuis 1889.

Peut-être n'est-il pas inutile, avant d'entrer dans le détail des discussions qui ont eu lieu dans les assemblées sous la troisième République, de jeter un regard sur la période qui s'étend de 1789 à 1870, car les orateurs n'ont jamais négligé les précédents historiques ; il ne faut pas toutefois en tenir un trop grand compte, car en général, ce n'était pas une comparaison des avantages et des inconvénients théoriques des différents systèmes qui guidait le législateur dans ses choix, il avait des soucis plus pratiques. De plus, il ne faut pas perdre de vue que, sauf exception, en 1793, en 1848 et depuis 1852, le suffrage était restreint, et que, excepté sous la Restauration et la Monarchie de Juillet, le régime parlementaire n'exista réellement jamais.

Les États Généraux de 1789 furent élus suivant les principes du droit public français en vigueur au xvie siècle : on vota au bailliage, circonscription qui était à la province un peu ce que l'arrondissement d'aujourd'hui est au département ; mais ce précédent n'a qu'un intérêt bien minime, tant les principes de notre droit ancien sont loin des bases de notre droit moderne : la division en trois ordres élus différemment, les députés représentants de leur bailliage et non de la nation sont choses que nous ne concevons plus maintenant.

Pendant la Révolution, la rapidité avec laquelle se succédaient des constitutions ébauchées à la hâte, ne permet pas d'avoir une opinion très nette sur les modes de scrutin employés tour à tour : en général ils n'étaient pas prévus, ou tout au moins précisés, et l'on n'a guère à sa disposition que des procès-verbaux d'élections embrouillées qui, d'après certains auteurs, variaient souvent d'une région à une autre.

La Constitution du 3 septembre 1791 adopta pour les élections législatives, le suffrage à deux degrés ; les électeurs, choisis par les citoyens actifs, à raison d'un pour cent en général, se réunissaient, pour le vote, au chef-lieu de département ; il semble y avoir eu scrutin uninominal répété : autant il y avait de députés à nommer, autant de fois on allait voter.

La Constitution du 24 juin 1793, qui ne fut jamais appliquée, instituait le suffrage universel avec un député pour 40.000 habitants. Les Républicains favorables au scrutin uninominal l'ont souvent invoquée.

Sous le Directoire, on retrouve les élections à deux degrés (un électeur pour deux cents citoyens) ; la Constitution du 5 Fructidor an III ne réglait pas le mode de scrutin de façon précise ; postérieurement, la loi du 25 Fructidor an III déclara que les réelections se feraient au scrutin de liste (art. 4.) Cependant, en l'An VI et en l'An VII, c'est au scrutin uninominal que se firent les élections.

Les Constitutions consulaire et impériale (C. 22 Frimaire An VIII et Scs 16 Thermidor An X et 28 Floréal An XII) et l'Acte additionnel du 22 avril 1815 ne disent rien du mode de scrutin. Le système électoral était d'ailleurs tout à fait spécial : le sénatus-consulte de l'An X, modifiant la Constitution de l'An VIII et ses listes de notabilités, fit apparaître la distinction qui persista en 1815, entre le collège électoral de l'arrondissement et du département.

L'œuvre de la Restauration est beaucoup plus intéressante : la Charte du 4 juin 1814 (art. 35), prévoyait que les collèges électoraux seraient organisés par les lois ultérieures, mais la question ne fut réglée qu'après les Cent Jours, par l'ordonnance du 13 juillet 1815 qui conservait provisoirement l'organisation de l'An X, et adoptait le scrutin de liste, d'ailleurs pas très clairement. — La loi du 5 février 1817 maintint le régime censitaire, mais en le combinant avec l'élection directe. Les électeurs votaient au chef-lieu de département, au scrutin de liste, mais c'était un scrutin de liste tout autre que celui que l'on a en vue aujourd'hui : ces élections ressemblaient à nos élections sénatoriales actuelles ; les votants étaient à même de bien connaître les candidats, mais en revanche ils étaient soumis à l'influence du gouvernement.

La loi du 29 juin 1820 rétablit le double collège ; elle consacra le scrutin uninominal, sauf quand le collège de département nommait plusieurs députés (loi du double vote des plus imposés). Un retour offensif du scrutin de liste, tout à la fin de la Restauration, n'eut qu'un succès sans lendemain : l'ordonnance du 25 juillet 1830 qui l'adoptait, fut rétractée le 29.

La Charte de la Monarchie de juillet, du 14 août 1830, s'en remettait à des lois ultérieures (art. 30). La loi du 19 avril 1831 maintint le régime censitaire, mais supprima le collège de département. Le suffrage était direct, et le scrutin uninominal.

Sous la seconde République, le décret du 5 mars 1848 convoqua une assemblée constituante, établit le suffrage universel, avec vote au canton au scrutin de liste.

Ce fut, dit-on, grâce à l'intervention d'Armand Marrast, que le Gouvernement provisoire adopta ce mode de scrutin. En tous cas, Lamartine n'y fut pour rien, si l'on s'en rapporte à ses déclarations postérieures, et notamment à celle que M. Lefèvre-Pontalis cita en 1875 lors de la discussion de son fameux amendement (1).

Le scrutin de liste fut maintenu par la Constitution du 4 novembre 1848 (art. 30). Lors de la discussion de cet article, le 28 septembre, MM. de Lasteyrie et Maurat-Ballange avaient déposé un amendement favorable au scrutin uninominal, mais il avait été, malgré le plaidoyer de M. Maurat-Ballange, rejeté par assis et levé (2). Le scrutin de liste s'affirma dans la loi électorale du 15 mars 1849 et dans celle du 31 mai 1850, qui restreignait le suffrage universel et supprimait 3 millions d'électeurs.

Sous le second Empire, le scrutin uninominal triompha : il fut une des cinq bases de la proclamation du 2 décembre 1851, qui déclarait que le scrutin de liste fausse les élections. La Constitution du 14 janvier 1852 (titre V, art. 36) et le Scs 7 novembre 1852 spécifièrent également la suppression du scrutin de liste. On votait à la commune. Les circonscriptions électorales furent habilement découpées

---

(1) *Journal officiel* du 11 novembre 1875, p. 9195. — Voy. plus loin, p. 58.
(2) Voy. le *Moniteur* du 29 septembre 1848, p. 2637.

par le gouvernement qui se soucia beaucoup moins de la logique que de ses intérêts, et se permit maintes fantaisies pour les mieux servir. Aussi l'Empire demeura-t-il fidèle à un mode de scrutin qui lui permettait de dénaturer si facilement le suffrage universel tout en affectant d'en respecter le principe : une tentative de MM. Jules Ferry, Gambetta et Arago en faveur du scrutin de liste fut rejetée comme anticonstitutionnelle (29 mars 1870) (1), et le scrutin uninominal fut consacré une fois de plus par le sénatus-consulte du 20 avril 1870 (titre VI).

Six mois après, la France était en pleine guerre ; l'Empire était tombé, la République avait été proclamée (4 septembre).

---

(1) Le Scs 18 juillet 1866 prohibait toute discussion de la Constitution, en dehors du Sénat.

CHAPITRE II

TRAVAUX PARLEMENTAIRES ET VARIATIONS LÉGISLATIVES DE 1870 à 1889

I

(1870-1875)

Quelques jours après la chute de l'Empire, le 8 septembre, le Gouvernement de la défense nationale siégeant à Paris convoqua les électeurs : une Assemblée Constituante devait être élue le 16 octobre au scrutin de liste, conformément à la loi du 15 mars 1849. Le 15 septembre, un second décret amalgamait la loi de 1849 et le décret organique de 1852 ; mais les élections furent ajournées à cause de l'état du pays.

De son côté, la délégation du Gouvernement de la défense nationale siégeant à Bordeaux avait fixé au 2 octobre la réunion des collèges électoraux ; ajournée *sine die* par décret du 23 septembre, elle fut décidée à nouveau le 1ᵉʳ octobre pour le 16 : la loi électorale de 1849 était maintenue, avec quelques dispositions nouvelles et le décret de 1852 était abrogé. Ces élections n'eurent pas lieu.

Enfin, au lendemain de l'armistice, le 29 janvier 1871, un décret analogue à celui d'octobre, convoqua les électeurs pour le 8 février. L'Assemblée qu'ils nommèrent, fut en majorité conservatrice : elle comptait une trentaine de Bonapartistes et ses six cents autres membres étaient divisés, par fractions à peu près égales, entre les légitimistes, les orléanistes et les républicains. Ceux-ci furent, il est vrai, portés à trois cents environ par les élections complémentaires du 2 juillet 1871. A cette époque, la grande majorité des républicains était pour le scrutin de liste, et les conservateurs étaient généralement favorables au scrutin uninominal.

Dès le début de son existence, l'Assemblée Nationale se préoccupa des questions électorales, et le 15 mai 1871, une commission de quinze membres fut nommée, pour faire une loi électorale complète. C'est à elles que furent renvoyées les premières propositions relatives au mode de scrutin.

Le 2 septembre 1871, MM. Ch. Rolland et Paul Jozon déposèrent une proposition en faveur du scrutin de liste limité à cinq noms (1). D'après l'exposé des motifs, le scrutin individuel tel qu'il a été pratiqué de 1852 à 1870 donne la majorité non au plus digne, mais au plus riche ; le scrutin de liste, au contraire, associé au suffrage universel « doit

(1) *Journal officiel*, Assemblée nationale, Annexe n° 588.

cautériser le cancer de la vénalité électorale ». Mais il donne des collèges qui nomment trop de députés, les électeurs ne connaissent pas les candidats, et ils abdiquent leur liberté entre les mains des comités électoraux qui les ont choisis ; avec un scrutin de liste plus restreint, les électeurs connaîtraient les candidats, et cependant la corruption ne pourrait pas s'exercer. D'après cette proposition, il devait y avoir un député par 50.000 habitants et fraction supérieure à 25.000 ; au-dessus de 250.000, le département devait être divisé en circonscriptions.

Sur rapport sommaire de M. de Marcère, déposé le 26 janvier 1872 (1), elle fut prise en considération le 7 février et renvoyée à la Commission.

Comme les travaux de celle-ci n'aboutissaient pas, l'Assemblée s'inquiéta, et le 20 décembre 1871, à la suite d'une interpellation, le ministre de l'Intérieur, M. Casimir-Périer, déposa un projet de loi électorale provisoire, maintenant le décret du 29 janvier 1871, c'est-à-dire le scrutin de liste (2).

Le 19 mars 1872, au contraire, M. de Castellane, dans une proposition de loi électorale générale, sans exposé de motifs, demanda le rétablissement du scrutin uninominal, avec un député pour 80.000 habitants, et fraction de 50.000. Tout arrondissement de moins de 50.000 habi-

(1) *Journal officiel*, Assemblée nationale, Annexe n° 847.
(2) *Journal officiel* du 21 décembre 1871, p. 5136.

tants devait être réuni au limitrophe (1). — Conformément au rapport sommaire de M. Ferdinand Boyer, déposé le 9 décembre 1872 (2), la proposition fut renvoyée à la Commission électorale le 25 janvier 1873.

Entre temps, le 29 décembre 1872, une Commission de trente membres fut chargée, à la demande du Gouvernement, de présenter un projet de loi « pour régler les attributions des pouvoirs publics et les conditions de la responsabilité ministérielle. » Cette Commission des lois constitutionnelles, la première Commission des Trente, qui comprenait dix-neuf membres de la droite et du centre droit, contre onze de la gauche et du centre gauche, se distingua par son hostilité envers M. Thiers. Elle aboutit à la loi du 13 mars 1873, dont le projet avait été rapporté par M. de Broglie. D'après cette loi, l'Assemblée nationale ne devait pas se séparer avant d'avoir statué sur la législation électorale, et les lois constitutionnelles en général ; le Gouvernement était invité à soumettre à l'Assemblée des projets de loi sur ces questions.

Aussi MM. Thiers et Dufaure déposèrent-ils, le 20 mai, un projet de loi électorale — favorable au scrutin uninominal (3) — mais M. Thiers, blâmé par l'Assemblée à l'occasion de sa politique intérieure, démissionna le 24 mai, et son projet tomba dans l'oubli.

(1) *Journal officiel*, Assemblée nationale, Annexe 1007.
(2) *Journal officiel*, Assemblée nationale, Annexe 1481.
(3) *Journal officiel*, Assemblée nationale, Annexe 1781.

L'Assemblée partit en vacances le **29 juillet** sans que la question ait avancé d'un pas, mais dès la reprise de la session (5 novembre), le général Changarnier proposa, au nom de **237** députés, d'affermir les pouvoirs du maréchal de Mac-Mahon et de nommer sans délai une Commission pour l'examen des lois constitutionnelles. Renvoyée à une Commission spéciale, en majorité républicaine, qui la modifia, et rapportée par M. de Laboulaye, la proposition fut adoptée après transaction le 20 novembre. Dans les trois jours de la promulgation, une Commission de trente membres devait être nommée pour l'examen des lois constitutionnelles (art. 2). L'élection fut laborieuse ; elle dura du 26 novembre au 4 décembre et nécessita dix tours de scrutin. La droite triompha : la Commission comprenait vingt-cinq de ses membres contre cinq du centre gauche, et M. Batbie fut élu président. Elle décida de s'occuper tout d'abord d'un projet de loi électorale.

C'est à cette époque qu'apparut une idée que le Parlement dédaigna tout d'abord, peut-être parce qu'il la trouvait trop originale, trop nouvelle pour être digne de retenir son attention : le 26 décembre 1873, M. Pernolet déposa une proposition tendant à la représentation proportionnelle des opinions (1). « Il faut, disait-il, que toutes les opinions comptant un nombre suffisant d'adhérents, soient en mesure de pouvoir se faire représenter dans les différentes assemblées politiques et administratives du

(1) *Journal officiel*, Assemblée nationale, annexe 2139.

pays. » La proposition (titre III, art. 5) adoptait le système d'Andræ ou système du quotient électoral et de la liste de préférence ; elle fut, sur demande de son auteur, renvoyée à la Commission des lois constitutionnelles, et il n'en fut plus question. Tels furent les débuts de la représentation proportionnelle devant les Assemblées françaises.

Cependant les travaux de la Commission traînaient en longueur, et ce n'est que le 21 mars 1874 que M. Batbie déposa sur le bureau de l'Assemblée son rapport sur le projet de loi électorale (1) : il adoptait le suffrage universel direct avec scrutin uninominal. Il devait y avoir (art. 40) un député par arrondissement. Les arrondissements de plus de 100.000 habitants étaient divisés en circonscriptions et nommaient un député de plus par 100.000 ou fraction de 100.000 habitants. La Commission rejetait le scrutin de liste par arrondissement et condamnait le scrutin de liste par département qui « oblige les électeurs à voter pour des inconnus à ce point que tout nom, fût-il celui d'un personnage décédé ou imaginaire, pourrait triompher. » L'électeur doit se borner à enregistrer les choix des comités; il en résulte une véritable « élection à deux degrés, mais renversée » puisque ce sont les électeurs du second degré qui soumettent leurs choix à ceux du premier.

Le 16 mai, la Commission demanda l'inscription à

(1) *Journal officiel*, Assemblée nationale, annexe 2320.

l'ordre du jour de la loi électorale politique, mais l'Assemblée, par 381 voix contre 317, accorda la priorité à la loi électorale municipale élaborée par la Commission de décentralisation, et ce vote entraîna la chute du cabinet de Broglie qui avait posé la question de confiance.

La discussion de la loi politique commença le 2 juin; la question préalable réclamée par M. Brisson et la gauche n'obtint que 183 voix contre 487, et une proposition de M. La Caze tendant à ajourner la discussion de la loi électorale jusqu'à l'adoption des lois constitutionnelles fut repoussée par 384 voix contre 307. Le 4 juin, par 378 voix contre 301, l'Assemblée décida de passer à une seconde délibération.

Mais au début de juillet, dans la troisième délibération du projet de loi réglant l'électorat municipal, l'Assemblée sanctionna des dispositions tout à fait contraires à celles que la Commission des Trente avait adoptées pour l'électorat politique; aussi M. Batbie déposa-t-il, le 22 juillet, un nouveau rapport (1) qui, au point de vue du mode de scrutin, consacrait, comme l'ancien, le scrutin uninominal (art. 8). Mais la Commission disparut avant la seconde délibération : au mois de mai 1875, ses membres, découragés par une série d'échecs successifs, notamment lors de la discussion des lois constitutionnelles, donnèrent individuellement leur démission.

---

(1) *Journal officiel*, Assemblée nationale, annexe n° 2591.

Le 25 mai, une nouvelle Commission de trente membres fut nommée ; elle comprit 26 membres issus d'une entente entre la gauche et le centre droit dissident contre 4 de la droite et du centre droit. Le lendemain, elle choisit pour président M. de Lavergne, chef de la fraction du centre droit qui avait assuré le succès des républicains.

Le 17 juin, M. Pernolet déposa une proposition (1) demandant à la Commission des lois constitutionnelles, d'envisager la question de la représentation proportionnelle, de se prononcer pour le principe du vote uninominal avec scrutin par quotient et de nommer une sous-Commission spéciale, pour examiner les différents systèmes et choisir entre eux le plus digne d'être adopté. Mais la représentation proportionnelle n'eut pas plus de succès devant la nouvelle Commission des Trente que devant l'ancienne.

Le 22 juillet, MM. Ricard et de Marcère déposèrent le rapport sur la loi électorale de la Chambre des députés (2) ; ils concluaient en faveur du scrutin de liste limité à neuf noms. L'article 14 de leur projet prévoyait un député pour 70.000 habitants, toute fraction supérieure à 35.000 comptant pour 70.000, mais aucun département ne pouvait être réduit à un nombre de députés inférieur à celui de ses arrondissements. Si un département avait droit à plus de neuf députés, il devait être divisé en

(1) *Journal officiel*, Assemblée nationale, annexe n° 3099.
(2) *Journal officiel*, Assemblée nationale, annexe 3240.

circonscriptions. Le scrutin de liste donne la représentation la plus indépendante dans ses rapports avec le corps électoral et avec le pouvoir, alors que le scrutin d'arrondissement facilite toutes sortes de compromissions : « Il se fera entre les électeurs, l'élu et les ministres au pouvoir un échange de bons procédés dans lesquels du pays, de ses intérêts généraux, de sa politique et de son avenir, il est tenu moins de compte qu'il ne faut. » Le scrutin d'arrondissement exprime les vues d'un corps restreint qui, pensant plus à lui qu'à la nation, ne se préoccupe guère que des intérêts locaux. Enfin, le scrutin de liste est de tradition républicaine, il a toujours présidé aux débuts des régimes de liberté, en 1791, en l'an III, en 1848, en 1871 — il n'y a eu d'exception que dans le projet Thiers — il favorise la représentation des minorités gouvernementales, grâce aux combinaisons nécessaires des listes ; avec lui, la lutte est moins personnelle, la controverse plus élevée et l'électeur, s'il ne connait pas le candidat, sera éclairé par la renommée.

La seconde délibération ne commença que le 8 novembre 1875, presque un an et demi après la première. L'Assemblée, hésitante, avait reculé la discussion jusqu'à cette date, parce que ses membres « avaient besoin d'examiner encore à la loupe, dans leurs circonscriptions, le point de suture de leur intérêt particulier avec l'intérêt public » (1).

(1) Hanotaux : *Histoire de la France contemporaine*, t, III, p. 316.

La bataille sur le mode de scrutin eut lieu lors de la discussion de l'article 14.

M. de Marcère développa le rapport en insistant sur la nécessité qu'il y avait d'empêcher le retour à la candidature officielle.

M. Antonin Lefèvre-Pontalis, dans un amendement signé par lui et 28 de ses collègues, reprit alors la rédaction de la première Commission des Trente, favorable au scrutin d'arrondissement, et il prononça à ce sujet un remarquable discours : avec le scrutin de liste, la Constitution serait faussée, car le Sénat, élu par un suffrage restreint, mais élu par tout le département, ne peut faire équilibre à la Chambre, élue au suffrage universel, que si elle est nommée au scrutin d'arrondissement. Le scrutin de liste sacrifie les intérêts des électeurs pour le seul avantage des candidats : au lieu d'avoir un effort considérable à faire, à braver les injures, les offenses et les calomnies,

« sans que la dignité de la vie privée, l'honneur du caractère, et la supériorité de talent puissent vous épargner de pareilles souillures..., on n'a qu'à laisser faire ou à se laisser faire ; on est apporté au rivage par le flot montant, ou bien l'on est emporté par le reflux. C'est le vent, qui souffle tantôt à droite, tantôt à gauche, qui assure le succès ou la défaite de la liste sur laquelle on a trouvé place » (1).

Avec le scrutin de liste, il y a inégalité entre l'électeur qui nomme 2 ou 3 députés, et celui qui, dans un autre

(1) *Journal officiel* du 11 novembre 1875, p. 9193.

département, en nomme 9 ou 10, et dans tous les cas, l'élection ne dépend plus de l'électeur, mais de délégués qui se sont choisis eux-mêmes, et lui imposent leurs choix ; le plus grand nombre des électeurs est appelé à ne connaître qu'un candidat, et c'est le nom de ce candidat qui est appelé à servir de passeport aux autres : à la faveur d'un nom, d'autres passent, candidats que les électeurs ne nommeraient pas, s'ils les connaissaient. Leur succès dépend de leur remorqueur. M. Laboulaye, qui fait autorité en matière constitutionnelle, disait : Le scrutin de liste est une mystification indigne d'un peuple libre. Plus loin, M. Lefèvre-Pontalis cite Lamartine :

« Savez-vous, écrivait-il, qui a inventé le piège où l'on prendrait vingt peuples libres ? C'est une réunion de sept à huit journalistes nomades d'opinion, déracinés de leurs villes et de leurs villages, noyés dans une capitale, leur seul élément. Ces journalistes, la veille des élections, tremblant d'être oubliés par des quartiers de Paris ou par des départements auxquels ils avaient à demander une adoption hasardée, se sont dit : Enlevons l'élection au peuple ; donnons-la aux comités et aux clubs. Inventons le scrutin de liste. La représentation ne sera plus au plus digne, mais au plus remuant. — Et c'est ainsi qu'il a été fait » (1).

« On prétend, disait l'orateur, que le scrutin d'arrondissement favorise la corruption électorale en permettant à meilleur compte qu'avec le scrutin de liste l'achat des votes par les faveurs individuelles ou l'argent, mais en

---

(1) *Journal officiel* du 11 novembre 1875, p. 9195.

tous cas, avec le scrutin de liste, ce sont les comités que l'on peut corrompre.

« ... Quand on aura balayé de l'urne électorale, comme d'importuns obstacles, ces existences honnêtes et modestes consacrées par de longs services rendus, par la connaissance des besoins du pays, par une fortune honorablement acquise, et généreusement employée, par des souvenirs et des relations de famille, quand on aura rompu et brisé comme à plaisir les liens de l'estime, de la confiance, de la reconnaissance, tout ce qui rapproche les uns des autres dans d'étroits et intimes rapports, les électeurs et les élus, qu'aura-t-on gagné, à avoir des candidats de passage qui ne tiendront ni au sol, ni aux populations par aucune attache ?

« Sera-ce à des illustrations politiques qu'on fera ainsi place ? Oui, quelquefois, quand on en aura besoin comme d'un décor ; mais le plus souvent les élus seront des inconnus, tels que la foule les aime, parce que les inconnus sont des égaux dans l'obscurité commune.

« Le plus souvent, ce seront des créatures des directeurs d'élection, vis-à-vis desquels les élus seront réduits à l'humiliante condition de plaire et de servir (1). »

La crainte de l'influence administrative qui hante M. de Marcère, est injustifiée ; il reste l'intimidation, mais elle est plus redoutable encore avec le scrutin de liste. La tradition ne peut guère être invoquée en faveur du scrutin de liste : on a cité des arguments invoqués en 1817, mais à cette époque, comme en 1791 et en l'an III, le scrutin de liste était combiné avec le suffrage à deux

---

(1) *Journal officiel* du 11 novembre 1875, p. 9194.

degrés, et le corps électoral était restreint; en 1793, en face du suffrage universel, on établit le scrutin uninominal. Les assemblées de 1848, 1849 et 1871 ont été produites par le sentiment du danger; aujourd'hui, pour triompher de l'indifférence des électeurs, il faudra faire appel aux passions. Le scrutin de liste enfin écrase les minorités qui veulent s'opposer à des courants d'opinion souvent inconsidérés, et il prend souvent l'allure d'un plébiscite; le scrutin d'arrondissement est le seul qui respecte les intérêts et les droits des électeurs.

Après une intervention de M. Victor Luro, du centre droit, en faveur du scrutin de liste, la suite de la discussion fut renvoyée au 11 novembre.

M. Ricard, un des rapporteurs, déclare que le scrutin d'arrondissement consacre de telles inégalités entre les divers arrondissements des divers départements, entre les divers départements, entre les arrondissements même d'un même département, qu'il faut reconnaître que la base du chiffre de la population est absolument méconnue et qu'une atteinte incontestable est portée à l'égalité des suffrages. Après avoir donné un tableau de ces inégalités, et montré que le découpage des circonscriptions est souvent arbitraire, il prétend que le scrutin de liste favorise les minorités : le duc de Broglie disait à la Commission des Trente : « Le scrutin de liste n'offre que l'avantage de faciliter la représentation des minorités qui peuvent se présenter comme appoint et obtenir à ce titre une représentation (1). »

Les influences légitimes rayonnent d'un arrondissement à un autre, contrairement à celle des médiocrités qui doivent leur notoriété de canton ou d'arrondissement à l'esprit d'intrigue et à leur souplesse, bien plus qu'à leur mérite ou aux services rendus. Comme disait M. Odilon-Barrot en 1839 : Dans l'arrondissement, les liens entre les électeurs et le député sont trop souvent des liens de corruption. Plus loin, M. Ricard cite l'opinion de Tocqueville : avec le scrutin de liste, le député est plus indépendant et peut négliger sans péril les intérêts particuliers, le niveau des choix est plus élevé : il faut être très en vue pour que 100 ou 200.000 électeurs votent pour soi ; avec ce système les célébrités cantonales et les illustrations de clocher ont moins de chance de se produire. Il signale l'évolution de la droite dont les chefs, le duc de Broglie et M. Buffet ont été d'abord partisans du scrutin de liste, et ont depuis changé d'avis en dépit de la valeur des assemblées de 1848, 1849 et 1871, car ils ont vu, d'après la proclamation de 1851, que le scrutin uninominal seul était capable de dompter la France.

M. Dufaure, ministre de la justice, répliqua : membre de la première commission des Trente, il y avait déjà soutenu le scrutin d'arrondissement, et il reste fidèle à son

---

(1) *Journal officiel* du 12 novembre 1875, p. 9225.

opinion. Il plaide les circonstances atténuantes pour les inégalités du scrutin d'arrondissement ; on dit que le scrutin d'arrondissement fractionne les circonscriptions, mais la commission découpe 20 départements. L'article 14 viole l'égalité entre départements, en dépit du scrutin de liste : il accorde un député par 70.000 habitants, or il en donne cinq aux Basses-Alpes ; comme elles ont 139.332 habitants, cela fait un député par 27.866 habitants. Pour lui, le scrutin d'arrondissement est un scrutin d'indépendance et de responsabilité : il laisse une place aux minorités alors que le scrutin de liste les opprime, il ménage les nuances, alors que le scrutin de liste agit brutalement, comme un plébiscite et peut provoquer des résultats irréparables : il cite l'exemple de l'élection Barodet (1), élu avec 180.000 voix contre 135.000 à M. de Rémusat : or ce dernier eut la majorité dans 8 arrondissements sur 22. Avec le scrutin uninominal, il y aurait eu 14 élections Barodet et 8 Rémusat.

Pour répondre à ce discours habile, M. Gambetta se jeta dans le débat : après avoir déclaré que l'exemple Barodet ne signifiait rien, et que s'il y avait eu plusieurs députés à nommer, M. de Rémusat aurait été élu lui aussi ; il montre que le scrutin d'arrondissement ramène au man-

---

(1) M. Barodet, ancien instituteur, ancien maire de Lyon, candidat de M. Gambetta, fut élu à Paris, le 27 avril 1873 par 180.045 voix contre 135.028 à M. de Rémusat, candidat de M. Thiers, et 26.644 au Colonel Stoffel qui était soutenu par la droite. Cette élection ébranla le gouvernement, effraya la droite et lui donna les armes nécessaires pour renverser M. Thiers.

dat impératif et que seul le scrutin de liste peut maintenir le droit de l'électeur et la liberté de l'élu : avec lui le député n'est plus à la chaîne, il n'est plus le commissionnaire de ses électeurs, seul, il permet de briser les efforts des gardes champêtres et des préfets. On ne réclame le scrutin d'arrondissement que pour sauver quelques vestiges du parti Orléaniste qui serait écrasé au scrutin de liste.

On passa alors au vote : M. Gambetta et ses amis demandèrent le scrutin secret ; mais l'Assemblée nationale, par 357 voix contre 326, adopta l'amendement Lefèvre-Pontalis.

La troisième délibération commença le 23 novembre ; les premiers articles furent votés rapidement, et le 25, on arriva à l'article 14 ; la bataille recommença :

M. Pernolet déposa un amendement en faveur de la représentation proportionnelle et prononça un discours souvent un peu en dehors de la question, trop long en tous cas pour une idée qui n'était pas encore acclimatée, aussi fut-il fréquemment interrompu : après avoir constaté combien la représentation nationale est faussée avec le scrutin d'arrondissement et le scrutin de liste, il montre qu'avec la représentation proportionnelle, les fractions de l'opinion en quantité suffisante sont représentées ; aussi la fièvre électorale, les intrigues, les tentations du pouvoir sont supprimées. Le Parlement élu au scrutin uninominal n'a pas l'autorité suffisante pour faire la loi, car il ne représente pas la majorité ; il n'en serait plus de même après l'adoption de la représentation proportionnelle qui est une indication précieuse pour connaître l'exacte opinion du pays.

Le discours fut continué le 26 : après avoir invoqué Laplace, Condorcet, Arago, Humboldt, Stuart Mill, M. Pernolet donne l'économie de son projet, destiné à permettre aux électeurs non favorisés par le sort d'être représentés. Il adopte le système du « quotient », mais les partis n'atteignant pas la moitié de ce quotient ne devaient pas avoir de représentants. Pour lui, le scrutin d'arrondissement est un scrutin de combat, incompatible avec toute idée d'apaisement et de concorde, le scrutin de liste livre les minorités à la discrétion de la majorité, la représentation proportionnelle seule donne un scrutin juste, sincère et pondérateur.

Personne ne jugea utile de répondre, et c'est au milieu de l'indifférence générale que l'amendement du député de la Seine fut rejeté, sans scrutin.

M. Naquet déposa alors un amendement en faveur du scrutin de liste pur et simple qui, contrairement au scrutin d'arrondissement, dit-il, représente les nuances et ne favorise pas les opinions extrêmes. Avec le scrutin d'arrondissement, la majorité du pays peut être en minorité à la Chambre, car la minorité y peut disposer de la moitié plus un des sièges, acquis à de très faibles majorités ; enfin le scrutin de liste est un scrutin politique, qui élève le niveau des assemblées.

Après une réplique de M. de Castellane affirmant que les radicaux ne désiraient le scrutin de liste que dans l'espoir de triompher aux élections grâce à lui, l'amendement, qui heurtait trop brutalement le vote récent de l'Assemblée, n'obtint que 99 voix contre 453.

M. Gambetta remonta à la tribune faire l'éloge du scrutin de liste, le seul qui ne se prête pas à la corruption et qui se prête mal à la candidature officielle, le seul qui puisse donner une majorité réelle et puissante, scrutin d'opinion, scrutin de conciliation enfin qui permettra de combiner les nuances d'opinions ralliées autour de la formule constitutionnelle.

Ces arguments furent combattus par M. Buffet, vice-président du Conseil qui, dans un discours cassant, compare le scrutin de liste à une loterie d'où il sortira, selon Lamartine « le hasard, le mensonge électoral, la déception, la cabale, l'intrigue, le scandale souvent... », et insiste sur la fraude des candidats remorqueurs variant suivant les cantons. En réponse à l'appel de M. Gambetta à l'union de tous les éléments constitutionnels, il fait appel à l'union de toutes les forces conservatrices.

MM. Rolland et Jozon déposèrent alors un amendement, analogue à leur proposition de 1871, établissant le scrutin de liste à cinq noms. Les radicaux et M. Gambetta, battant en retraite, s'y rallièrent, et M. Jozon monta le défendre à la tribune : Il expose que son système réunit les avantages des deux modes de scrutin en présence : le scrutin d'arrondissement favorise la candidature officielle, engendre la corruption, et ne s'occupe que des intérêts locaux.

« L'élection se fait sur une question de chemin de fer, sur la question de l'impôt du sel dans les pays de montagnes, sur la question des bouilleurs de cru, dans les pays vinicoles (1) ».

La Chambre ressemble alors à un vaste Conseil général. Quand on se présente seul, il n'y a pas besoin de programme politique ; avec le scrutin de liste, il en faut un. Mais en revanche, le scrutin de liste met souvent en mouvement des masses considérables d'électeurs, et dégénère en plébiscite ; avec lui, les électeurs ne connaissent pas les candidats et ce sont les comités qui composent arbitrairement les listes. Tous ces inconvénients n'existent pas avec le scrutin de liste limité.

Malgré ces arguments, l'amendement fut repoussé par **388** voix contre 302.

La discussion continua le 27 novembre, avec un amendement de M. Francisque Rive en faveur du scrutin de liste par arrondissement : les arrondissements de plus de 100.000 habitants ayant droit à plusieurs députés, les nommeraient au scrutin de liste. D'après l'orateur, ce système qui fonctionne à l'étranger dans plusieurs pays, est une conciliation entre le scrutin uninominal et le scrutin de liste ; l'arrondissement est une réalité vivante qu'on ne doit pas sacrifier, les électeurs connaîtront les candidats,

---

(1) *Journal officiel* du 27 novembre 1875, p. 9722.

et il n'y aura pas à craindre un découpage arbitraire de circonscriptions.

Après une intervention de M. Bertauld, partisan du scrutin de liste absolu, qui déclare repousser le scrutin de liste par arrondissement, où on ne vote ni pour des principes, ni pour un homme, et quelques mots de M. Ducarre, favorable à l'amendement, M. Dufaure monta à la tribune. D'après lui, la proposition de M. Rive est une transaction inutile, qui ne remédie à aucun des inconvénients des deux systèmes ; elle prétend remédier à l'arbitraire des circonscriptions, or il n'y a pas plus d'arbitraire dans l'indication des circonscriptions que dans chacune des mesures de la loi électorale ; c'est l'exercice des pleins pouvoirs du législateur.

Enfin, M. Ricard vint indiquer que la Commission était favorable à l'amendement : battue sur son propre terrain, elle a pensé que ce système, quoique plus modeste que le scrutin de liste, était préférable au « manteau d'arlequin » des circonscriptions. Malgré cette intervention, l'amendement fut rejeté par 385 voix contre 303.

Le 29 novembre, l'ensemble de l'art. 14 fut adopté, par 387 voix contre 187, après rejet d'un amendement Pernolet, favorable au scrutin de liste par arrondissement avec représentation proportionnelle, et le 30, l'ensemble de la loi électorale fut voté par 506 voix contre 85. Le scrutin d'arrondissement avait triomphé des hésitations de l'Assemblée : la droite était victorieuse.

II

(1876-1885)

L'Assemblée Nationale se sépara le 31 décembre 1875 ; les institutions dont elle avait doté la France allaient être mises à l'épreuve. Les élections sénatoriales eurent lieu le 30 janvier 1876 ; elles furent conservatrices, mais comme les 75 inamovibles étaient en grande majorité républicains (1), le Sénat se trouva comprendre une gauche et une droite sensiblement égales.

Au contraire, les élections législatives des 20 février et 5 mars 1876 amenèrent à la Chambre deux fois plus de républicains que de conservateurs : le scrutin uninominal démentit ainsi les prévisions de ses partisans les plus ardents qui avaient espéré, grâce à lui, pouvoir triompher de la République. Aussi, pendant quelques années, les partis changèrent-ils d'attitude à l'égard du mode de scrutin : ce furent les conservateurs qui réclamèrent le scrutin de liste, et les républicains qui défendirent le maintien du *statu quo*.

Un an à peine après le vote de l'Assemblée nationale, le débat se rouvrit au Sénat. Le 19 décembre 1876, un inamovible, M. Hervé de Saisy, demanda le rétablissement

(1) Les Inamovibles avaient été élus par l'Assemblée nationale, du 9 au 21 décembre 1875 ; grâce au concours des légitimistes et des bonapartistes, une soixantaine de républicains furent nommés.

du scrutin de liste départemental (1); le rapport sommaire (2) déposé le 16 février 1877 par M. Poriquet, au nom de la Commission d'initiative, concluant à l'ajournement, il retira sa proposition le 24 février « dans l'attente d'un moment plus favorable à la discussion ».

Il la reprit dès le 7 mai 1877 (3); le 7 mars 1878, M. de Lareinty déposa un rapport concluant à la prise en considération (4). La discussion s'ouvrit le 16 : après avoir cité les opinions de Léon Faucher et de Tocqueville, M. Hervé de Saisy dénonça les inégalités du scrutin d'arrondissement et la différence de valeur du vote d'un citoyen, suivant qu'il est électeur dans tel ou tel département, voire même dans tel ou tel arrondissement. L'arrondissement est une fiction, la circonscription en est une plus grande encore; le scrutin de liste remédie à la corruption électorale; enfin, seul il permet, grâce à la pluralité des députés, la représentation des minorités. Malgré ces arguments, la prise en considération, repoussée par la gauche comme inopportune, fut rejetée par 130 voix contre 90, après une intervention de M. Le Royer qui avoua que « les principes, assurément, sont subordonnés aux circonstances ». La droite continuait son évolution vers le scrutin de liste : ainsi M. Poriquet qui avait, en 1877, conclu à l'ajournement de la proposition Hervé de Saisy, avait

---

(1) *Journal officiel*, Sénat, session extraordinaire de 1876, annexe 47.
(2) *Journal officiel*, Sénat, session ordinaire de 1877, annexe 33.
(3) *Journal officiel*, Sénat, session ordinaire de 1877, annexe 102.
(4) *Journal officiel*, Sénat, session ordinaire de 1877, annexe 111.

voté, cette fois, la prise en considération ; les élections de 1877 n'étaient pas étrangères à cette volte-face des partis.

L'hostilité du Sénat à l'égard d'une réforme électorale ne découragea pas M. Hervé de Saisy ; il reprit une troisième fois sa proposition le 22 mars 1879 (1). Le colonel Meinadier déposa, le 1er avril, le rapport de la Commission d'initiative qui s'était montrée, à l'unanimité, défavorable à la prise en considération (2) : il rappelle la discussion antérieure et montre que les motifs sont les mêmes, il croit inopportun d'attaquer, dans ses origines, la Chambre qui a encore devant elle plus de deux années d'existence.

La discussion sur la prise en considération eut lieu le 19 mai. M. Fresneau, sénateur légitimiste, déclara qu'il verrait avec regret éconduire purement et simplement une proposition dont personne ne méconnaît l'importance : en effet, dit-il :

« Les conclusions de M. Hervé de Saisy ont eu cette fortune singulière, presque étrange que, dans des circonstances et à des époques diverses, elles ont été votées par l'universalité des partis et des fractions de partis qui existent en France (3) ».

Après une intervention du colonel Meinadier pour défendre son rapport, la droite réclama l'ajournement, en raison de l'absence de M. Hervé de Saisy, et malgré les efforts de la gauche, elle obtint gain de cause par 125 voix contre 122.

(1) *Journal officiel*, Sénat, session ordinaire de 1879, annexe 92.
(2) *Journal officiel*, Sénat, session ordinaire de 1879, annexe 130.
(3) *Journal officiel* du 20 mai 1879, p. 4108.

A partir de cette époque, la majorité des républicains se tourna de nouveau vers le scrutin de liste ; après un an de silence, les partisans de la réforme électorale revinrent à la charge.

Le 13 juillet 1880, M. Bardoux, député républicain du Puy-de-Dôme, demanda à la Chambre le rétablissement du scrutin de liste pour l'élection de ses membres (1). D'après l'article 2 de la proposition, chaque département devait élire un député par 70.000 habitants et fraction supérieure à 35.000 ; mais dans le cas où l'on obtiendrait ainsi un nombre de députés inférieur au nombre des arrondissements, il serait tenu compte de toute fraction, même inférieure à 35.000. Enfin, d'après l'article 3, le département ne devait jamais former qu'une seule circonscription.

Le 13 juillet également, M. Bourgeois, député conservateur de la Vendée, déposa une proposition ayant pour but, outre le rétablissement du scrutin de liste, l'interdiction aux candidats de se présenter dans plus de deux circonscriptions (2). Il la retira, sans qu'elle eût été examinée, le 12 février 1881.

Enfin, le 25 novembre 1880, cinq ans jour pour jour après les débuts de la représentation proportionnelle à la tribune de l'Assemblée nationale, M. Cantagrel reprit l'idée qui semblait tombée dans l'oubli, et il soumit à ses

(1) *Journal officiel*, Chambre, 2ᵉ législature, annexe 2950.
(2) *Journal officiel* du 14 juillet 1880, Chambre p. 8145.

collègues une proposition « concernant les dispositions à introduire dans la loi électorale pour que la Chambre des députés soit la représentation exactement proportionnelle du corps électoral (1). » Après avoir déclaré, dans l'exposé des motifs, que le scrutin d'arrondissement et le scrutin de liste ne donnent pas d'élection sincère, car ils écrasent les minorités, l'auteur cite les systèmes de M. Hare et de M. de Girardin (collège unique) et les écarte comme impraticables ; il propose l'adoption d'un système que l'on pourrait considérer comme le précurseur du système d'Hondt. Conformément au rapport sommaire de M. Trouard-Riolle déposé le 5 mars 1881 (2), la Chambre décida, sans préjuger du fond, le renvoi de la proposition de M. Cantagrel à la commission chargée d'examiner celle de M. Bardoux.

De ces trois propositions de réforme électorale, une seule, celle de M. Bardoux, eut les honneurs de la discussion : l'exposé des motifs accusait le scrutin d'arrondissement de favoriser la candidature officielle, et de mettre en présence des hommes et des intérêts, non des idées ; l'arrondissement n'est qu'une fiction, le département, au contraire, est la véritable circonscription politique ; seul il peut donner des élections politiques, et faire connaître le sentiment général de la nation. M. Bardoux rejetait l'unité de collège et la représentation proportionnelle « à cause de l'état présent des mœurs. » Le rapport sommaire déposé

---

(1) *Journal officiel*, Doc. parl., Chambre, 2ᵉ législature, annexe 3.044.
(2) *Journal officiel*, Doc. parl., Chambre, annexe 3385.

le 26 novembre par M. Labuze au nom de la commission d'initiative, bien que défavorable à la proposition, concluait, pour une question de commodité, à la prise en considération (1). Le rapporteur se plaçait surtout au point de vue politique ; pour lui, il s'agissait simplement de savoir si le scrutin de liste serait, ou non, avantageux pour le parti républicain.

La prise en considération, discutée le 17 février 1881, fut votée à cause de l'importance de la question, mais sans préjudice du fond.

La Commission nommée dans les bureaux était en grande majorité opposée au projet : trois de ses membres seulement lui étaient favorables, huit le combattaient. Elle chargea M. Boysset, un radical hostile à Gambetta, de faire le rapport, qui fut déposé et lu à la tribune le 16 mai 1881 (2) ; son allure est emphatique et déplaisante. Il examine les arguments donnés en faveur du scrutin de liste : tradition républicaine, moralisation du scrutin, élévation des conceptions et des résolutions de la représentation nationale, cohérence et discipline parlementaires engendrant la force du gouvernement, et il s'attache tout particulièrement à démontrer que le scrutin de liste a toujours favorisé les adversaires de la République. Pour lui, le scrutin d'arrondissement entretient l'intimité entre l'électeur et l'élu ; à supposer qu'il entraîne la corruption

(1) *Journal officiel*, Doc. parl., Chambre, 2ᵉ législature, annexe 3.043.
(2) *Journal officiel* du 17 mai 1881, Chambre, p. 903 et suiv.

et l'avilissement du scrutin, il n'en serait pas autrement avec le scrutin de liste : une loi seule et l'élévation progressive des mœurs pourraient y porter remède. Le scrutin uninominal donne des majorités fortes, des Chambres disciplinées — les élections de 1877 le prouvent — sans qu'on ait à redouter, comme avec le scrutin de liste, des courants irréfléchis. Le scrutin de liste doit correspondre au suffrage à deux degrés, comme en 1791, faute de quoi l'influence pernicieuse des comités se donne libre cours ; en tous cas, il entraîne l'écrasement des minorités, et il serait défavorable aux républicains dans beaucoup de régions. De plus, la proposition de M. Bardoux n'introduit pas la représentation proportionnée et viole l'égalité civique : à l'heure où un électeur des Hautes ou des Basses-Alpes inscrirait deux noms sur son bulletin départemental, le citoyen de Saône-et-Loire en inscrirait neuf et le Parisien trente-quatre. L'électeur de la Seine nommerait 1/16 de la représentation nationale, alors que celui des Basses-Alpes ou des Hautes-Alpes n'en nommerait que 1/270. Enfin le pays ne demande pas la réforme, il ne la comprendrait pas. — En résumé le scrutin de liste rompt les liens de l'élu avec ses électeurs, il favorise les grands courants politiques, c'est-à-dire l'aberration et l'irréflexion, ainsi que l'abus des comités, et il fermerait vingt départements à la République.

Cette proposition, comme tous les essais de représentation proportionnée, entraînait la réduction du nombre des députés. En présence de l'attitude indécise de la Chambre,

M. Bardoux redouta peut-être le vote des collègues qu'il conviait au sacrifice, toujours est-il qu'au dernier moment il modifia son texte : d'après le nouvel article 2, on devait tenir compte, pour déterminer le nombre des députés d'un département, de toute fraction, même inférieure à 35.000 habitants ; de plus, il était spécifié dans une proposition transitoire que, pour la prochaine législature, les départements conserveraient au minimum le même nombre de représentants qu'avec le scrutin d'arrondissement.

La discussion commença le 19 mai 1881 ; bien que l'attitude des partis ait été peut-être moins nette que lors des précédents débats, il est hors de doute que le scrutin de liste était soutenu par tous les républicains amis de Gambetta ; les conservateurs, alliés à quelques républicains effrayés par la popularité toujours grandissante du grand orateur, s'étaient au contraire tournés à nouveau vers le scrutin d'arrondissement, qu'ils considéraient comme le meilleur rempart pouvant être opposé à une dictature qu'ils voulaient entrevoir, menaçante. Le gouvernement, divisé, n'intervint pas ; l'urgence fut déclarée. M. Bardoux monta à la tribune : après avoir combattu l'argument de la tradition invoqué, suivant lui, à tort par le rapporteur, et protesté contre l'emploi de la méthode historique, car il n'y a jamais dans l'histoire deux situations absolument identiques, il développe l'exposé des motifs de sa proposition et démontre facilement qu'elle ne viole pas l'égalité civique : si dans un département, il y a plus de députés à nommer, c'est qu'il y a plus d'électeurs. Pour l'orateur, le scrutin de liste est le seul remède à un mal qui va grandissant, le relâchement des ressorts gouvernementaux et l'ingérence continue du député dans l'administration, dans les plus petites affaires ; avec lui, les députés s'occuperont davantage des intérêts généraux. L'heure est venue de dresser un programme ; pour le dresser, il faut élargir le cadre électoral et employer le mode de consultation qui se rapproche le plus de l'opinion de la nation.

M. Roger, qui prit la parole après M. Bardoux, montre tout d'abord les dangers d'une législation électorale instable ; puis il affirme qu'il ne s'est produit dans le pays aucun mouvement en faveur de la réforme, en faveur d'un mode de scrutin qui a perdu la République en 1849 et l'a compromise en 1871, alors que le scrutin d'arrondissement, par deux fois, l'a sauvée. C'est une erreur de prétendre qu'avec le scrutin d'arrondissement, les élections se font sans programme — on l'a vu en 1876 et 1877 — et qu'elles ne donnent pas de majorité compacte : il y a bien division en groupes, divergences sur des points de détail, mais accord sur les principes ; il en serait de même avec le scrutin de liste, qui ne donnerait pas de majorité homogène, comme on le dit, puisqu'en 1849, on a bien présenté Cavaignac à côté de Considérant, et en 1871, Delescluze à côté de Jules Favre, Thiers à côté de Millière (1). Enfin,

---

(1) Delescluze et Millière avaient été membres de la Commune de Paris.

les célébrités de clocher,que l'on reproche au scrutin d'arrondissement, ne barrent pas la route aux grands hommes ; on peut s'occuper des intérêts locaux, sans négliger les intérêts généraux ; tous les intérêts sont solidaires. Avec le scrutin de liste, on élèvera peut-être un édifice plus grandiose, on aura des lignes plus harmoniques, mais les assises n'auront pas la même solidité. Pour terminer, l'orateur constate que le scrutin de liste ferait perdre de nombreux départements à la République, et il fait ressortir qu'il écrase les minorités alors que le scrutin d'arrondissement, en général, les sauvegarde.

M. Gambetta qui avait quitté le fauteuil présidentiel et repris sa place habituelle à son banc, monta alors à la tribune et prononça un discours vibrant, au milieu de l'attention générale. Après avoir tout d'abord protesté contre les visées plébiscitaires que certains lui prêtent, il aborde la discussion par un rappel des précédents historiques : l'Assemblée de 1848 a été la plus grande après la Convention, et si l'Assemblée de 1849 a donné les résultats que l'on sait, c'est parce qu'elle a été nommée à un scrutin de liste spécial : on n'exigeait ni la majorité absolue, ni le quart des électeurs inscrits. En 1871, au milieu du désarroi, le scrutin de liste était seul possible ; dès que le pays se ressaisit, les élections furent républicaines ; avec le scrutin d'arrondissement, l'autorité du verdict aurait été bien moins grande.

« ... On eût considéré le scrutin par arrondissement comme

une sorte de miroir brisé, où la France n'aurait pas reconnu sa propre image (1) ».

C'est par la volonté évidente du pays que la Constitution de 1875 a été obtenue. Dès lors la droite a vu que le scrutin de liste ne lui était plus profitable et elle a voté le scrutin d'arrondissement pour pouvoir mettre la candidature officielle à son service ; elle a échoué en 1876, elle n'a pas réussi davantage en 1877, à cause du merveilleux élan des **363**, véritable scrutin de liste élevé à sa plus haute puissance « l'unité de liste » qui a mis en relief les idées politiques, en laissant dans l'ombre les questions de personnes. Les nombreuses invalidations qui eurent lieu prouvent combien la candidature officielle avait été employée ; il n'en aurait pas été de même avec le scrutin de liste. Le scrutin d'arrondissement rend le député prisonnier de son origine ; on prétend que le scrutin de liste rompt les liens qui attachent le député à l'électeur, c'est une exagération, les députés d'arrondissement ne connaissent que peu d'électeurs ; on agite le spectre des comités, mais les comités de département ne sont pas plus terribles que ceux d'arrondissement ou de canton. D'ailleurs les élections au scrutin de liste n'ont pas donné lieu à des protestations, elles n'ont pas laissé derrière elles de rancune ; le scrutin d'arrondissement, au contraire, inocule « la gangrène de l'argent à la démocratie

---

(1) *Journal officiel* du 20 mai 1881, Chambre, p. 939.

française (1). » Avec lui, l'argent prend la place des idées. L'arrondissement est la plus fictive des créations; si on pouvait n'avoir qu'un collège, qu'un vote, qu'une expression, ce jour-là on serait dans la réalité de la souveraineté nationale ; le scrutin de liste est un acheminement vers cet idéal. L'intimité de l'électeur et de l'élu fait assiéger ce dernier à qui le premier a toujours quelque chose à demander ; un système qui l'éloignerait serait le bienvenu : or, comme avec le scrutin d'arrondissement, les mécontentements sont mortels, le député, pour ne pas les provoquer, est conduit fatalement à la démarche et à la brigue. On dit bien, en faveur du scrutin d'arrondissement, que le scrutin de liste égorge les minorités, il n'en est rien.

« ... Ce scrutin donne à la fois la plus grande force à la majorité légale dans le pays, et cependant il permet l'introduction des minorités qui ont une consistance suffisante pour être représentées et pour avoir le droit de parler ; c'est que, par ce mode de consultation, il y a possibilité pour le pays, pour l'électeur..., et, non pas pour le comité, de faire sa liste, de la doser (2) ».

L'électeur ne peut le faire quand il ne doit voter que pour un seul ; avec le scrutin d'arrondissement, souvent tous les candidats lui déplaisent, et il s'abstient... Enfin, pour terminer, s'adressant à ses collègues, il leur dit ces paroles bien souvent évoquées depuis par ceux qui

---

(1) *Journal officiel* du 20 mai 1881, Chambre, p. 942.
(2) *Journal officiel* du 20 mai 1881, Chambre, p. 945.

plaidèrent devant le Parlement, la cause du scrutin de liste :

« L'avenir est dans vos mains, car il dépend du régime que vous choisirez. Il dépend de vous que la République soit féconde et progressive, ou bien qu'elle soit vacillante et chancelante entre les partis; il dépend de vous qu'il surgisse, ici, un véritable parti de gouvernement, compact et sérieux pour mener la France jusqu'au bout de ses glorieuses destinées. Vous êtes les maîtres.

Oui, vous prononcerez. A votre tour, vous direz : *Beati possidentes*, ou vous reviendrez à la tradition vraie, à la tradition républicaine. Je vous y adjure : Pensez au pays. Passez en revue les vices, les abus, l'impuissance du régime auquel nous sommes condamnés et considérez, de l'autre côté, ce torrent de forces, de puissance, d'énergies que vous pouvez recueillir à même dans le plein courant de la souveraineté nationale; et alors, vous n'hésiterez pas à porter résolument la main sur un régime qui ne peut donner aucune vitalité. Vous voudrez échapper à cet amer reproche par lequel je finis; vous ne voudrez pas encourir la sentence du poète romain : Pour sauver leur vie, ils ont perdu les sources de la vie même :

Propter vitam, vivendi perdere causas ! » (1)

La gauche et le centre saluèrent par de vigoureux applaudissements cette péroraison vibrante et enflammée, où l'orateur résumait si éloquemment sa pensée, les hésitants furent entraînés. Malgré le scrutin secret et l'appel nominal demandés par la droite — ce fut sa seule intervention dans les débats, — le passage aux articles fut voté par 243 voix contre 235.

(1) *Journal officiel* du 20 mai 1881, Chambre, p. 944.

A propos de l'article 1ᵉʳ qui adoptait le principe du scrutin de liste, M. de Gasté développa un amendement favorable au scrutin uninominal et à la représentation proportionnée (1), et M. Bernard-Lavergne proposa le scrutin de liste par arrondissement, au moyen d'une disposition additionnelle qui fut, sur sa demande, renvoyée à la commission. L'article 1ᵉʳ fut alors adopté par **267** voix contre **202**; M. Bernard-Lavergne retira sa disposition additionnelle et l'amendement de M. de Gasté fut repoussé sans scrutin.

On passa alors à l'article 2 ; M. de Gasté reprit l'ancienne rédaction de M. Bardoux qui ne tenait compte des fractions, pour le calcul des députés, que si elles étaient supérieures à 35.000 habitants, mais c'est en vain qu'il fit remarquer que, depuis sa modification, la proposition Bardoux rétablissait toutes les inégalités du scrutin d'arrondissement, l'article fut adopté sans scrutin.

A propos de l'article 3 (scrutin de liste illimité), le duc de La Rochefoucauld-Bisaccia déposa un amendement limitant le scrutin de liste à neuf noms, comme l'avait jadis proposé la seconde commission des Trente, mais il le retira à cause de l'énervement de la Chambre. M. de Gasté proposa alors le scrutin de liste à quatre noms, mais son amendement ne fut pas pris en considération.

---

(1) Il devait y avoir un député par 35.000 électeurs, en tenant compte des fractions supérieures à 17.500. Si un département ou un territoire avait un nombre d'électeurs inférieur à ce dernier chiffre, il ne pourrait voter que réuni à un autre département.

Après l'adoption de l'ensemble de la loi, **M. de Colbert-Laplace** demanda à la Chambre de soumettre la loi à l'acceptation directe du corps électoral, mais sa proposition fut écartée par la question préalable.

La proposition Bardoux fut transmise au Sénat le 23 mai 1881 ; la Commission, hostile au projet, sauf un de ses membres, nomma M. Waddington rapporteur. Le rapport fut déposé le 3 juin (1) ; avant de faire le procès du Gambettisme, il débute par des considérations constitutionnelles : le principal argument donné à la Commission en faveur du scrutin de liste a été de dire que le Sénat n'avait qu'à s'incliner devant le vote de la Chambre, sur un sujet qui l'intéresse exclusivement... adopter ce point de vue serait réduire le Sénat au rôle d'une chambre d'enregistrement. En tous cas, le Sénat ne doit faire abstraction de ses préférences personnelles que lorsque le changement est réclamé par l'opinion et voté à une grande majorité par les députés ; tel n'est pas le cas, aussi la liberté du Sénat reste-t-elle entière. On prétend qu'avec le scrutin de liste, la corruption électorale, l'obsession des députés par leurs électeurs disparaîtraient de nos mœurs politiques ; or, en France, le trafic des suffrages n'a jamais existé, car le nombre des électeurs est presque toujours trop considérable et, d'autre part, les membres de l'Assemblée nationale doivent se souvenir des sollicitations

---

(1) *Journal officiel*, Doc. parl., Sénat, session ordinaire de 1881, n° 291.

dont leurs électeurs les accablaient! En vérité, le scrutin de liste se justifie dans des circonstances exceptionnelles, comme en 1871 où il y allait du salut public, où tout était à faire : les nuances, les intérêts locaux, les questions secondaires disparaissaient devant l'intérêt suprême de la patrie en danger. A l'heure actuelle, le scrutin de liste rétablirait le plébiscite avec tous ses dangers; le scrutin d'arrondissement n'empêche pas le pays de manifester clairement sa volonté, et la Chambre d'avoir une majorité homogène, car c'est de l'ascendant qu'exerce son chef parlementaire, et non de l'élection, que dépend la discipline des partis. Il rappelle que M. Boysset a fait justice de l'argument tiré de la tradition républicaine; pour lui, le scrutin uninominal seul respecte la liberté de l'électeur et les droits des minorités. Enfin, le scrutin de liste détruirait l'égalité des deux chambres, en amoindrissant le rôle du Sénat; déjà certains députés prétendent que sa disparition sera le corollaire de l'adoption du scrutin de liste (1). Pour terminer, le rapporteur évoque — à l'adresse de Gambetta — les dangers d'un plébiscite :

(1) Allusion à un discours de M. Clemenceau, prononcé le 31 mai 1881, à propos de la discussion sur la proposition Barodet, concernant la révision de la Constitution. L'orateur avait dit : « Voici que vous avez remplacé le scrutin d'arrondissement par le scrutin de liste ; reste la seconde Chambre. Eh bien, messieurs, je dis que le vote que nous vous demandons aujourd'hui est la conséquence nécessaire de celui que vous avez rendu il y a quelques jours (*Très bien à gauche*)... Les arguments donnés... contre le scrutin d'arrondissement sont encore plus décisifs contre le Sénat actuel. » *Journal officiel* du 1er juin 1881, Chambre, p. 1078.

« Que deviendra l'autorité du président, si un chef de parti, si un soldat heureux, si un prétendant quelconque se fait nommer dans un grand nombre de départements? Lui serait-il possible de résister longtemps à une pareille pression ? Aurait-il la moindre liberté pour le choix de ses ministres ? Et ne serait-il pas contraint bientôt ou de se résigner à un effacement complet ou de céder la place à celui que l'on appellerait l'élu de la nation? »

En résumé le scrutin de liste porterait un coup mortel au fonctionnement régulier de nos lois constitutionnelles.

L'urgence fut votée le 9 juin, et la discussion commença avec un discours de M. Édouard Millaud, le seul membre de la Commission favorable au projet : après avoir combattu l'argumentation constitutionnelle du rapport, il proteste contre le caractère plébiscitaire que l'on attribue faussement au scrutin de liste seul :

« Est-ce que vous croyez que si un citoyen avait conquis par ses services et son amour de la République, une popularité assez grande, pour être digne des suffrages de Paris et de la France, le scrutin d'arrondissement suffirait à arrêter les manifestations de l'opinion publique? » (1)

Il insiste sur l'improportionnalité du scrutin d'arrondissement.

En sens contraire, M. Jouin vint défendre à la tribune le scrutin uninominal; pour lui, avec l'équilibre des pouvoirs, l'harmonie constitutionnelle serait brisée de la façon la plus absolue par la nouvelle loi. L'adoption du scrutin

---

(1) *Journal officiel* du 10 juin 1881, Sénat, p. 786.

de liste signifie : suppression de l'initiative de l'électeur obligé d'obéir aux comités, rétablissement du plébiscite (en faveur de Gambetta, l'orateur le dit presque) ; la situation du président de la République serait intenable ; les députés ne seraient pas plus à l'aise, ils seraient tout autant sollicités qu'à présent ; quant aux ministres, leur situation serait pire, car au lieu d'être sollicités par un seul député, ils trouveraient devant eux toute la liste. — Certains sénateurs agitent, en cas de vote défavorable au projet, le spectre d'un conflit probable avec la Chambre ; ils devraient songer que, si l'on peut céder à la prière, on ne doit jamais céder à la menace.

M. Dauphin répliqua : répondant aux préoccupations constitutionnelles de certains, il déclare que, la force du Sénat provenant de ce qu'il est le grand conseil des communes grâce à l'essence de l'élection dont il est issu, le scrutin de liste ne l'amoindrirait pas ; il combat ensuite l'argument des comités et cite l'exemple du Sénat : l'électeur connaîtra ses députés et il les jugera d'après leurs actes et leurs votes. Le scrutin de liste a l'avantage de donner l'opinion moyenne, car il faut des concessions entre nuances pour avoir des noms qui ne heurtent pas telles ou telles parties du département. Enfin il proteste, au sujet du plébiscite, contre les allusions transparentes de la Commission, et il prie le Sénat de déclarer, par son vote, qu'elles sont mal fondées.

Le débat se termina par une intervention de M. Waddington qui vint défendre son rapport : il dit ce que M. Gambetta disait en 1875 du scrutin de liste : pourquoi changer une législation qui a donné satisfaction au pays ? D'après lui, si le Sénat cède, il sera diminué aux yeux du pays ; il insiste enfin sur les dangers d'un plébiscite, il voit dans le scrutin de liste le premier pas vers l'avènement d'une République Césarienne au lieu d'une République parlementaire, et un jour, peut-être, ce sera le Césarisme pur.

Sur la proposition de la droite, le Sénat décida de voter au scrutin secret avec appel nominal ; par 148 voix contre 114, il refusa de passer à la discussion des articles.

Les vues de l'Élysée triomphaient, M. Gambetta était vaincu, puisque la question du scrutin de liste était devenue la question Gambetta.

Entre temps, après le rejet de la proposition Bardoux par la Commission de la Chambre, M. Desseaux avait déposé une proposition favorable au scrutin de liste par arrondissement (7 mars 1881) (1) : considérant que le scrutin de liste est un obstacle à l'intrigue et à la corruption, mais que d'autre part, il éloigne le député de l'électeur et il substitue l'influence des comités à la volonté libre des citoyens, il propose son système, comme une transaction entre le scrutin de liste et le scrutin d'arrondissement. Il devait y avoir un député par 70.000 habitants et fraction

---

(1) *Journal officiel*, Doc. parl., Chambre 2º législature, nº 3395.

d'au moins 35.000 ; si un arrondissement n'était pas suffisamment peuplé pour avoir un député, il devait être rattaché au voisin. La proposition fut renvoyée à la Commission.

Au Sénat, M. Eymard-Duvernay avait déposé, le 23 mai 1881, une proposition, précédée d'un long et fastidieux exposé des motifs en faveur du scrutin de liste limité (1). Après avoir cité les paroles du duc de Broglie qui constatait en 1820 que le scrutin de liste seul était capable de conduire à un superbe épanouissement du régime représentatif, il montre que le scrutin d'arrondissement a pour base une division artificielle et pour résultat l'improportionnalité ; il est, de plus, favorable aux intrigues et à la candidature officielle ; mais, d'autre part, il permet une certaine représentation des minorités que le scrutin de liste élimine sous prétexte d'homogénéité, et il ne prête pas au plébiscite, danger qu'il ne faut d'ailleurs pas exagérer. M. Eymard-Duvernay fait ensuite l'apologie de la représentation des minorités et propose le scrutin de liste (un député par 20.000 électeurs) avec circonscriptions de trois députés en général ; il déclare qu'un des avantages de ce système est sa facile adaptation à la représentation des minorités. La proposition fut renvoyée à la Commission d'initiative.

La question de la réforme électorale ne sommeilla pas

(1) *Journal officiel*, Doc. parl. Sénat, session ordinaire de 1881, n° 265.

longtemps ; moins de six mois après le rejet de la proposition Bardoux, Gambetta était ministre et président du Conseil (14 novembre 1881). Le 14 janvier 1882, il déposa sur le bureau de la Chambre le projet de résolution tendant à la révision partielle des lois constitutionnelles (1).

L'exposé des motifs indiquait l'intention d'inscrire dans la Constitution le principe du scrutin de liste ; le projet fut mal accueilli : la Commission de trente-trois membres nommés le 19 janvier, pour l'étudier, était en grande majorité hostile ; elle choisit pour président M. Margaine, et pour rapporteur M. Andrieux. On s'attaqua surtout au scrutin de liste, et une fois de plus on agita l'épouvantail d'une dictature. Le rapport, déposé et lu le 23 janvier (2), disait à ce sujet que la Commission n'avait pas cru devoir se prononcer sur les mérites respectifs du scrutin de liste et du scrutin d'arrondissement, mais qu'elle repoussait à l'unanimité moins une voix et deux abstentions son introduction dans la Constitution ; plus loin, il prétendait dévoiler les intentions du gouvernement : « Messieurs, on vous parle de vous rendre indépendant vis-à-vis de vos électeurs ; prenez garde qu'à cette dépendance honorable et légitime, une autre ne succède aussitôt. » La discussion s'ouvrit le 26 janvier entre le rapporteur de la Commission et le président du Conseil. Celui-ci prononça un magistral discours ; la Chambre allait peut-être se laisser

(1) *Journal officiel* du 15 janvier 1882, Chambre, p. 8.
(2) *Journal officiel*, 24 janvier 1882, Chambre, p. 31.

fléchir, mais M. Andrieux veillait : il ramena la discussion au point où le projet ministériel était le plus vulnérable :

« Nous déclarons qu'il n'y a plus qu'un seul point en discussion : c'est la question du scrutin de liste à introduire dans la constitution... »

Le discours de Gambetta, qui avait soulevé l'enthousiasme de la Chambre, n'entraîna pas son vote, mais ce ne fut pas à propos du scrutin de liste que le gouvernement tomba : M. Gambetta demanda à la Chambre de se prononcer d'abord sur l'étendue de la révision constitutionnelle ; il proposait la révision limitée à certains articles qu'il désignait ; la Commission au contraire réclamait pour le congrès pleine liberté d'appréciation, et elle réussit à faire adopter à la Chambre, par 268 voix contre 218, un texte que le Gouvernement repoussait comme favorable à la révision illimitée.

M. Antonin Dubost essaya de sauver le scrutin de liste en reprenant à titre d'amendement la partie du projet gouvernemental qui s'y rapportait, mais sa tentative fut repoussée par 287 voix contre 109.

Telle fut la dernière des discussions sur la réforme électorale, qui illustrèrent, par l'élévation de leur style, l'histoire parlementaire de la troisième République ; elle marqua la fin de « l'âge héroïque » et le début de l'âge pratique.

La chute de celui qui avait lié sa destinée à celle du

scrutin de liste, ainsi qu'il l'avait plusieurs fois déclaré (1), sa mort soudaine, inattendue, à quarante-quatre ans (31 décembre 1882), ne découragèrent pas les partisans du scrutin de liste et désarmèrent ses adversaires, adversaires d'occasion pour la plupart, qui l'avaient repoussé uniquement par tactique parlementaire. L'idée fit peu à peu son chemin, et le 26 mars 1884, M. Constans reprit la proposition Bardoux telle qu'elle avait été votée par la Chambre le 19 mai 1881 (2).

Le rapport de M. Escande, au nom de la Commission d'initiative, fut déposé le 26 mai (3) ; il concluait à la prise en considération ; sa discussion eut lieu le 22 juillet. M. Girault prononça un discours contre le scrutin de liste, mais il déclara, pour permettre la discussion à fond de la question, ne pas s'opposer à la prise en considération qui fut votée par 416 voix contre 50.

Une Commission fut nommée, nettement favorable ; M. Constans lui-même fut nommé rapporteur. Il déposa son rapport le 29 décembre 1884 (4) : d'après lui, « le scrutin de liste est par son essence le procédé rationnel d'exer-

---

(1) Dans son discours du 19 mai 1881, notamment, Gambetta avait dit : « Je combattrai jusqu'au bout pour cette solution. »

(2) *Journal officiel*, Doc. parl., Chambre, 3e législature, n° 2732. Il devait donc y avoir : scrutin de liste pur et simple, un député par 70.000 habitants et fraction inférieure à 70.000 ; pour la prochaine législature, les départements devaient conserver le même nombre de représentants qu'avec le scrutin d'arrondissement.

(3) *Journal officiel*, Doc. parl., Chambre, 3e législature, n° 2822.

(4) *Journal officiel*, Doc. parl., Chambre, 3e législature, n° 3456.

cice du suffrage universel », c'est un rapprochement vers l'unité de collège qui serait l'idéal, car les députés sont les représentants, non d'une circonscription, mais de la France. Le département, par son organisation administrative, par son caractère de personnalité morale, forme à la fois le collège le plus vaste et le plus sûr. Le scrutin de liste est la condition du gouvernement parlementaire ; seul il donne des majorités unies, compactes, à communauté d'origine et de programme, propres à faire triompher les vœux du pays ; il sauvegarde la moralité du vote et l'indépendance de l'élu, il élargit l'horizon électoral et substitue les intérêts généraux aux intérêts locaux, il permet enfin la concentration républicaine. Quant à la représentation des minorités, on s'en occupera plus tard.

La discussion s'ouvrit le 19 mars 1885 ; sur la proposition du président de la Commission, M. Spüller, on déclara l'urgence.

M. Achard prit la parole contre le projet : après avoir constaté que le scrutin d'arrondissement manquait évidemment d'ampleur, dans son particularisme étroit, et s'écartait trop de la représentation proportionnée, il montre que le scrutin de liste, qui n'est guère plus proportionné, soulève d'autres critiques ; il blesse les notions les plus élémentaires de justice et d'équité :

« C'est comme une lutte sans merci dans laquelle le vainqueur terrasse le vaincu et lui impose sa loi sans vouloir lui accorder aucune justice (1) ».

Comme M. Boysset, il prétend que le scrutin de liste n'est pas de tradition républicaine : la Chambre de 1848 a causé les journées de Juin, et celle de 1871, la Commune Il déclare ensuite suivre avec sympathie les idées de représentation proportionnelle et, selon lui, le scrutin d'arrondissement se prête bien mieux que le scrutin de liste à la représentation des minorités, à la manifestation des divergences personnelles et des divergences d'arrondissement à arrondissement. Avec le scrutin de liste, il n'y aura plus d'intimité entre l'électeur et l'élu, or c'est là que réside la véritable tradition républicaine ; les élections seront l'œuvre des comités, et les députés ne seront responsables que devant eux, donc presque irresponsables. Ce sera une mauvaise élection au second degré ; il n'y aura plus de programmes discutés, tout sera fini quand le comité aura statué ; le corps électoral finira par se désintéresser de la politique, et le député sera à la merci de ses grands électeurs, bien plus qu'il n'est actuellement à la merci de ses électeurs, et ce ne sera sans doute pas un avantage. Le scrutin de liste, a-t-on dit, donnera des majorités compactes ; il n'en est rien, car les programmes seront le résultat de transactions, et on n'y trouvera rien de précis sur les grandes questions à l'ordre du jour :

(1) *Journal officiel* du 20 mars 1885, Chambre, p. 588.

« Tout y sera vague et indéterminé..., car si d'une part, vis-à-vis de certains, il aura fallu forcer la note, pour d'autres au contraire, il y aura eu nécessité de l'atténuer. Après l'élection, ce lien factice du programme commun qui, la veille, enserrait tous les députés, se brisera à la première occasion. Chacun reprendra sa nuance, rentrera dans sa voie » (1).

L'orateur s'étonne que le gouvernement, alors que ses adversaires ne sont pas terrassés, renonce à un système qui a donné d'excellents résultats. Dans certains départements réactionnaires quelques républicains avaient pu pénétrer, ils en seront chassés et l'administration sera rendue difficile :

« Je redoute pour nous cette tache d'huile qui va s'étendre sur une partie de la carte de France. »

Il termine en constatant que le projet Constans, après avoir posé le principe de la proportionnalité, l'infirme dans un intérêt de tactique et de réussite.

M. Goblet vint au contraire soutenir les conclusions de la commission : sans insister sur la question de principe, sur la corruption électorale, l'indépendance du député, la candidature officielle, il s'attache à montrer que :

« ... Le scrutin de liste est le seul mode de scrutin qui permette de faire des élections ayant véritablement un caractère politique (2). »

Il déclare que les élections, depuis juillet 1871, ont été presque constamment républicaines, et que le scrutin

(1) *Journal officiel* du 20 mars 1885, Chambre, p. 591.
(2) *Journal officiel* du 20 mars 1885, Chambre, p. 592.

d'arrondissement n'aurait sans doute pas donné des résultats aussi significatifs. Il met à part les élections de 1876 et surtout de 1877 où il n'y avait qu'une question posée : République ou Monarchie, et constate qu'en 1881 il ne se forma, dans les professions de foi, de majorité sur aucune grande question, sauf la révision de la Constitution. Certaines élections se sont même faites sans programme, or rien n'est plus funeste que ces élections sans signification, où l'on vote pour un candidat parce qu'il est honorable ou simplement influent ; il y a des questions de politique extérieure (coloniale) pour lesquelles il faut l'avis du pays ; il faut que la prochaine Chambre ait une opinion sur la question agricole, sur la séparation de l'Eglise et de l'Etat. Une majorité ne doit pas seulement soutenir imperturbablement le ministère, c'est alors la stagnation ; il faut donner des solutions et, pour cela, il faut une majorité qui se soit engagée à les faire aboutir. Le parti républicain craint de perdre des départements..., mais il faut se défier des statistiques : on fait figurer le Nord parmi les départements menacés, or il est presque entièrement républicain aujourd'hui (1). Enfin il combat l'argument tiré de l'écrasement des minorités :

« On leur doit la parole, on leur doit la liberté de discussion pleine et entière ; mais quand la discussion a eu lieu, — et elle

(1) Les événements devaient se charger de démontrer le contraire : aux élections d'octobre, la liste conservatrice passa tout entière avec une majorité de plus de 30.000 voix.

a lieu devant le suffrage universel, — il faut bien que la majorité l'emporte ; je ne crains pas que cette majorité arrive trop nombreuse dans l'enceinte où se fait la loi et où se donne la direction politique, ce qui est l'affaire des majorités. » (1)

A M. Goblet succéda M. Courmeaux, défavorable au scrutin de liste : l'électeur ne peut faire des choix éclairés, il a devant lui trop de candidats, et il ne les connaît pas ; enfin l'équivalence des suffrages n'existe pas avec le scrutin de liste ; les minorités, sauf en cas de compromissions avouables ou non, sont fatalement écrasées ; la représentation proportionnelle est un idéal vers lequel il faut tendre, et le scrutin de liste lui tourne le dos. Le scrutin de liste peut bien créer de grands courants politiques, mais il peut aussi créer des révolutions ; en tous cas, il ne rendra pas les députés plus indépendants, au contraire ; c'est affaire de caractère, d'abord, et puis, il sera plus difficile de résister à des collectivités, à des comités, qu'à des individualités ; la pression administrative sera identique et il s'établira souvent entre les remorqueurs et les remorqués, des liens de suzeraineté et de vasselage. L'histoire enfin n'est pas favorable au scrutin de liste : l'Assemblée de 1848 a manqué de sens politique, celle de 1849 a causé le coup d'État de 1851, celle de 1871 a fait une constitution bâtarde, alors que l'Assemblée de 1876, nommée au scrutin d'arrondissement, a donné les 363. Si la proposition est adoptée, les minorités vont disparaître, et

(1) *Journal officiel* du 20 mars 1885, Chambre p. 595.

il se formera dans certaines régions « une sorte de continent politique qui deviendra la citadelle, la place d'armes, ou plutôt le vaste camp retranché d'une opposition redoutable. » (1)

Après une réplique de M. Constans invoquant la tradition républicaine, le vote des républicains de 1875, et déclarant que l'inconnu de l'avenir ne l'empêchera pas de défendre le scrutin de liste, M. Louis Hémon prit la parole en faveur du maintien du scrutin d'arrondissement : la France ne désire pas le rétablissement du scrutin de liste qui mettra certains départements en dehors de la vie politique de la France, et il ne veut pas être un de ceux qui disent : « Périssent nos départements plutôt qu'un principe. » Quand on établira les listes, on mettra, pour amener l'unité, des noms qui jurent à côté les uns des autres, ou des noms que l'électeur ne connaîtra pas, et il s'abstiendra. On dit que le député, en relations étroites avec l'électeur, est accablé de sollicitations ; c'est exact, mais la réforme électorale n'entraînera qu'un changement minime : « au lieu de recevoir des lettres, les députés recevront des circulaires, » et ils seront débordés par les comités.

M. Hémon continua son discours le 21 mars : on dit que le scrutin d'arrondissement favorise la candidature officielle ; l'exemple du Seize-Mai est rassurant ; d'ailleurs, pour l'orateur, elle est bien morte et ne ressuscitera

(1) *Journal officiel* du 20 mars 1885, Chambre, p. 597.

jamais (1). Il craint les grands courants ; le meilleur régime électoral est celui qui préserve des surprises, et le rétablissement du scrutin de liste serait la plus périlleuse aventure dans laquelle le mauvais génie de la République l'ait engagée.

M. Waldeck-Rousseau, ministre de l'Intérieur, qui avait fait ses premières armes avec Gambetta répondit, en s'attachant surtout aux arguments politiques : en 1881, le scrutin de liste aurait amené à la Chambre moins de réactionnaires que le scrutin d'arrondissement... avec le scrutin de liste, il y aura peut-être quelques départements qui se plaindront d'avoir une députation conservatrice, mais actuellement, il y a quarante arrondissements situés dans des départements républicains qui se lamentent d'être représentés par un monarchiste... plus le collège électoral est restreint, plus la République y perd. Avec le scrutin d'arrondissement, les luttes sont personnelles, on est dans un champ clos où l'on se sert de tous les moyens pour faire disparaître son adversaire. Enfin il rappelle qu'il a déjà dit que :

« Le scrutin d'arrondissement avait le tort de donner plutôt la mesure de la popularité des personnes que la mesure exacte de l'opinion de la circonscription, de l'opinion des électeurs (2). »

Avec le scrutin de liste, au contraire, les élections se

(1) Ce passage souleva les protestations d'une partie de la Chambre.
(2) *Journal officiel* du 22 mars 1885, Chambre, p. 613.

feront sur les grandes questions et, grâce à lui, le gouvernement aura une direction plus nette, plus ferme, et plus claire.

Après une protestation de M. Cunéo d'Ornano contre le caractère égoïste de la discussion :

« Ah ! Messieurs, il est vraiment pénible de constater à quel point vous avez rabaissé ce débat, lorsque surtout on n'a pas perdu le souvenir du discours par lequel, traitant ici cette même question, M. Gambetta avait élevé sa thèse à de telles hauteurs oratoires (1) »,

le passage à la discussion des articles fut voté par 418 voix contre 66.

Lors de la discussion de l'article 1er, M. Courmeaux qui avait déjà combattu le scrutin de liste, déposa un amendement favorable à la représentation proportionnelle et prit la parole pour le défendre : partisan du scrutin de liste en 1848, mais bientôt désillusionné lorsqu'il le vit fonctionner en 1848 et en 1871, il en est devenu l'adversaire, sans toutefois méconnaître les mauvais côtés du scrutin uninominal. Après avoir exposé les doctrines de Mirabeau, il proteste contre les idées de M. Goblet :

« Je dis que le rôle des minorités n'est pas terminé quand elles ont été vaincues dans les comices électoraux ; je prétends qu'elles ont toute qualité pour réclamer de la nation le droit d'être entendues au sein du Parlement. Voilà comment je comprends, pour ma part, à l'encontre de notre collègue M. Goblet, le rôle

---

(1) *Journal officiel* du 22 mars 1885, Chambre, p. 615.

des minorités et le fonctionnement des rouages du mécanisme électoral (1). »

Puis il expose son système qui se rapproche de celui de la concurrence des listes : la répartition des sièges se ferait au prorata des totaux respectifs obtenus par chacune des listes, en cas de suffrage supérieur à un chiffre minimum à déterminer.

Malgré ce discours qui peignait d'une façon si moderne le rôle des minorités, l'art. 1er. « Les membres de la Chambre des députés sont élus au scrutin de liste » fut adopté, et l'amendement Courmeaux repoussé par **307** voix contre **58**.

L'art. 2, qui prévoyait un député par **70.000** habitants et fraction de **70.000**, fut plus discuté : le marquis de Roys déposa un amendement qui substituait pour la détermination des députés de chaque département, le nombre des électeurs à celui des habitants : il prévoyait un député par **19.000** électeurs et fraction de **10.000**, avec un député de plus si le chiffre des députés d'un département devenait inférieur à celui de ses arrondissements. Malgré un plaidoyer de M. Ribot, l'amendement, combattu par la Commission, fut rejeté par **345** voix contre **129** (23 mars).

M. Arthur Picard, député des Basses-Alpes, essaya alors d'apitoyer la Chambre sur le sort de son département qui

(1) *Journal officiel* du 22 mars 1885, p. 616.

allait perdre trois députés sur cinq, et il lui demanda de décider que, dans tous les cas, les départements devraient avoir au moins autant de députés que d'arrondissements, mais son amendement ne fut pas pris en considération.

Le 24, la Chambre discuta un amendement de M. de Sonnier qu'elle avait pris en considération la veille par 254 voix contre 209, et qui avait pour objet le retranchement de la population électorale, des étrangers, des militaires, des détenus et des aliénés internés; conformément à l'avis du rapporteur, elle le rejeta par 232 voix contre 217.

Un amendement de M. Chaix, député des Hautes-Alpes, qui réclamait au moins trois députés par département, eut un sort encore pire : il n'obtint que 138 voix, contre 282. L'art. 2 fut alors adopté.

La Commission ne devait pourtant pas triompher jusqu'au bout : la Chambre, qui était favorable à une représentation proportionnée, autant que possible, rejeta par 234 voix contre 220, l'art. 5 de son projet qui accordait aux départements, pour la prochaine législature, un nombre de députés au moins égal à celui auquel le scrutin uninominal leur aurait donné droit.

La discussion se termina par un nouvel échec de la représentation proportionnelle. M. Bienvenu soumit à la Chambre un article additionnel tendant à l'adoption du vote cumulatif ; il voulut le défendre à la tribune, mais en vain ; il ne réussit pas à dominer le bruit et retira son amendement.

M. Pieyre en déposa un semblable; il cite l'opinion de Jules Simon :

« La vraie solution doit être cherchée dans la représentation équitable des minorités, dans ce que j'appellerai la vérité du vote. D'abord, il n'y a pas d'autre remède au mal croissant de l'abstention. Tant qu'on se saura battu d'avance, on aura peu de dispositions à se déranger pour aller chercher une défaite. Il n'y a pas non plus d'autre remède au mal des révolutions périodiques parce que les minorités, désespérant du scrutin, finissent par recourir aux armes (1). »

Il cite aussi Prévost-Paradol, puis, pour terminer, il montre à la Chambre impatiente les progrès de la question dans le monde, et l'application de la représentation proportionnelle dans un certain nombre de pays (2).

Après rejet de l'amendement par assis et levé, l'ensemble du projet Constans fut adopté par **402** voix contre **91**, clôturant ainsi un débat terre à terre et sans relief, où les préoccupations politiques avaient remplacé officiellement le souci, au moins apparent, de rechercher pour la France le meilleur système électoral. Décidément, Gambetta manquait.

La proposition fut transmise au Sénat le **26 mars** ; l'urgence fut déclarée, sur la proposition de M. Waldeck-Rousseau, ministre de l'Intérieur ; le **27**, une Commission

---

(1) *Journal officiel* du 25 mars 1885, Chambre, p. 653.
(2) Il est à remarquer que les trois défenseurs de la représentation proportionnelle appartenaient : M. Courmeaux, au parti radical, M. Bienvenu, au centre gauche, M. Pieyre, à la droite.

de neuf membres fut nommée dans les bureaux pour étudier le projet. Le 16 mai, M. Bozérian déposa son rapport au nom de la Commission, favorable à l'unanimité au scrutin de liste (1) : après avoir fait l'historique de la question et rappelé que les adversaires du scrutin de liste étaient, en général, les adversaires de la République, il exprime l'espoir qu'après l'adoption de la proposition, le suffrage universel conservera sa pureté, que la large lutte des idées sera substituée à la lutte étroite des personnes, que la sujétion de l'élu à l'électeur diminuera et que les partis seront plus homogènes.

La discussion commença le 19 mai; M. Marcel Barthe prit la parole pour combattre le rapport : jetant d'abord un regard sur l'histoire, il montre que le suffrage universel n'ayant existé en France (si l'on met à part la constitution inappliquée de 1793), que depuis 1848, on ne peut faire de comparaisons qu'après cette époque. Il passe en revue les contradictions des consultations populaires et en conclut que, pour un pays impressionnable comme la France, le scrutin uninominal qui, par ses influences locales, tempère les impressions violentes, est nécessaire ; d'ailleurs, depuis 1875 et notamment en 1877, la France n'a eu qu'à s'en louer. Avec ce système, chaque électeur vote pour un député ; avec le scrutin de liste, l'électeur a un droit plus ou moins étendu, selon son département, c'est une atteinte portée à l'égalité devant la loi. De plus, le scrutin d'ar-

(2) *Journal officiel,* Doc. parl., Sénat, session ordinaire de 1885, n° 140.

rondissement garantit la liberté de l'électeur en lui permettant de voter de façon éclairée : il connaît les candidats ou peut facilement se renseigner ; c'est impossible avec le scrutin de liste qui rend les députés irresponsables. Une grande réforme devrait être faite : le remplacement des bulletins imprimés, qui ne présentent pas de garantie, par un bulletin écrit par l'électeur dans la salle du vote, en présence de sa conscience et de sa raison; le scrutin de liste l'empêchera d'aboutir, il y a trop de noms. On reproche surtout au scrutin uninominal de faire pleuvoir des sollicitations sans nombre chez les députés, qui se retournent vers les ministres obligés de compter avec eux ; ainsi les députés perdent leur liberté à l'égard des électeurs et les ministres perdent la leur à l'égard des députés. Or l'orateur affirme, par expérience, que le scrutin de liste n'a nullement guéri ce mal parlementaire, et qu'il l'a même aggravé, car le nombre des électeurs est plus grand ; le seul remède serait la suppression de la faveur. Il est faux de croire que le scrutin de liste est seul capable de donner une majorité parlementaire ; l'exemple de l'Angleterre prouve le contraire : pour qu'elle existe, il faut que le gouvernement ait une politique gouvernementale ; c'est le programme qui crée la majorité. Le scrutin d'arrondissement est accepté par le pays, il n'y a aucune nécessité de rétablir le scrutin de liste qui peut conduire la République à un véritable désastre électoral. On prétend qu'on aurait ainsi une représentation plus élevée, or on ne peut obtenir ce résultat que s'il n'y a, pour tout le département, qu'un seul collège dans lequel tous les électeurs se réunissent. Ils peuvent alors s'entendre, se renseigner, s'éclairer réciproquement sur la valeur de chacun des candidats. Ce système, que préconisaient Lainé, de Serre, Royer-Collard, n'est plus possible aujourd'hui, et l'orateur conclut en disant que le scrutin de liste est un scrutin de centralisation, tendant à réunir dans les mains d'une minorité, peut-être dans les mains d'une association, toute la force, toute la puissance gouvernementale. C'est un système plébiscitaire ; tout sera sous la direction d'un comité de Paris, ramifié à un comité de département et de canton.

Le système a déjà fait périr la République de 1848, il pourrait bien jouer ce rôle encore une fois.

A ce discours consciencieux, M. Bardoux répondit par une improvisation, affirmant une fois de plus que le scrutin de liste seul permet les mouvements d'opinion, corrige la médiocrité des choix, le caractère haineux des luttes locales et l'amour des questions de clocher ; son adoption élargira l'horizon politique et consacrera la proportionnalité du nombre des électeurs et des élus.

Pour M. Girault, au contraire, qui monta à la tribune après M. Bardoux, le scrutin de liste n'est pas de tradition républicaine et il est une main-mise sur la liberté. S'il est adopté, on désignera des candidats par arrondissement, il fonctionnera donc comme le scrutin uninominal, avec cette différence toutefois qu'il annihilera complètement le droit des minorités. Enfin comme le programme est le même pour toute la liste, sans tenir compte des nuances qu'elle renferme, trop avancé pour les uns, trop modéré pour les autres, il n'est en général qu'un mensonge destiné à tromper les électeurs.

Tous ces arguments ne changèrent pas l'opinion du Sénat : l'article 1er de la proposition Constans qui consacrait le principe du scrutin de liste fut adopté sans scrutin.

A propos de l'article 2, le Sénat rejeta un amendement de M. Lalanne qui proposait de fixer le nombre des députés proportionnellement au chiffre des électeurs inscrits.

La Commission, de son côté, demandait trois modifications à cet article :

L'exclusion des étrangers du chiffre de la population servant de base au calcul du nombre des députés (1) ;

La fixation à 20.000 de la fraction nécessaire pour avoir droit à un député de plus.

Un minimum de trois députés par département (2).

La discussion fut assez longue ; le 21 1885, mai le Sénat vota l'exclusion des étrangers par 129 voix contre 121 ; le 23, il repoussa la seconde modification réclamée par la Commission, mais il accorda aux départements peu peuplés les trois députés qu'ils désiraient.

(1) La Chambre avait refusé de l'admettre, à une faible majorité (rejet de l'amendement de Sonnier).
(2) C'était la reproduction de l'amendement Chaix, que la Chambre avait repoussé à 144 voix de majorité.

Les articles suivants furent votés rapidement, et l'ensemble fut adopté sans scrutin.

Le projet, ainsi amendé, fut renvoyé à la Chambre des députés ; le 6 juin, M. Constans déclara que la Commission acceptait la rédaction du Sénat et, sur sa demande, l'urgence fut déclarée. La discussion eut lieu le 9 : l'exclusion des étrangers fut votée par 280 voix contre 159 ; un amendement de M. Picard qui, trouvant qu'on n'avait pas encore été assez généreux pour les départements peu peuplés en leur octroyant un minimum de trois députés, en réclamait un nombre au moins égal à celui de leurs arrondissements, fut repoussé par 354 voix contre 54. L'ensemble fut alors adopté par 385 voix contre 71, et dès le 16, la loi parut au *Journal officiel*.

III

(1885-1889)

Les élections eurent lieu le 4 et le 18 octobre ; elles furent mouvementées et renforcèrent considérablement la majorité conservatrice ; les monarchistes obtinrent 45 0/0 des suffrages exprimés, et au premier tour de scrutin, ils eurent la majorité sur les républicains ; au second tour d'ailleurs, ils furent écrasés grâce à l'étroite union des républicains. Ceux-ci, malgré tout, n'étaient que médiocrement satisfaits du scrutin de liste ; dans la suite, ils s'effrayèrent de certains succès remportés à des élections partielles par le boulangisme naissant, et il se dessina bientôt à la Chambre un mouvement favorable à une réforme électorale.

Le 15 octobre 1888 cinq propositions dont les exposés des motifs étaient unanimes à condamner le scrutin de lite, furent déposées par MM. Maxime Lecomte, Michelin, Ribot, Antide Boyer et Hubbard.

M. Maxime Lecomte demandait l'adoption du scrutin de liste par arrondissement (1), qui permet à l'électeur de connaître les candidats et de mieux surveiller l'accomplissement de leur mandat. Le département est trop étendu, le scrutin de liste facilite les entraînements et les surprises, et se prête aux tentatives plébiscitaires. Il devait y avoir un député par 100.000 habitants jusqu'à 200.000, et au-dessus, un député par 80.000 habitants et fraction supérieure à 40.000.

M. Michelin constatait tout d'abord que le scrutin de liste avait aggravé l'impuissance parlementaire ; c'est la négation de la souveraineté nationale, il ne permet pas de discerner la volonté de la nation, car souvent, sur une liste, les candidats sont de nuance opposée : en réalité, l'élection se fait sans programme et les élus sont absolument indépendants de leurs mandants. Mais, d'autre part, le scrutin d'arrondissement, scrutin de clocher, n'a pas

---

(1) *Journal officiel*, Doc. parl., Chambre, 4ᵉ législature, n° 3044.

donné des résultats beaucoup meilleurs. Pour remédier à ces inconvénients, il soumettait à la Chambre une proposition fort originale, peut-être unique dans les annales parlementaires (1) : la Chambre des députés devait être formée par la réunion de trois grandes commissions dont les membres auraient été nommés directement, au scrutin uninominal, à raison d'un par département et par commission. Au-dessus de 500.000 habitants, les départements étaient divisés en circonscriptions.

La proposition de M. Ribot préconisait le retour à l'article 14 de la loi électorale du 30 novembre 1875 (2). L'auteur se basait sur le sentiment du pays, qui s'était manifesté à la dernière session des conseils généraux. L'expérience tentée en 1885 a été mauvaise ; loin de réaliser les espérances que l'on avait fondées sur lui, le scrutin de liste n'a montré que des défauts, il a amené l'équivoque. Le scrutin uninominal est plus précis, plus net, plus franc ; à la responsabilité collective, vague, il substitue une responsabilité individuelle.

La proposition de M. Antide Boyer (3) concluait également au rétablissement du scrutin d'arrondissement, qui permet aux électeurs d'avoir un mandataire spécial, plus particulièrement responsable de leurs intérêts. Le scrutin

---

(1) *Journal officiel*, Doc. parl., Chambre, 4ᵉ législature, n° 3045.
(2) *Journal officiel*, Doc. parl., Chambre, 4ᵉ législature, n° 3046.
(3) *Journal officiel*, Doc. parl., Chambre, 4ᵉ législature, n° 3047.

de liste, au contraire, est le privilège des riches, et il a un caractère plébiscitaire.

M. G. Hubbard, comme M. Maxime Lecomte, était favorable au scrutin de liste par arrondissement (1), qui évite les circonscriptions trop étendues, permet au député de rentrer en contact avec ses électeurs, et empêche le découpage arbitraire des circonscriptions, que tout le monde flétrit.

Ce système devait fonctionner dans les circonscriptions de plus de 100.000 habitants.

Le 16 octobre, MM. Ch. Boysset, Barodet, Achard, Rivière, Bernard-Lavergne, G. Rivet et Gerville-Réache déposèrent encore une proposition tendant au rétablissement du scrutin uninominal (2) : le scrutin de liste, disaient-ils, a toujours donné de mauvais résultats ; le scrutin d'arrondissement, au contraire, a fait ses preuves, de plus il est de tradition républicaine, il établit un lien entre l'électeur et l'élu, tandis que le scrutin de liste le brise.

On prétend que ce dernier favorise les grands courants : la France les a connus plus d'une fois depuis un siècle ; le mécontentement, la légende, l'entraînement, l'irréflexion, l'aberration populaire les inspirent et les déchaînent. Deux fois ils ont ruiné la liberté à l'intérieur, la paix à l'extérieur.

(1) *Journal officiel*, Doc. parl., Chambre, 4º législature, nº 3048.
(2) *Journal officiel*, Doc. parl., Chambre, 4º législature, nº 3054.

Le scrutin de liste, enfin, favorise les manifestations négatives en facilitant la réunion sur une même liste de tous les candidats opposants. Aussi les signataires de la proposition demandaient-ils la remise en vigueur de la loi électorale du 30 novembre 1875.

Le rapport sommaire sur ces six propositions fut déposé par M. Maurice Faure le 10 décembre 1888 (1); bien que défavorable au scrutin uninominal, il concluait, vu l'importance du sujet, à la prise en considération.

Sur ces entrefaites, une élection partielle eut lieu à Paris; le général Boulanger fut élu par 244.149 voix contre 162.419 données à M. Jacques, candidat des radicaux et des opportunistes, et 16.900 au socialiste, M. Boulé (27 janvier 1889). C'était l'élection Barodet renversée; le résultat ne se fit pas attendre longtemps : dès le 31 janvier, M. Ch. Floquet, président du Conseil, ministre de l'Intérieur, un vétéran du scrutin de liste, déposait un projet tendant au rétablissement du scrutin uninominal, réclamé d'après lui par un courant d'opinion de plus en plus fort (2).

Tous ces projet et propositions furent renvoyés à une Commission de onze membres nommée le 5 février. Le 9, le rapport fut déposé par M. Thomson, un ami de Gambetta (3) : il indiquait que la Commission avait fait abstrac-

---

(1) *Journal officiel*, Doc. parl., Chambre, 4ᵉ législature, n° 3318.
(2) *Journal officiel*, Doc. parl., Chambre, 4ᵉ législature, n° 3507
(3) *Journal officiel*, Doc. parl., Chambre, 4ᵉ législature, n° 3521.

tion de toute préférence personnelle et s'était placée uniquement sur le terrain des nécessités pratiques ; il constatait que les circonstances avaient empêché le scrutin de liste de tenir ses promesses, et qu'elles le feraient devenir un scrutin d'équivoque, permettant aux adversaires de la République de se masquer ; il espérait que le scrutin d'arrondissement, au contraire, mettant en face des électeurs des candidats qu'ils connaissent, empêcherait ce résultat.

La discussion eut lieu le 11 février 1889 ; l'urgence demandée par M. Gomot, président de la Commission, combattue par M. Henry Maret, fut déclarée par 283 voix contre 274.

Ce fut M. Antonin Lefèvre-Pontalis, l'auteur du fameux amendement de 1875 (1), qui inaugura le débat. Son discours est embarrassé : il commence par déclarer qu'il est demeuré un fidèle partisan du scrutin d'arrondissement, il énumère ses avantages en même temps que les inconvénients du scrutin de liste ; cependant il votera contre lui, car il résulte du rapport qu'on ne veut le rétablir qu'à cause des circonstances, pour ressusciter la candidature officielle : « Ce qu'on trouve dans le rapport, ce n'est pas la condamnation, c'est la peur du scrutin de liste. » Enfin, l'orateur s'étonne que l'on réclame la suppression de ce mode de scrutin, au moment où des projets de révision constitutionnelle seraient une justification traditionnelle de son maintien.

(1) Ci-dessus, p. 57

Le rapporteur, M. Thomson, prit la parole après M. Lefèvre-Pontalis; s'attachant au côté politique du débat, il proteste tout d'abord contre l'accusation de candidature officielle que, d'après lui, le parti républicain n'a jamais pratiquée. Il réclame le scrutin d'arrondissement « pour que les élections prochaines soient l'expression sincère des sentiments du pays, de la volonté nationale » (1), et il supplie ses collègues de le voter, pour se conformer au vœu du pays : « Ne refusez pas aux électeurs républicains l'instrument politique qu'ils réclament ! »

M. Jaurès intervint alors directement en faveur du scrutin de liste : les enquêtes officielles qui semblent prouver le désir d'un retour au scrutin d'arrondissement, n'expriment pas, d'après lui, le sentiment des masses. Il insiste sur les avantages du scrutin de liste, qui permet la représentation de toutes les fractions du parti républicain, y compris le parti socialiste en formation (2); en tous cas, le rétablissement du scrutin d'arrondissement apparaîtra comme un acte de défiance envers le suffrage universel.

M. Camille Dreyfus, au contraire, monta à la tribune combattre le scrutin de liste qui supprime la responsabilité du mandataire devant le mandant, consacre le divorce de l'électeur et de l'élu, ne diminue pas la corruption électorale, et a contre lui la tradition républicaine.

(1) A ce moment, un député, M. Lejeune, fit remarquer avec raison que l'on disait la même chose du scrutin de liste. (*Journal officiel* du 12 février 1889, Chambre, p. 380).

(2) M. Jaurès, à cette époque, n'était pas encore socialiste.

Après une intervention de M. Maillard pour dire que le scrutin de liste est de tradition républicaine et que l'élection du général Boulanger ne suffit pas pour faire une loi de circonstance —, de M. Maxime Lecomte, pour exposer que le pays réclame le scrutin d'arrondissement qui donne la liberté à l'électeur et à l'élu et est un scrutin de perfectionnement opposé à un scrutin de renversement, et après quelques mots enfin de M. Gaulier, persuadé malgré tout que les malheurs de la France ont leur source dans le scrutin uninominal, M. Floquet prit la parole :

Il déclare qu'il ne discutera pas les mérites respectifs des deux modes de scrutin en présence ; les préférences personnelles doivent s'incliner devant le vœu du pays, et il faut rétablir le scrutin d'arrondissement, seul capable de déjouer les conspirations : la circonscription étant plus étroite, la lutte sera plus restreinte et l'équivoque plus difficile à faire triompher.

M. Millerand clôtura la discussion en prononçant, en faveur du maintien du scrutin de liste, un discours fort habile : il se déclare convaincu que le scrutin d'arrondissement sera incapable d'arrêter le courant d'opinion d'allure plébiscitaire qui se manifeste, s'il est aussi fort que les partisans de son rétablissement le prétendent (1). En tous cas, l'abandon du scrutin de liste à l'heure actuelle

---

(1) La majorité républicaine partagea sans doute cette opinion, car quelques mois après avoir rétabli le scrutin uninominal, elle vota une loi interdisant les candidatures multiples (17 juillet 1889).

serait un désaveu du parti républicain à lui-même, et le mode de scrutin qu'on adopterait serait baptisé bientôt par le pays « le scrutin de la peur ».

Tous ces arguments n'entraînèrent pas la Chambre : le passage à la discussion des articles fut voté par 290 voix contre 266. L'article 1ᵉʳ qui abolissait le scrutin de liste fut adopté sans scrutin.

Il en fut de même de l'article 2, qui consacrait le scrutin uninominal, après discussion du tableau des circonscriptions et rejet de divers amendements des députés de la droite visant le découpage artificiel de certaines d'entre elles. Chaque arrondissement avait droit à un député ; les arrondissements de plus de 100.000 habitants nommaient un député de plus par 100.000 ou fraction de 100.000 habitants.

Enfin, l'ensemble du projet fut adopté, sur appel nominal, par 268 voix contre 222.

Dès le **12 février**, M. Floquet déposa le projet au Sénat ; l'urgence fut déclarée malgré les protestations de la droite, et la Commission nommée sur le champ dans les bureaux.

Le **13**, M. de Casabianca déposa son rapport (1), favorable naturellement au rétablissement du scrutin uninominal qu'il déclarait désiré par les électeurs pour pouvoir mieux apprécier les titres des candidats.

---

(1) *Journal officiel* du 14 février 1889, Sénat, p. 125.

Malgré la droite qui fit remarquer que jamais on n'avait voté de loi aussi importante avec autant de précipitation, le Sénat décida que la discussion aurait lieu aussitôt.

Après une intervention de M. Audren de Kerdrel qui considère le scrutin de liste comme une arme plus efficace contre la dictature que le scrutin uninominal, rétabli uniquement en vue de la candidature officielle, et une réplique de M. Marion, le Sénat décida de passer à la discussion des articles, adopta sans débat l'article 1ᵉʳ, puis rejeta les modifications que réclamaient les conservateurs à la répartition des circonscriptions.

M. Buffet, qui avait défendu le scrutin uninominal en 1875, alors qu'il était vice président du Conseil des ministres, vint annoncer qu'il restait toujours partisan convaincu de ce mode de scrutin, mais que, vu les circonstances où on le rétablissait, il s'abstiendrait.

M. Floquet prononça encore quelques paroles pour se retrancher derrière le vœu du pays, et insister sur la nécessité de rétablir le scrutin d'arrondissement afin de combattre une conjuration qui prend sa force dans l'équivoque. L'article 2 fut alors voté.

L'ensemble fut adopté par 228 voix contre 54 ; parmi la majorité figurait M. de Marcère.

Quand on rapproche les deux scrutins du 22 mars 1885 et du 11 février 1889, on est frappé de la fragilité de l'enthousiasme qui accueillit le rétablissement du scrutin de liste : en 1885, on s'était aperçu tout à coup qu'il était la panacée universelle, tous les partis s'étaient unis pour l'adopter, et quatre ans plus tard, presque tous les républicains le repoussaient, prétextant qu'il s'était montré indigne de leur confiance, en servant mal leurs intérêts ; ils avaient même mis une telle hâte à brûler ce qu'ils avaient adoré, que la discussion du Sénat en avait été étranglée.

Sur 271 députés qui prirent part aux deux scrutins sur le passage à la discussion des articles, 170 se déjugèrent, notamment M. Constans qui avait déclaré en 1884, dans sa proposition, en 1885 dans son rapport que le scrutin de liste était le corollaire indispensable du suffrage universel, et M. Waldeck-Rousseau dont on avait encore le discours présent à l'esprit.

Sur 232 députés qui avaient voté le scrutin de liste en 1885, 85 restèrent fidèles à leurs convictions, notamment MM. de Cassagnac et Clemenceau ; 139 votèrent le scrutin d'arrondissement, parmi lesquels MM. Casimir-Périer, Constans, Cavaignac, Fallières, Félix Faure, Jules Ferry, Ribot, Jules Roche, Waldeck-Rousseau ; 8 s'abstinrent, avec M. Goblet.

31 députés avaient voté le scrutin d'arrondissement en 1885 : 16 continuèrent en 1889, 13 votèrent le scrutin de liste, et 2 s'abstinrent.

Enfin, en 1885, il y avait eu 8 abstentionnistes : en 1889, 5 d'entre eux votèrent pour le scrutin uninominal et 3 contre.

TROISIÈME PARTIE

La réforme électorale et l'opinion contemporaine

CHAPITRE I

LA RÉFORME ET LE PARLEMENT (1889-1910)

I

1889-1898

Après 1889, la question du mode de scrutin tomba dans l'oubli ; le silence se fit, silence que troubla à peine, le 9 juin 1893, le dépôt par MM. de Ramel, d'Aillières, le Gavrian et quinze de leurs collègues, d'une proposition favorable au scrutin de liste par arrondissement (1), qui ne fut même pas rapportée. Les élus de la France,

---

(1) *Journal officiel.* Doc. parl., Chambre, 5ᵉ législature, n° 2786.

heureux d'avoir une fois de plus sauvé la République, semblaient avoir trouvé, dans les jouissances du scrutin d'arrondissement, les béatitudes éternelles réservées aux élus du ciel. Mais M. Goblet veillait, impatient de réparer l'instant de faiblesse qu'il avait eu en 1889 : le 9 février 1895, il déposa une proposition, signée également de 47 députés, tendant au rétablissement du scrutin de liste pur et simple (le département de la Seine, par exception, devait former deux circonscriptions, rive droite et rive gauche) (1) ; il constatait dans l'exposé des motifs que tout avait été dit sur les deux modes de scrutin et déclarait que, pour les gens de bonne foi, la supériorité du scrutin de liste ne faisait pas de doute : c'est le scrutin politique par excellence, il annihile l'influence des pressions gouvernementales, des faveurs, des corruptions ; il représente la tradition républicaine et les circonstances qui ont déterminé son abolition en 1889 n'existent plus. Pour accentuer son point de vue, M. Goblet ajoutait :

« On ne saurait contester qu'à cette heure, la lutte soit définitivement engagée entre la puissance capitaliste et le travail, entre les intérêts et les instincts conservateurs de la bourgeoisie d'une part, et de l'autre, les ambitions de la démocratie grandissante ».

Le scrutin de liste est le meilleur procédé pour permettre au pays d'exprimer sa volonté.

---

(1) *Journal officiel*. Doc. parl., Chambre, 6ᵉ législature, n° 1172

Cet argument ne fait pas honneur à M. Goblet : il oppose le capital et le travail ; au lieu de chercher à les concilier dans une même collaboration, il met en lumière leur antagonisme ; il montre un incendie qui couve, et au lieu d'y porter remède, il veut une réforme qui soit capable de le déchaîner.

Le rapport sommaire, déposé le 7 mars 1895, par M. Odilon Barrot, au nom de la douzième Commission d'initiative parlementaire, était défavorable (1) : la proposition, trois ans avant les élections, est inopportune ; d'ailleurs le scrutin de liste a de multiples inconvénients, notamment l'affaiblissement des liens entre l'électeur et l'élu, et l'influence néfaste des comités ; aussi la Commission lui est-elle, en grande majorité, hostile.

Le rapport, toutefois, concluait à la prise en considération vu l'importance du sujet, mais en formulant l'espoir d'un rejet par la Chambre, lors de la discussion au fond.

L'année suivante, probablement sous l'influence de la Belgique, qui venait d'en tenter l'expérience en l'adoptant pour ses élections communales, deux propositions, signées par trois députés du département du Nord, ressuscitèrent le même jour la représentation proportionnelle, dont on ne parlait plus en France depuis 1885.

Le 25 juin 1896, MM. Dansette et Le Gavrian déposèrent

---

(1) *Journal officiel*, Doc. parl., Ch. des dép., 6ᵉ législature, nº 1216.

une proposition « portant rétablissement du scrutin de liste pour les élections à la Chambre des députés et organisation de la représentation proportionnelle (1). » Après avoir constaté le vif courant d'opinion qui se manifeste depuis quelque temps en faveur du scrutin de liste, ils montrent qu'il doit être complété, rendu plus équitable, défendu contre ses propres entraînements par l'adjonction de la représentation proportionnelle, pour devenir « un instrument de pacification politique et sociale, une garantie de justice et de liberté. » Avec les systèmes majoritaires, la représentation nationale ne représente presque jamais la majorité du pays; en général, les minorités sont privées de tout droit de contrôle, à moins que, parfois, grâce à l'indiscipline de la majorité et, par une injustice aussi grande, elles n'obtiennent tous les élus. Souvent la majorité tient au déplacement de quelques voix et elle est à la merci de quelques électeurs qui auront pu se laisser corrompre. Ce danger, bien plus périlleux encore avec le scrutin de liste qu'avec le scrutin uninominal, la représentation proportionnelle le fait disparaître. De plus, non seulement elle n'aboutit pas à un émiettement des partis, comme certains le croyaient avant l'expérience belge, mais au contraire, en rendant les groupements nécessaires, elle les fortifie; elle accorde aux nuances intermédiaires une représentation proportionnée à leur nombre, et enfin elle

---

(1) *Journal officiel*, Doc. parl., Ch. des dép., 6ᵉ législature, n° 1956.

assure la moralité du suffrage universel, car « pour conquérir un siège de plus, il faudrait le plus souvent déplacer un nombre si considérable de voix qu'il y aurait disproportion manifeste entre le but à atteindre et les moyens de les mettre en œuvre ».

La proposition adoptait, comme système de représentation proportionnelle, le principe du quotient électoral et de la concurrence des listes; elle prévoyait un député par 70,000 habitants et fraction de 70,000.

Le même jour, 25 juin 1896, l'abbé Lemire déposait une proposition qui tendait au même but (1); il rappelait la proposition Goblet, et disait que, si l'on peut différer d'avis sur les résultats du scrutin de liste, on ne peut nier qu'il ait pour corollaire forcé la représentation proportionnelle, sinon des minorités importantes seraient écrasées, et il s'ensuivrait une grande indifférence politique.

Il exposait enfin un système, qui était l'exacte reproduction de celui de la concurrence des listes avec double vote simultané.

Le 19 juillet 1897, M. Gabriel Deville déposa une proposition de loi électorale qui avait notamment pour objet de remédier aux improportionnalités du scrutin d'arrondissement (2). Il déclarait qu'il ne devait pas être question d'une diminution du nombre des députés, tant que les sénateurs resteraient 300; il proposait d'accorder à chaque

(1) *Journal officiel*, Doc. parl , Ch. des dép., 6ᵉ législature, n° 1961.
(2) *Journal officiel*, Doc. parl., Ch. des dép., 6ᵉ législature, n° 2676.

département un député par 70.000 habitants et fraction de 70.000, étrangers déduits. Chaque circonscription devait avoir 35.000 habitants au moins, et 105.000 au plus. Pour réaliser ces conditions, on devait au besoin réunir plusieurs arrondissements : ainsi les Basses-Alpes ne devaient plus former que deux circonscriptions, la première composée des arrondissements de Barcelonnette, Castellane et Digne, et la seconde, de ceux de Forcalquier et Sisteron.

Le rapport sommaire fut déposé par M. Odilon-Barrot, le 23 octobre 1897 (1); il concluait à la prise en considération.

De son côté, M. Chassaing soumit à la Chambre, le 20 janvier 1898, un système de représentation proportionnelle original (2). Il insistait sur les vices du scrutin majoritaire : « Il (le suffrage universel) est organisé de telle sorte que, si chaque citoyen a le droit de vote, tous ne sont pas également représentés dans les conseils de la nation. Dans chaque circonscription la majorité l'emporte, ce qui est légitime, mais les suffrages de la minorité sont entièrement perdus, ce qui est contraire à l'essence même du droit électoral. »

Il s'ensuit de nombreuses abstentions, et des coalitions pour mettre en échec la majorité locale. Ces déplorables résultats ne pourront être évités que si l'on rend au

(1) *Journal officiel*, Doc. parl., Ch. des dép., 6º législature, nº 2738.
(2) *Journal officiel*, Doc parl., Ch. des dép., 6ᵉ législature, nº 2972.

suffrage universel « l'exercice réel de sa souveraineté »; la représentation proportionnelle en offre le moyen, mais son application complète et immédiate heurterait peut-être trop profondément les habitudes du pays, accoutumé au régime majoritaire.

Aussi, dans le cas où le scrutin uninominal serait maintenu, proposait-il, comme un acheminement destiné à familiariser le pays avec la grande réforme, de proclamer non seulement tous les citoyens qui auraient obtenu dans chaque circonscription la majorité requise par la loi, mais encore tous ceux qui, dans l'ensemble du corps électoral, auraient rallié au moins 20.000 suffrages sur leur nom.

Mais aucune des trois propositions de représentation proportionnelle ne fut rapportée.

Cependant M. Goblet, après de nombreux échecs, avait réussi, grâce à la neutralité du Gouvernement, à obtenir l'inscription de sa proposition à l'ordre du jour de la Chambre, et à obtenir sa prise en considération le 29 octobre 1897. Le 9 novembre, une Commission de 22 membres fut nommée, et le 2 décembre, le rapport fut déposé par M. Charles Ferry (1) :

Il rappelle tout d'abord le rapport Ricard-de Marcère « qui sert d'arsenal » aux partisans du scrutin de liste, et montre que bon nombre de républicains n'ont jamais considéré ce mode de scrutin comme un corollaire néces-

---

(1) *Journal officiel*, Doc. parl., Ch. des dép., 6ᵉ législature, n° 2861.

saire du suffrage universel. Alors que le scrutin uninominal a fait ses preuves en 1876 et en 1877, le scrutin de liste a créé la confusion, et on a dû l'abandonner précipitamment, aussi la Chambre a-t-elle été très surprise de voir déposer une proposition en sa faveur. On dit bien qu'il substitue le choix des programmes au choix des personnes et qu'il permet ainsi aux Chambres d'avoir une direction politique que ne peut leur donner le scrutin d'arrondissement : ceux qui parlent ainsi ont perdu le souvenir des 363 ; quant à la corruption électorale et à la canditature officielle, la première est plus redoutable dans les grandes circonscriptions que dans les petites, et l'autre, elle n'existe plus.

Pour toutes ces raisons, le rapporteur conclut au rejet du scrutin de liste, que la Commission, du reste, a condamné par 18 voix sur 19 votants, car toute élection faite avec ce mode de scrutin est un saut dans les ténèbres.

La discussion eut lieu le 21 mars 1898 :

M. Goblet, après un rapide exposé des faits, rappelle les motifs qui ont déterminé la suppression du scrutin de liste en 1889, motifs qui n'existent plus. Il constate ensuite la corruption par l'argent, la renaissance de la candidature officielle, et l'hétérogénéité de la majorité ministérielle.

Pour lui, les courants d'opinion, même redoutables, sont préférables à l'absence de courant, qui marque l'affaiblissement et la fin de l'esprit public dans le pays.

En terminant, il avoue qu'il ne se fait pas d'illusions sur l'issue du débat, mais il a voulu quand même interrompre la prescription du silence.

M. Barthou, ministre de l'Intérieur, répondit au nom du Gouvernement : il proteste contre l'argument que l'on veut tirer de la tradition républicaine, cite l'opinion de MM. Boysset et Gérault-Richard, et montre le danger des grands courants. En outre, le scrutin de liste aggrave la plupart des maux que l'on reproche au scrutin uninominal, notamment la candidature officielle et les sollicitations dont on accable les ministres : au lieu d'être formulées par le député de l'arrondissement, elles le sont par la députation du département. Enfin, à six semaines des élections, il est trop tard pour changer tout le système électoral.

Après une réplique de M. Goblet, et une intervention de M. Dansette, qui monta à la tribune pour dire qu'il ne voterait pas le scrutin de liste sans la représentation proportionnelle, le passage aux articles fut repoussé par 338 voix contre 168.

II

(1898-1902.)

Le 8 novembre 1900, M. Dansette reprit, avec quelques modifications de détail, sa proposition de représentation proportionnelle (1), mais, cette fois, il pouvait appuyer les arguments qu'il avait donnés en 1896, sur l'exemple de la Belgique qui, l'année précédente, avait introduit dans sa loi électorale politique, le principe de l'idée qu'il défendait.

M. Chassaing, appuyé par M. Louis Martin, reprit également sa proposition, le 29 janvier 1901 (2).

De son côté, le 24 juin 1901, M. Georges Berry soumit à ses collègues une proposition tendant au rétablissement du scrutin de liste (3), pour laquelle il obtint le bénéfice de l'urgence : il rappelait les idées de Gambetta et de Goblet, et affirmait que le scrutin uninominal ne produit que des assemblées impuissantes, sans idées générales, car les élus mettent le souci de leur réélection au-dessus du souci du bien public.

Les départements, sauf celui de la Seine qui était divisé en rive droite et rive gauche, formaient une seule circonscription ; ils devaient élire le même nombre de députés qu'avec le scrutin d'arrondissement.

Le 18 novembre 1901, M. L.-L. Klotz déposa également une proposition en faveur du scrutin de liste avec renouvellement partiel (4) : il invoquait la tradition républi-

---

(1) *Journal officiel*, Doc. parl., Ch. des dép., 7ᵉ législature, n° 1918 V. ci-dessus p. 119.
(2) *Journal officiel*, Doc. parl., Ch. des dép., 7ᵉ législature, n° 2154. V. ci-dessus p. 122.
(3) *Journal officiel*, Doc. parl., Ch. des dép., 7ᵉ législature, n° 2474.
(4) *Journal officiel*, Doc. parl., Ch. des dép., 7ᵉ législature, n° 2761.

caine, la lutte des idées, la nécessité d'une représentation proportionnée.

Il prévoyait un député par 70.000 habitants. Pour éviter les trop longues listes, les départements de plus de 500.000 habitants devaient être sectionnés.

Le 5 décembre M. Chassaing proposa de « substituer le scrutin d'arrondissement au scrutin uninominal (1) » c'est-à-dire l'adoption du scrutin de liste par arrondissement : l'arrondissement, disait-il dans l'exposé des motifs, comme le département, le canton, la commune, forme une unité ; la circonscription au contraire n'est qu'une division arbitraire sans vie, qui n'est même que provisoire, puisqu'elle dépend du mouvement de la population. Il serait logique, si le scrutin dit d'arrondissement est maintenu, de rendre l'unité à la division qui est à sa base, en lui permettant, si sa population dépasse 100.000 habitants, d'élire ses députés au scrutin de liste.

Le 9 décembre, M. Vazeille déposa une proposition de représentation proportionnelle (2), précédée d'un long, mais très intéressant exposé des motifs : après avoir fait le procès du scrutin d'arrondissement et du scrutin de liste, systèmes majoritaires qui permettent souvent à une minorité bien disciplinée de faire la loi à la majorité véritable, ou qui peuvent donner au Parlement, grâce à la disproportion des voix des élus, une majorité qui repré-

(1) *Journal officiel*, Doc. parl., Ch. des dép., 7e législature, n° 2816.
(2) *Journal officiel*, Doc. parl., Ch. des dép., 7e législature, n° 2822.

sente moins de voix que la minorité, il expose que son système donnera à la Chambre l'aspect d'une miniature du pays. Il montre que la représentation proportionnelle a son origine historique dans le droit du contribuable réclamant de voter l'impôt qu'il paie, et de régler les dépenses qu'il solde ; en conséquence, l'Assemblée doit représenter l'universalité des contribuables ; on se rapprocherait ainsi du referendum qui doit être l'idéal républicain. Il est injuste que la majorité soit tout, et la minorité, rien ; ou si le principe majoritaire seul est la vérité, qu'on le réalise intégralement, et que le parti qui a eu le plus de voix décide seul et que les autres n'aient que voix consultative.

On dit qu'en fait, on a la représentation des minorités :

« L'objection équivaut à dire que, pour avoir le portrait d'un ami ou d'un parent, il suffirait d'avoir n'importe quelle figure humaine pourvu que tous les éléments de la tête y fussent. Ce qui fait la ressemblance d'un portrait, c'est la proportion et l'harmonie des traits ; de même la physionomie réelle du pays dépend de la proportion respective des forces des partis ».

La représentation proportionnelle fera connaître cette proportion ; on prétend bien qu'elle renforcera les minorités au détriment de la majorité, et qu'ainsi elle rendra tout gouvernement impossible, mais on peut répondre à cette objection que, d'abord, il ne faut pas tromper l'opinion publique, et, qu'ensuite, les majorités nombreuses ne sont pas si souhaitables, car elles désagrègent les partis. On dit encore que son fonctionnement sera difficile en France, où les partis sont embrouillés; mais « une faculté ne se développe que si l'organe approprié existe », aussi, avec la représentation proportionnelle, ils se constitueront, ils s'organiseront, ils se fortifieront.

Elle est, on l'a vu en Belgique, le principe de l'apaisement électoral, et le régulateur de la machine politique; elle évite les sautes brusques, enfin elle donne au pays le sentiment de sa propre responsabilité.

Si une majorité sort des urnes, elle a une autorité incontestable.

Le système proposé par M. Vazeille est une combinaison originale du principe du transfert des voix et de la séparation absolue des partis politiques. En voici les principales dispositions :

L'ensemble des électeurs de la France et de l'Algérie forme un collège électoral unique, divisé, dans le cadre du département, en circonscriptions géographiques.

Le scrutin est uninominal.

Il est établi un quotient d'élection qui exprime le nombre d'électeurs ayant droit à un représentant à la Chambre des députés.

Ce quotient est fixé à 15.000.

Il est entendu par parti électoral constitué celui où les candidats qui le composent ont pris l'engagement réciproque de faire entrer leurs suffrages respectifs en compte commun, pour l'application de la loi (1).

Il n'y a qu'un seul tour de scrutin. Pour la répartition des sièges, des commissions départementales font le recensement des votes obtenus par chaque parti et classent les candidats de chaque parti suivant le rapport des suffrages obtenus par chacun d'eux, au nombre des électeurs inscrits de sa circonscription individuelle. Sur la liste de ses candidats ainsi classés, chaque parti a autant d'élus qu'il a obtenu de fois le quotient électoral dans l'ensemble de ses suffrages départementaux.

Une Commission centrale totalise pour chaque parti les voix non attribuées par les Commissions départementales. Autant de fois le total des restes ainsi centralisés contient le quotient électoral, autant le parti a de sièges, en plus de ceux attribués déjà par les Commissions départementales (2). Ces sièges sont donnés aux candidats du parti qui, dans leur circonscription, ont obtenu le plus de suffrages, proportionnellement au nombre des inscrits (3).

---

(1) Les partis électoraux constitués doivent déclarer leur constitution au ministère de l'intérieur, c'est-à-dire donner la liste officielle de leurs candidats dans les diverses circonscriptions.

(2) Si un parti réunit, par exemple, 10.000 voix dans un département, ces 10.000 voix sont inscrites par la commission centrale ; si, dans un autre, le même parti obtient 36.000 voix, il a droit à deux députés départementaux ; le reste, soit 6.000 voix, est inscrit par la Commission Centrale. Avec les 10.000 voix précédentes, le total est 16.000 ; le parti a donc droit à un député et il reste 1.000 voix à reporter.

(3) Ce système entraîne une proportionnalité rigoureuse ; il supprime les coalitions, car tout vote émis est utile au parti de l'électeur. Chaque parti a

Enfin, le 29 janvier 1902, M. Lasies déposa une proposition tendant à l'établissement du scrutin de liste avec vote cumulatif, dans de vastes circonscriptions électorales (1) : pour lui, la création de région supprimera la possibilité de corruption morale et financière que laisse encore subsister le scrutin de liste, déjà cependant réel progrès sur le scrutin d'arrondissement qui, dressé contre les mouvements populaires, paralyse les aspirations des masses démocratiques. Quant au scrutin de liste par arrondissement, il ne fait qu' « agrandir de quelques mètres carrés la surface des marécages. »

Il prévoyait un député par 100.000 habitants, et fraction de 51.000, avec renouvellement partiel de la Chambre.

Ces sept propositions de réforme électorale furent renvoyées à la Commission du suffrage universel qui avait été nommée, à la suite de l'adoption, le 4 juillet 1898, d'un projet de résolution déposé par M. Zévaès et 24 de ses collègues, « à l'effet de réviser la législation électo-

---

intérêt à présenter partout des candidats : si, dans une circonscription, son candidat recueille peu de voix, elles profiteront à un autre qui aura approché davantage du quotient électoral. De plus, l'unité de collège se concilie très bien avec notre droit constitutionnel.

En revanche, il y a des inconvénients assez graves : une organisation nationale des partis est nécessaire, ce qui serait difficile à réaliser, et peu désirable ; il s'établirait rapidement deux catégories de députés, ceux élus avec les seules voix départementales, et les autres, élus grâce au transfert des voix d'autres départements que le leur. Enfin les députés dépendraient beaucoup plus de leur comité que de leurs électeurs.

(1) *Journal officiel*, Doc. parl., Chambre, 7e législature, n° 2930.

rale et d'assurer la liberté et la sincérité du vote (1). »

Seules les propositions Dansette, Berry et Klotz eurent les honneurs du rapport qui fut déposé, le 5 mars 1902, par M. Ruau (2).

Après avoir brièvement analysé les trois propositions, il arrive à la représentation proportionnelle et rapporte l'opinion que M. Waldeck-Rousseau, président du Conseil, a exprimée sur elle, au cours d'une entrevue avec la Commission du suffrage universel :

« En ce qui concerne la représentation proportionnelle, le gouvernement ne s'est pas réfugié sur le terrain d'opportunité, mais il a abordé la question de possibilité. Dans les pays, comme en Belgique, où les opinions sont bien catégorisées et se partagent en trois ou quatre listes, la représentation proportionnelle peut être autorisée. Chez nous, dans l'état des partis, divisés, émiettés à l'infini, sans presque aucune ligne précise de démarcation, le nombre des prenants-part à la répartition des votes rendrait toute mesure de ce genre impraticable.

« Sur la représentation des minorités, M. le président du Conseil n'entrevoit pas l'efficacité d'une réforme. C'est d'ailleurs un sophisme de dire que les minorités ne sont pas représentées. La représentation n'est pas départementale, elle est nationale. Le député d'un département est en réalité député de la nation tout entière. S'il est élu dans

---

(1) *Journal officiel*, Doc. parl., Ch. des dép., 7ᵉ législature, n° 148.
(2) *Journal officiel*, Doc. parl., Ch. des dép. 7ᵉ législature, n° 3070.

un département, c'est parce qu'on ne peut réunir toute la nation dans un même collège, mais il représente au même degré toutes les parties du territoire. On ne peut pas nier que les minorités dans notre pays soient représentées à la Chambre, et qu'elles le soient même d'une manière satisfaisante. »

Et le rapporteur ajoute que la Commission, adoptant les vues du gouvernement, a rejeté la représentation proportionnelle par 10 voix contre 1.

Quant au scrutin d'arrondissement, il entraîne des inégalités choquantes, il favorise la corruption et n'engendre que des Assemblées impuissantes. Le scrutin de liste seul peut établir une représentation proportionnée, lutter contre la corruption électorale et donner une majorité capable de réaliser un programme d'action.

En conséquence, la Commission par 7 voix contre 3 proposait l'adoption du scrutin de liste, à raison d'un député par 75.000 habitants, avec sectionnement au-dessus de 525.000.

La discussion eut lieu le 17 mars 1902.

M. Vazeille fit défiler devant ses collègues les principaux inconvénients du scrutin d'arrondissement : corruption électorale, inégalité des voix des députés élus ; il montra que la moitié plus un des électeurs prive de mandataires l'autre moitié, et qu'avec ce système, 54 0/0 des électeurs ne sont pas représentés. Le scrutin de liste aggraverait tous ces inconvénients, il n'est d'ailleurs qu'un pastiche du scrutin d'arrondissement, puisque chaque arrondissement réclame un représentant sur la liste ; la représentation proportionnelle seule mettrait de la clarté dans la situation politique : chaque député ne représenterait que des électeurs de son opinion, en nombre égal, et elle serait enfin un élément de vitalité pour les partis.

M. Francisque Allombert monta ensuite à la tribune défendre le scrutin de liste : il fait tout d'abord le procès du scrutin d'arrondissement :

« Le député d'arrondissement est avant tout soumis aux petites lignes de son mandat, aux incidences de la vie législative ; il est en quelque sorte un conseiller général en représentation à Paris ; il est forcé d'avoir, à côté de toutes les autres préoccupations, l'absorbant souci des intérêts locaux et des influences locales auxquelles son élection est malheureusement subordonnée » (1).

C'est pour ces petites affaires qu'il assiège le ministre, et qu'il s'établit entre eux des marchandages sans nom. Si, de son côté, le scrutin de liste n'a pu faire ses preuves, c'est qu'on ne lui a jamais fait crédit de plus d'une législature, et s'il a mal fonctionné en 1885, c'est qu'on l'avait fait passer dans le moule du scrutin d'arrondissement, qui se trouve vicié dès sa base par les mauvaises mœurs politiques qui l'accompagnent :

« Laissez-moi vous dire, en terminant, que le scrutin d'arrondissement est le scrutin du drapeau dans sa gaîne. C'est le

---

(1) *Journal officiel*, du 18 mars 1902, Chambre, p. 1348.

scrutin qui permet tous les marchandages et tous les maquillages; c'est le scrutin qui permet ces ententes sans loyauté, sous le manteau de cette cheminée dans laquelle on fait semblant de brûler ce qu'on adore; c'est lui qui donne le plus de facilités à ces aventuriers revenus en triomphateurs de la conquête de l'or et qui, n'ayant jamais de leur vie mérité le respect, s'imaginent qu'ils l'achètent en trafiquant des consciences » (1).

Le scrutin de liste, au contraire, est le scrutin des grandes idées et il n'est pas trop tard pour l'appliquer.

Ce fut ensuite le tour de M. Bérard, qui parla en sens contraire : les intérêts locaux ne sont pas négligeables, et on peut les défendre tout en songeant aux intérêts généraux..... le scrutin de liste ne rend pas la lutte moins personnelle que le scrutin d'arrondissement, les vedettes sont très attaquées (on le voit bien aux élections municipales), et sous le couvert de gens illustres, on fait passer des inconnus.

En terminant, il rappelle les événements de 1885 et 1889, et fait appel à la clairvoyance des républicains en faveur du scrutin d'arrondissement.

Après quelques mots de M. Millevoye pour déclarer qu'il votera le rétablissement du scrutin de liste « le moins onéreux et surtout le plus loyal et le plus démocratique des scrutins », M. Dansette plaida la cause de la représentation proportionnelle, en insistant, comme il l'avait

(1) *Journal officiel*, du 18 mars 1902, Chambre, p. 1351.

fait dans l'exposé des motifs de ses propositions, sur les vices des systèmes majoritaires, l'exemple de la Belgique, et la nécessité de la réforme pour moraliser le suffrage universel.

M. Klotz, soutenu par M. Chauvin, défendit sa proposition de scrutin de liste en montrant les inégalités des circonscriptions actuelles, et la nécessité d'un sectionnement des grands départements pour éviter des listes de 40 ou 50 noms. M. Louis Martin, de son côté, fit un pressant appel en faveur de la représentation des minorités.

Le débat se termina par une intervention de M. Leygues qui déclara, au nom du Gouvernement, qu'il était trop tard et que la réforme était inopportune, et une réplique de M. Ruau, rapporteur, qui prétendit que le scrutin de liste seul pourrait donner un parti conservateur et un parti démocratique, dont la venue est nécessaire pour bien gouverner.

On passa alors au vote : la Chambre repoussa le scrutin de liste par 292 voix contre 222.

Le même jour, 17 mars, au cours de la discussion du projet de loi tendant à modifier le tableau des circonscriptions électorales, M. Chassaing reprit à titre de contre-projet sa proposition de scrutin de liste par arrondissement, mais, repoussé par la commission et le gouvernement, l'amendement eut un sort misérable : il n'obtint que 45 voix contre 466.

III

1902-1910

M. Dansette reprit pour la troisième fois sa proposition de représentation proportionnelle quelques jours après la rentrée des Chambres le 8 juin 1902 (1) car, d'après lui, les propositions de réforme électorale qui viennent à la fin des législatures trouvent la Chambre trop préoccupée du lendemain pour être discutées dans le calme nécessaire.

Le 23 juin, M. Paul Constans, député de l'Allier et dix de ses collègues proposèrent la nomination d'une Commission du suffrage universel composée de 22 membres, à l'effet de réviser la législation électorale, et d'assurer la liberté et la sincérité du vote (2). Cette commission devrait avoir terminé son travail au plus tard pour le début de l'année 1903, et on le discuterait immédiatement.

Le rapport sommaire, déposé le 26 par M. Fernand Rabier, tout en faisant des réserves sur le délai, conclut à la prise en considération (3), mais la question en restait là, lorsque, le 24 octobre, M. Eugène Réveillaud demanda la nomination d'une commission qui aurait pour mission

---

(1) *Journal officiel*, Doc parl., Ch. des dép., 8ᵉ législature, n° 8. V. ci-dessus, p. 119 et 125.
(2) *Journal officiel*, Doc. parl., Ch. des dép., 8ᵉ législature, n° 112.
(3) *Journal officiel*, Doc. parl., Ch. des dép., 8ᵉ législature, n° 142.

d'étudier les différents systèmes de représentation proportionnelle (1). Après une vive discussion, il se rallia au projet de résolution de M. Paul Constans dont la portée était plus générale ; la Chambre l'adopta sans scrutin.

Le même jour 24 octobre, M. Klotz, avec MM. Guyot-Dessaigne, Ruau, Lockroy, Bienvenu-Martin, Chauvin et Massé, reprit sa proposition en faveur du scrutin de liste (2) ; M. Lasies reprit également la sienne, qui prévoyait la création de vastes régions, avec adoption du vote cumulatif (3).

Le 8 juin 1903, une proposition de représentation proportionnelle fut déposée par MM. Louis Mill, Charles Benoist, Guillaume Chastenet, Deloncle, Mirman, Francis de Pressensé, Eugène Réveillaud, Jules Roche et Georges Gérald (4).

Cette proposition, si l'on s'en réfère à l'exposé des motifs, était le résultat de travaux entrepris depuis plusieurs années par la ligue pour la représentation proportionnelle qui a pour but, comme l'association réformiste de Belgique, « d'assurer, dans les limites du possible, et en dehors de tout esprit de parti : le pouvoir à la majorité du pays, le contrôle aux minorités, une représentation exacte de tous les groupes sincères du corps électoral. »

(1) *Journal officiel*, Doc. parl., Ch. des dép., 8ᵉ législature, n° 371.
(2) *Journal officiel*, Doc. parl., Ch. des dép., 8ᵉ législature, n° 372. V. ci-dessus p. 126.
(3) *Journal officiel*, Doc. parl., Ch. des dép., 8ᵉ législature, n° 373. V. ci-dessus, p. 131.
(4) *Journal officiel*, Doc. parl., Ch. des dép., 8ᵉ législature, n° 967.

Le scrutin d'arrondissement est un scrutin de division ; le député, redevenu candidat dès le lendemain de son élection, fait passer ses préoccupations électorales avant les intérêts généraux du pays, et la lutte entre concurrents, à l'approche des élections, revêt souvent un caractère personnel ou vénal. De telles mœurs écartent de la Chambre des hommes considérables, et découragent de nombreux électeurs qui se réfugient dans l'abstention ; aussi les voix non représentées atteignent-elles la proportion de 53 0/0.

D'autre part, le scrutin de liste écrase des minorités souvent très importantes (on en a vu le danger en 1885), et il favorise le plébiscite.

La représentation proportionnelle seule pourrait corriger ces inconvénients. En 1902, elle n'obtint qu'une voix à la Commission, mais son échec fut sans doute la résultante de l'époque à laquelle eut lieu la délibération, et du « misonéisme » qui accueille dans les assemblées les propositions avec lesquelles l'opinion publique n'a pas encore été suffisamment familiarisée. On prétend que le système est trop compliqué, cependant les députés introduisent dans leurs programmes des questions autrement délicates et complexes ; certains reprochent au système d'Hondt de laisser en dehors les minorités au-dessous du chiffre répartiteur ; c'est pourtant avec lui que le nombre des suffrages inutiles est réduit à son minimum et d'ailleurs, son exactitude mathématique est démontrée. Enfin, contrairement à une opinion assez répandue, la représentation proportionnelle n'aboutit pas à l'émiettement des partis, l'expérience belge l'a prouvé : ainsi à Bruxelles, en 1900, sur 9 listes en présence, 4 seulement réussirent à faire passer des candidats ; il s'ensuit une concentration fatale, qui réduit à néant l'objection que formulait en 1902, M. Waldeck-Rousseau.

La proposition prévoyait un député par 70.000 habitants et fraction de 70.000, étrangers non compris. Pour la répartition des sièges, elle se ralliait au système d'Hondt.

Le 9 juin 1903, M. Dansette reprit avec quelques modifications de détail la proposition de représentation proportionnelle qu'il avait faite tout au début de la législature (1), et le 10 juin, les deux propositions furent jointes.

De son côté enfin, M. Louis Martin soumit de nouveau à ses collègues le 25 juin, la proposition de représentation proportionnelle qu'il avait déposée, pendant la précédente législature, concurremment avec M. Chassaing (2).

Toutes ces propositions furent renvoyées à la Commission du suffrage universel qui avait été nommée, en exécution du projet de résolution Constans, le 28 octobre 1902. Les partisans du scrutin d'arrondissement y étaient fort peu nombreux, mais une majorité n'arriva pas à se former,

---

(1) *Journal officiel*, Doc. parl., Ch. des dép., 8ᵉ législature, n° 978. V. plus haut, p 119, 125 et 137.
(2) *Journal officiel*, Doc. parl , Ch. des dép., 8ᵉ législature, n° 1079. V. plus haut, p. 122 et 126.

soit en faveur du scrutin de liste, soit en faveur de la représentation proportionnelle. Sur la proposition du président de la Commission, M. Guyot-Dessaigne, on décida qu'il y aurait deux rapports.

Le rapport favorable au scrutin de liste fut déposé, le 7 avril 1905 (1), par M. Buyat (2) : l'histoire, disait-il, n'apporte aucun argument décisif, sinon la question serait plus facile à régler. Le scrutin de liste seul permet de dégager la manifestation de la volonté nationale ; le scrutin uninominal s'attache plus au candidat qu'aux idées, et les polémiques qui suivent chaque élection, où chaque parti prétend triompher avec une apparence de raison, montrent la confusion qui règne dans les professions de foi et l'imprécision de leurs formules. Aussi n'est-il pas rare que des gouvernements de nuance opposée trouvent à la Chambre une majorité, mais ce n'est jamais qu'une majorité précaire et, pour vivre, ils ajournent les réformes dont la discussion peut toujours leur créer quelques difficultés. Avec le scrutin de liste, les électeurs sont déterminés par le programme, la Chambre a une orientation plus nette, et le gouvernement, la stabilité nécessaire à la réalisation d'un programme fécond, la corruption par l'argent est moins facile, les députés ne sont plus condamnés,

---

(1) *Journal officiel*, Doc. parl., Ch. des dép., 8ᵉ législature, n° 2375.

(2) Un rapport avait été déjà déposé par M. Ruau, le 13 juillet 1905, mais il ne fut pas imprimé, (*Journal officiel*. Doc. parl., Ch. des dép., 8ᵉ législature, n° 1925).

(Gambetta l'a montré,) à être sollicités et solliciteurs, et ils ont enfin le temps de faire œuvre de législateurs.

Le rapport proposait de sectionner les départements de plus de 750.000 habitants; la Chambre devait être élue pour six ans, avec renouvellement partiel.

Le rapport favorable à la représentation proportionnelle fut déposé, le 7 avril 1905 également, par M. Charles Benoist (1); après avoir rappelé l'historique parlementaire de la question, il passe à la théorie et à la critique de la représentation proportionnelle, et l'étudie successivement dans son fondement, dans son fonctionnement et dans ses effets (2). Il montre que les assises de l'État moderne reposent « sur l'égalité de tous les citoyens pour la législation et dans la souveraineté devant le suffrage », et que c'est sur ce fondement même que se fonde à son tour la théorie de la représentation proportionnelle :

« .... Elle a précisément pour objet la vérité et la justice, entre les opinions ou les partis, dans le suffrage universel. Elle est issue, par réaction, de l'injustice et de la fausseté du régime de la majorité pure et simple.... (où) la moitié des voix, plus une, donne tout ; et la moitié moins une n'est rien...

« Ainsi la moitié des Français, plus un, vit seule de la

---

(1) *Journal officiel*, Doc. parl., Ch. des dép., 8ᵉ législature, n° 2376.
(2) Tout ce qui touche à la théorie de la représentation proportionnelle et aux objections qu'elle soulève, a été emprunté par le rapporteur à son ouvrage sur *la Crise de l'État moderne, l'organisation du suffrage universel*, p. 118 à 152.

vie civique ; le reste est comme s'il n'était pas, est, en fait, frappé de mort civique ; la moitié, plus un, est libre et, si l'on veut, « souveraine » ; l'autre moitié est serve, attachée à l'urne, comme jadis à la glèbe. La moitié du pays est en main morte, personnes et biens, et la majorité traite comme une chose, comme sa chose, de par le droit du plus fort et le titre seigneurial du nombre, la minorité qui souvent, pourtant, est presque son égale en nombre ».

Aussi, en faisant entrer en ligne de compte les abstentionnistes, on peut dire que la majorité du Parlement ne représente que la minorité des Français, que la loi n'est plus l'œuvre des représentants de la majorité des citoyens et que le pays est en opposition avec le Parlement. De cette situation résulte une extrême indifférence en matière politique.

Le rapport étudie ensuite les divers systèmes de représentation proportionnelle, le vote limité et le vote cumulatif, le quotient et la liste de préférence, la concurrence des listes et le double vote simultané, le diviseur commun ; il passe en revue les objections tirées de la diversité des systèmes et de la difficulté du fonctionnement, du peu de profit de l'innovation, et enfin, de la nature de l'Etat moderne ou de l'objet du régime parlementaire et de la représentation politique. A ceux qui prétendent qu'il y a trop de systèmes, et pas un de bon, M. Benoist oppose l'exemple de la Belgique et de la Suisse ; d'autres prévoient déjà que la réforme ne tiendra pas ses promesses :

D'après eux, les coalitions, les abstentions, la corruption ne diminueraient guère, et en revanche, les électeurs seraient livrés au caprice des comités, le maniement des chiffres ouvrirait la porte à l'erreur et à la fraude ; à ceux-là, il répond que, rien ne pouvant être plus mauvais que le système actuel, on peut en expérimenter un autre sans courir aucun risque.

Les objections doctrinales, plus sérieuses, plus graves, puisqu'elles s'attaquent aux fondements mêmes de la théorie, le retiennent plus longtemps : avec la représentation proportionnelle, le régime parlementaire deviendrait impraticable, il n'y aurait plus à la Chambre que des minorités juxtaposées, le Gouvernement ne serait plus occupé qu'à nouer des coalitions entre groupes parlementaires, on tomberait de la tyrannie de la majorité dans l'anarchie des minorités. Et si l'on prétendait que la représentation de toutes les minorités proportionnellement à leurs forces permet de passer condamnation sur le reste, on oublierait que le régime parlementaire a une triple fin, non seulement la représentation, mais encore la législation et le Gouvernement. Enfin, la réforme proposée ne semble même pas un système idéal de représentation : elle est la représentation proportionnelle des opinions, c'est-à-dire de ce qu'il y a de plus mobile, de plus insaisissable, de ce qui peut être le moins fixé, le moins classé ; elle néglige ceux qui n'ont pas d'opinion, l'élément neutre qui forme la grosse majorité de toute nation et qui rendrait le système impraticable.

A ces arguments, le rapporteur répond qu'avec la proportionnelle, la majorité, peut-être moins nombreuse, serait plus compacte ; le régime parlementaire ne serait donc pas ébranlé à sa base, les comités, plus apparents, mais moins oppressifs, organiseraient les partis, fixeraient l'opinion, finiraient par mordre sur la masse neutre.

Enfin, il examine les propositions respectives de MM. Louis Mill, Dansette et Louis Martin, et, en adoptant dans ses lignes principales la proposition de M. Mill, se rallie au système d'Hondt.

Le rapport proposait un député par 75.000 habitants et fraction de 75.000, avec sectionnement des départements au-dessus de 750.000 habitants : les députés devaient être élus pour six ans avec renouvellement partiel tous les trois ans.

Le 28 novembre 1905, M. Massabuau déposa une proposition de représentation proportionnelle (1), qui était en réalité un amendement au système de la Commission et à un contre-projet présenté par M. Flandin le 14 juin, et développé par lui l'année suivante.

La Chambre se sépara en 1906 sans avoir discuté la réforme électorale ; d'ailleurs, si la question était venue devant elle, il est bien probable que, prise entre les deux solutions contraires de la Commission, elle n'aurait pas hésité à en choisir une troisième : le maintien du *statu quo*.

---

(1) *Journal officiel*, Doc. parl., Ch. des dép., 8ᵉ législature, nº 2794.

Les élections de 1906, en donnant au **parti radical** une majorité sensiblement plus que proportionnelle au nombre de voix qu'il avait recueillies dans le pays, mirent au premier plan la question de la représentation des minorités.

Conformément à un projet de résolution de M. Ch. Benoist, la Chambre décida, le 2 juillet 1906, de nommer dans ses bureaux, comme dans la précédente législature, une Commission de 22 membres chargée d'examiner les projets ou propositions de loi relatifs au suffrage universel. L'élection eut lieu le 10 ; elle donna, cette fois, une forte majorité aux partisans de la représentation proportionnelle (1).

Des groupes se formèrent : d'abord le groupe de la réforme électorale, organisé par M. Charles Benoist, presque entièrement proportionnaliste et qui compta, vers la fin de la législature, 276 membres ; puis le groupe républicain de la réforme électorale, sur l'initiative de M. Klotz qui fut élu président ; plus tard le groupe du scrutin de liste, dirigé par M. Depasse ; enfin le groupe républicain de la réforme électorale, de la réforme administrative, présidé par M. Ferdinand Buisson et composé de députés qui entendaient « dans un scrutin élargi assurer une représentation équitable aux minorités. »

(1) La commission du suffrage universel était composée de MM. Ch. Benoist, président, Aynard, F. Buisson, vice-présidents, d'Iriart d'Etchepare, Varenne, secrétaires, Babaud-Lacroze, de Pressensé, Krantz, Et. Flandin, Labori, Chion-Ducollet, Groussau, J. Reinach, de Folleville, Depasse, Dansette, Duclaux-Monteil, Péronneau, Laroche, Alicot, Desplas, Argeliès.

De leur côté, les partisans du scrutin d'arrondissement, rassemblés par M. Breton, fondèrent le groupe de défense républicaine contre la proportionnelle, et se rangèrent autour de M. Pelletan, qui fut nommé président.

Le groupe républicain de la réforme électorale n'avait pas, comme les autres groupes, pour objet d'organiser la bataille autour du mode de scrutin ; il réservait, au contraire, l'opinion de ses membres sur cette question et cherchait simplement à obtenir un résultat pratique en proportionnant le nombre des élus à celui des électeurs et des habitants et en diminuant le nombre des députés. Une Commission de 9 membres fut nommée, comprenant 3 partisans du scrutin de liste, MM. Dessoye, Zevaës et Bignon, 3 proportionnalistes, MM. F. Buisson, Et. Flandin et Bonnevay, et 3 partisans du scrutin d'arrondissement, MM. Bérard, Breton et Rose.

Le groupe se mit d'accord pour attribuer à chaque département un député par 75.000 habitants et fraction de 37.500, étrangers déduits. M. Dessoye fut chargé de proposer le scrutin de liste, et M. Breton le scrutin uninominal (1), en prenant cette base pour point de départ. De son côté, M. Flandin devait demander à la Commission du suffrage universel de l'adopter pour son projet de représentation proportionnelle.

Cependant, dès le début de la législature, le 12 juin

---

(1) Ces propositions furent déposées le 24 mars 1908.

1906, M. Dansette avait repris une cinquième fois sa proposition de représentation proportionnelle, mais en lui faisant subir des modifications importantes (1) : le ballottage était supprimé et la répartition des sièges devait se faire à l'aide du système d'Hondt.

Le 12 juin 1906 également, M. Louis Martin et 13 de ses collègues déposèrent une proposition de représentation proportionnelle (2) : ils rappelaient tout d'abord en quelques mots l'histoire de la représentation proportionnelle en France et montraient qu'actuellement, les minorités, n'étant pas représentées, se retiraient de la lutte ou, de dépit, s'entendaient avec une fraction dissidente de la majorité et faisaient triompher son candidat. L'argument des compensations du scrutin d'arrondissement est purement conventionnel car, ainsi que dit Louis Blanc, « un mal donné pour correctif d'un autre mal ne saurait tenir lieu de remède. » La proposition accordait à chaque département un député par 100.000 habitants et fraction de 25.000, avec sectionnement au-dessus de 900.000 habitants ; elle adoptait le système d'Hondt.

Le 14 juin, M. Massabuau reprit la proposition de représentation proportionnelle (3) qu'il avait faite le 28 novembre 1905.

---

(1) *Journal officiel*, Doc. parl., Ch. des dép., 9ᵉ législature, n° 22. V. ci-dessus, p. 119, 125, 137 et 140.

(2) *Journal officiel*, Doc. parl., Ch. des dép., 9ᵉ législature, n° 37.

(3) *Journal officiel*, Doc. parl., Ch. des dép., 9ᵉ législature, n° 104. V. ci-dessus, p. 145.

Le 16 juin, M. Guillemet demanda le maintien du scrutin individuel, mais chaque département ne devait plus avoir qu'un député pour 40.000 électeurs (1).

Le 2 juillet, MM. Charles Benoist (2) et Buyat (3) reprirent leurs rapports respectifs qui furent renvoyés à la Commission du suffrage universel.

Le 3. M. Depasse déposa une proposition de scrutin de liste pur et simple ; pour lui, la représentation des minorités est chose secondaire (4).

Puis ce fut M. Sénac qui, montrant dans un court historique que le scrutin d'arrondissement seul a bien mérité de la République, demanda à la Chambre, le 9 juillet, d'améliorer son mécanisme en décidant qu'aucune circonscription électorale ne pourrait avoir plus de 30.000, ni moins de 15.000 électeurs inscrits (5).

La retraite de M. Sarrien, au seuil de la session extraordinaire, l'arrivée au pouvoir de M. Clemenceau, un fidèle du scrutin de liste, firent naître des espérances que sembla confirmer, le 5 novembre, la lecture de la déclaration ministérielle (6). Parlant des réformes électorale et administrative, le nouveau président du Conseil avait dit :

---

(1) *Journal officiel*, Doc. parl., Ch. des dép., 9ᵉ législature, n° 116.
(2) *Journal officiel*, Doc. parl., Chambre, 9ᵉ législature, n° 160.
(3) *Journal officiel*, Doc. parl., Chambre, 9ᵉ législature, n° 161.
(4) *Journal officiel*, Doc. parl., Chambre, 9ᵉ législature, n° 182.
(5) *Journal officiel*, Doc. parl., Chambre, 9ᵉ législature, n° 233.
(6) *Journal officiel* du 6 novembre 1906, Chambre, p. 2386.

« La République a fondé la liberté en France. Il nous reste à lui donner ses développements naturels dans toutes les parties du régime républicain. C'est en vue d'une extension nouvelle d'attributions aux pouvoirs régionaux que sera préparée la réorganisation administrative impliquant, dans notre pensée, l'élargissement du mode de scrutin dans les élections législatives. Seulement, pour que nous puissions connaître, enfin, les mœurs de la liberté, il faut que l'exercice légitime de cette liberté soit garanti d'abord contre l'arbitraire administratif. »

Le 5 novembre. M. J.-L. Breton déposa une proposition tendant au maintien du scrutin uninominal, avec péréquation des circonscriptions électorales (1). Après avoir constaté que tout le monde est d'accord pour critiquer notre organisation électorale actuelle, il demande la suppression des iniquités les plus criantes du scrutin uninominal. Il expose ensuite les raisons pour lesquelles il repousse le scrutin de liste et la représentation proportionnelle :

Le scrutin de liste donne bien une représentation proportionnée, mais il écrase les minorités et conduit tout naturellement à la représentation proportionnelle ; de plus, les circonscriptions étant plus étendues, les frais d'élection sont plus élevés, ce qui est un désavantage pour les partis pauvres. Il ne diminue pas la corruption électorale — elle s'étend comme une tache d'huile sur de plus vastes cir-

(1) *Journal officiel*, Doc. parl., Chambre, 9ᵉ législature, n° 373.

conscriptions — ni les sollicitations, car plusieurs recommandations valant mieux qu'une, les électeurs prendront soin de s'adresser à toute la liste. On dit qu'avec le scrutin de liste, les considérations locales s'effaceront, et que les élections auront surtout un caractère politique, mais, de même qu'il est utile que le député reste en contact avec ses mandants — et il y reste, grâce au scrutin uninominal — il n'est pas mauvais non plus de connaître le candidat pour lequel on vote, puisque l'on doit apprécier sa sincérité et ses convictions.

Quant à la représentation proportionnelle, séduisante au premier abord, elle soulève d'insurmontables difficultés d'application. A l'agrandissement des circonscriptions correspond l'augmentation des frais, qui seront peu réduits par la suppression du ballottage, on dépensera en effet tout l'argent dont on dispose au premier tour de scrutin.

La suppression des élections partielles sera encore un désavantage pour les partis pauvres. Aussi c'est surtout aux réactionnaires que profitera la réforme ; aux élections de 1906, ils auraient gagné 61 sièges, aussi n'hésite-t-il pas à la repousser :

« Nous ne craignons nullement de déclarer que, si nous repoussons l'application immédiate de la représentation proportionnelle aux élections législatives, c'est surtout parce qu'elle serait nuisible aux intérêts du bloc républicain et profitable aux partis de droite. »

La représentation proportionnelle n'aura pas la vertu moralisatrice qu'on lui prête ; comme le plus important sera d'arriver en ordre utile, les camarades de liste seront bien plus préoccupés de se dénigrer en dessous, que de combattre l'adversaire commun, et ce sera un spectacle scandaleux où les moins scrupuleux triompheront des plus loyaux.

M. Breton annonce ensuite qu'en étudiant les divers systèmes proposés pour réaliser pratiquement la représentation proportionnelle, il a trouvé « une méthode nouvelle qui paraît résoudre le mieux la question… » en ne heurtant pas notamment le préjugé majoritaire. Et il expose… le système du vote gradué que Borda et Condorcet avaient déjà mis en lumière ! Il ne le propose d'ailleurs pas, étant pour l'instant adversaire de la proportionnelle. Arrivant enfin à l'étude du scrutin uninominal, il déclare « qu'il est souverainement injuste de solidariser le scrutin uninominal avec notre scrutin d'arrondissement, le second n'étant que la caricature déformée et grotesque du premier. » Le scrutin uninominal, en réduisant à son minimum les circonscriptions électorales, permet aux partis pauvres d'entreprendre la lutte avec quelques chances de succès ; il tient le député en contact avec ses électeurs et en outre, grâce à la multiplication des circonscriptions, il donne des résultats presque aussi proportionnels que la véritable représentation proportionnelle (1), qui d'ailleurs,

(1) Il cite à ce sujet des statistiques de M. La Chesnais.

en Belgique, n'en a guère donné de satisfaisants. On reproche au scrutin d'arrondissement l'esclavage du député, les compromissions du ballottage ; on ne saurait pourtant pas accuser de fausser le régime parlementaire un système qui oblige les mandataires à remplir loyalement leur mandat, à tenir compte des aspirations de leurs électeurs, et facilite les ententes entre partis voisins pour arrêter l'adversaire commun. Une seule critique demeure, c'est l'extravagante répartition des circonscriptions qui déforme le principe du suffrage universel.

C'est dans ce but qu'il demande l'élection des membres de la Chambre des députés, au scrutin individuel, par des circonscriptions électorales qui ne pourraient comporter une population inférieure à 70.000 habitants, ni supérieure à 80.000, et seraient formées sans tenir un compte absolu des divisions administratives actuelles (1).

Le 8 novembre 1906, M. Étienne Flandin, député de l'Yonne, déposa une proposition de représentation proportionnelle (2). Le scrutin de liste, disait l'exposé des motifs,

(1) En réalité, la proposition ne pouvait être applicable sans un remaniement très important de la carte administrative, car un certain nombre de départements ne rentraient pas dans ses cadres : ainsi, pour n'en citer que quelques-uns, d'après le recensement de 1901, les Hautes-Alpes, avec 109.510 habitants auraient formé une circonscription de 109.510 habitants ou deux de 54.755, l'Eure-et-Loir, avec 275.433 habitants, en aurait donné trois de 91.811 habitants ou quatre de 68.853. En revanche. le Finistère était trop bien partagé : avec ses 773.014 habitants, il pouvait être divisé en dix circonscriptions de 77.301 habitants, ou bien en onze de 70.255.

(2) *Journal officiel*, Doc. parl., Ch. des dép., 9e législature, n° 408.

est une garantie nécessaire contre la pression administrative, mais il doit être complété par la représentation proportionnelle, pour que les minorités ne soient pas opprimées, et que la loi soit bien l'expression de la volonté nationale. On aura ainsi un scrutin pacificateur et moralisateur.

Chaque département devait avoir un député par 75.000 habitants et fraction quelconque, avec sectionnement au-dessus de 750.000 habitants.

Quelques jours après, quatre propositions de réforme électorale furent déposées coup sur coup, mais elles visaient principalement la diminution du nombre des députés :

Le 22 novembre, MM. Ch. Benoist, Beauregard, Georges Berger et 25 de leurs collègues demandèrent l'adoption de la représentation proportionnelle et la réduction des députés à 400 (1).

Le même jour, M. Bonnevay déposa une proposition semblable, où le nombre des députés était abaissé à 360. (2)

Le 26 novembre, MM. Buyat, Chanoz et six de leurs collègues proposaient le chiffre de 400 députés, mais élus au scrutin de liste par département, avec sectionnement au-dessus de 500.000 habitants (3).

---

(1) *Journal officiel*, Doc. parl., Ch. des dép., 9e législature, n° 456.
(2) *Journal officiel*, Doc. parl., Ch. des dép., 9e législature, n° 457.
(3) *Journal officiel*, Doc. parl., Ch. des dép., 9e législature, n° 473.

Enfin, le 30 novembre, l'abbé Lemire réclamait également la modification de la loi de 1889 (1) ; il maintenait le scrutin uninominal et ne touchait pas aux arrondissements, mais il ne leur accordait plus qu'un député pour 200.000 habitants et fraction de 200.000. (2)

Cette abondance de propositions était provoquée par le relèvement de l'indemnité parlementaire que les députés et les sénateurs s'étaient si rapidement et si libéralement octroyé le 22 novembre 1906 ; il en fut de même d'un projet de résolution que M. Charles Benoist, pressé de voir entrer dans le domaine de la pratique les bonnes intentions de M. Clemenceau, présenta à ses collègues, le 30 novembre également, et fit renvoyer à la Commission du suffrage universel (3). Aux termes de ce projet de résolution, le gouvernement était invité à déposer le plus tôt possible le projet de réforme électorale annoncé dans la déclaration ministérielle, avec réduction du nombre des députés.

La Commission du suffrage universel semble avoir examiné seulement les propositions de MM. Dansette, Louis Martin, Massabuau et Étienne Flandin, bien que

---

(1) *Journal officiel*, Doc. parl., Ch. des dép., 9ᵉ législature, n° 497.

(2) Cette proposition allait à l'encontre de toutes les tentatives de péréquation électorale : au moment où tout le monde protestait contre l'improportionnalité du scrutin d'arrondissement, elle l'aggravait encore. Ainsi un arrondissement de 200.000 habitants ne devait pas avoir plus de députés que celui de Barcelonnette, avec ses 13.000.

(3) *Journal officiel*, Doc. parl., Ch. des dép., 9ᵉ législature, n° 500.

toutes les propositions de réforme électorale lui aient été renvoyées.

Le rapport fut déposé par M. Et. Flandin, le 22 mars 1907 (1).

Après avoir rappelé la loi électorale qui régit la France, le rapporteur se demande en vain pourquoi le législateur est dominé par l'idée d'assurer un représentant à chaque arrondissement, alors que l'arrondissement ne correspond « ni à une égale superficie de territoire français, ni à un chiffre égal de population, encore moins à un chiffre égal d'électeurs ». Il montre ensuite qu'avec la législation actuelle, 34.417 électeurs (2) peuvent avoir un député de plus que 167.441 (3); il met en lumière que la Chambre, sauf en 1877, n'a jamais représenté que la minorité; il insiste sur les vices du système majoritaire où la moitié plus un est tout, où la moitié moins un n'est rien. Ce sacrifice brutal des minorités est la négation du régime représentatif. Il ne faut pas confondre en effet deux choses qui sont essentiellement distinctes, la décision et la représentation :

« Sans doute la logique exige que, dans une assemblée délibérante, la majorité décide ; mais, en matière d'élection, il ne s'agit pas de décision, il s'agit de représentation.

(1) *Journal officiel*, Doc. parl., Ch. des dép., 9ᵉ législature, n° 883.
(2) Arrondissements de Puget-Théniers, 6.827 ; Gex, 6.557 ; Briançon, 6.375 ; Sisteron, 5.973 ; Castellane, 5.242 ; Barcelonnette, 3.443.
(3) Circonscriptions de Nantes 3ᵉ, 37.018 ; Sceaux 2ᵉ, 32.920 ; Versailles 1ʳᵉ, 32.848 ; La Palisse, 32.506 ; Sarlat, 32.149.

Une nation élisant des députés se donne simplement des représentants. »

Pour que la décision de la Chambre soit réellement l'expression de la volonté nationale, cette représentation doit être vraiment l'image fidèle du pays.

La Commission s'est prononcée pour le collège départemental, avec un député pour 75.000 habitants et fraction de plus de 25,000, et sectionnement des départements ayant droit à plus de 10 députés. L'arrondissement, en effet, donne un collège trop restreint pour que la corruption électorale, la pression administrative, la prédominance des intérêts particuliers sur les intérêts généraux ne soient pas redoutables. Avec le collège départemental, les dangers sont moindres, mais l'adoption du scrutin de liste pur et simple entraîne l'écrasement des minorités; il doit être complété par la représentation proportionnelle qui, en assurant aux opinions une équitable répartition des sièges, diminuera le nombre des abstentions, remplacera la lutte des personnes par la lutte des idées, abolira les humiliantes compromissions du scrutin d'arrondissement. Seule, elle permettra la réforme administrative, car elle est seule capable de briser le cadre de l'arrondissement, puisqu'avec elle, aucune liste ne passe presque jamais tout entière.

Le projet de la Commission, qui s'inspirait très largement du projet Flandin, adoptait naturellement, pour la répartition des sièges, le système d'Hondt.

Le 8 mai, M. Paul Bignon déposa une proposition ayant

pour objet le rétablissement du scrutin de liste et la réduction du nombre des députés (1). Le suffrage universel, tel qu'il fonctionne à l'heure actuelle, ne peut donner le sentiment total et fidèle du pays ; les inégalités bien connues que le scrutin d'arrondissement entraine dans la répartition des sièges, l'exiguité des divisions électorales qui circonscrit dans les limites étroites d'un fief la pensée et l'action de l'élu, l'assujettissement électoral qui se traduit par des interventions continuelles, faussent les rouages administratifs ; Waldeck-Rousseau et Gambetta, naguère, l'ont démontré :

« Trop souvent, en effet, l'élu ne mérite le nom de représentant que dans le sens commercial du mot... ; que ce régime dure quelque temps encore, le pouvoir sera sans contrôle, la députation sans autorité, le système représentatif devenu une fiction. »

De plus, depuis l'augmentation de l'indemnité parlementaire, la diminution du nombre des députés est devenue urgente, et le maintien du scrutin d'arrondissement ne la permet guère. L'adoption de la représentation proportionnelle que l'on préconise comme remède à l'écrasement des minorités, n'est pas désirable, car ses avantages semblent bien plus théoriques que réels : son mécanisme est compliqué, les partis ne sont pas suffisamment concentrés, ni assez nettement catégorisés, et en somme,

---

(1) *Journal officiel*, Doc. parl., Ch. des dép., 9e législature, n° 935.

M. Ruau l'a montré en 1902, les minorités ont toujours été représentées, puisque le député d'un département est, en réalité, député de la nation tout entière. Le scrutin de liste, au contraire, tel que le préconisait Gambetta, est excellent en théorie et en fait ; si on l'adopte, la probité politique y gagnera, les programmes seront plus précis et l'on verra décroître le nombre des abstentionnistes qui redoutent la duperie des formules vagues ; enfin les partis s'organiseront.

M. Bignon proposait un député par 100.000 habitants et fraction supérieure à 50.000, avec un minimum de deux députés ; les étrangers devaient être exclus s'ils étaient plus de 8.000, et les départements, sectionnés au-dessus d'un million d'habitants. Ainsi, le chiffre des députés tombait à 391.

Le 27 octobre 1907, MM. Bérard, Klotz et six de leurs collègues, pensant que le rétablissement du scrutin de liste serait une mesure antidémocratique et antirépublicaine, proposèrent de remédier à l'improportionnalité du scrutin uninominal, son seul inconvénient réel (1) : chaque département devait avoir un député par 20.000 électeurs et fraction supérieure à 10.000, et être divisé en autant de circonscriptions qu'il aurait de députés à élire.

Le 29 octobre, MM. Louis Martin, Defontaine, Magniaudé et Magnaud soumirent à leurs collègues, pour le cas où

---

(1) *Journal officiel*, Doc. parl., Ch. des dép., 9ᵉ législature, n° 1274.

le scrutin de liste ne serait pas voté, une proposition qui tendait surtout à la diminution du nombre des députés (1) : ils n'allouaient, en effet, à chaque département, qu'un député par 100.000 habitants et fraction supérieure à 20.000.

Le 29 octobre également, M. Louis Martin reprit sa première proposition de représentation proportionnelle (2).

Le 27 novembre, M. Gioux déposa une proposition analogue à celle de M. Bérard (3) : les départements devaient avoir un député par 20.000 électeurs, mais au lieu de compter au-dessus de 10.000, les fractions ne comptaient qu'au-dessus de 16.000.

Le 24 mars 1908, M. Dessoye soumit à ses collègues une proposition de scrutin de liste limité (4). Il constate d'abord que, dans la plupart des propositions déposées, la question de la réforme électorale est liée à la réduction du nombre des députés ; puis il passe en revue les effets pratiques des diverses combinaisons modifiant la base électorale, d'après le nombre des électeurs et celui des habitants. Il rappelle la vieille controverse entre le scrutin uninominal, scrutin individualiste, et le scrutin de liste, scrutin au caractère collectif et social qu'il prétend avoir

---

(1) *Journal officiel*, Doc. parl., Ch. des dép., 9ᵉ législature, n° 1278.
(2) *Journal officiel*, Doc. parl , Ch. des dép., 9ᵉ législature, n° 1279. V. ci-dessus, p. 122, 126 et 140.
(3) *Journal officiel*, Doc. parl., Ch. des dép , 9ᵉ législature, n° 1338.
(4) *Journal officiel*, Doc. parl., Ch. des dép., 9ᵉ législature, n° 1626.

été favorable à la République. La représentation proportionnelle, conception généreuse, peut mettre dans certains cas la majorité à la merci de la minorité ; comme le scrutin de liste, elle repose sur l'existence de partis, mais alors que le scrutin majoritaire tend à leur concentration au premier ou au second tour, elle favorise leur fractionnement et risque ainsi de se ruiner dans son principe. Elle donnera peut-être une photographie exacte du corps électoral, mais elle ne donnera pas une majorité pour assurer l'œuvre législative, et le gouvernement sera « livré à tous les hasards des combinaisons parfois les plus étranges, entre des minorités associées pour faire une majorité ». C'est ainsi, comme l'a écrit autrefois M. Charles Benoist, que l'on versera de la tyrannie des majorités dans l'anarchie des minorités.

Pour concilier le scrutin de liste et le scrutin uninominal, en empruntant à chacun d'eux leurs avantages, tout en satisfaisant les préoccupations les plus essentielles des partisans de la représentation proportionnelle, M. Dessoye propose le scrutin de liste limité à cinq noms et il croit ainsi répondre au vœu que formulait en 1896 M. Benoist dans son livre sur la crise de l'État moderne : l'électeur ne sera pas l'esclave des comités, il ne votera que pour des noms qu'il connaît, le lien entre lui et son mandataire subsistera dans toute sa force et l'on aura cependant des élections politiques. Si l'on adoptait ce système, on aurait réalisé le scrutin élargi annoncé par la déclaration ministérielle, on aurait franchi la première étape de la représentation proportionnelle et, désormais, on pourrait regarder sans crainte du côté de ses circonscriptions car on embrasserait un horizon assez large « pour avoir une perception vraie et des détails et de l'ensemble ».

Le 24 mars 1908 également, M. J.-L. Breton déposa une proposition de représentation proportionnée (1). Après avoir rappelé son projet de 1906 et retracé l'œuvre du groupe républicain de la réforme électorale, il déclare qu'il faut chercher dans la représentation proportionnée la solution de la réforme.

Le scrutin uninominal acquerra ainsi une perfection dont n'approche aucun système de représentation proportionnelle. C'est pourquoi M. Vandervelde écrivait dernièrement : « J'avoue que si j'étais socialiste français, j'y regarderais à deux fois et si j'étais radical, à trois fois, avant de renoncer au scrutin uninominal qui existe, en somme, dans tous les grands pays et qui, à côté de beaucoup d'inconvénients, a du moins l'avantage de maintenir autre chose qu'un lien purement idéal entre l'élu et ses électeurs ». En réalité, le seul argument sérieux consiste dans l'inégale répartition des circonscriptions ; pour obvier à cet inconvénient, M. Breton demandait que chaque département, divisé en autant de circonscriptions qu'il a

---

(1) *Journal officiel*, Doc. parl., Ch. des dép., 9ᵉ législature, n° 1627.

de représentants à élire, eût un député par 75.000 habitants et fraction supérieure à 37.500. Dans les départements où le nombre des députés resterait le même qu'à l'heure actuelle, les circonscriptions existantes ne devaient pas être modifiées.

Le 10 juillet, M. Breton reprit sa précédente proposition, en y annexant un tableau des modifications que son adoption entraînerait (1). Il rappelait l'exposé des motifs de sa proposition de 1906 et montrait à nouveau les dangers du scrutin de liste, en insistant sur les élections de 1885 et en citant les exposés des motifs des propositions Lecomte, Michelin, Ribot, Boysset, le projet Floquet, le rapport Thomson. A propos de la représentation proportionnelle, il indiquait de nombreux extraits du livre « la Crise de l'Etat moderne » où M. Ch. Benoist condamnait la représentation proportionnelle en termes formels.

Si l'on trouvait la réforme trop audacieuse, on pourrait en réaliser une de moindre envergure, en réunissant des circonscriptions limitrophes : les résultats seraient moins exacts car les circonscriptions seraient inégales, mais chaque département aurait son compte. On pourrait même se borner à édicter un minimum d'habitants pour qu'une circonscription existe, minimum au-dessous duquel on la réunirait à l'arrondissement voisin.

Au début de 1909, M. Et. Flandin, élu sénateur de l'Inde,

(1) *Journal officiel*, Doc. parl., Ch. des dép., 9ᵉ législature, n° 1989.

résigna ses fonctions de député et cessa par là-même d'être rapporteur de la Commission du suffrage universel. Ce fut un socialiste unifié, député du Puy-de-Dôme, M. Varenne, qui recueillit la mission de défendre la représentation proportionnelle devant la Chambre. Le 3 mars 1909, il déposa un rapport complémentaire (1) où il rejetait la proposition de M. Breton et celle de M. Dessoye, expliquait une fois de plus le principe de la représentation proportionnelle, protestait contre le préjugé majoritaire et exposait le procédé de la répartition des sièges, le système d'Hondt. Plus loin, le rapport insistait sur le vote cumulatif : en permettant à l'électeur de voter plusieurs fois pour le même nom, on donne au candidat isolé autant de chances que s'il figurait sur une liste entière, on avantage les têtes de parti, on permet de limiter le nombre des candidats. On n'a pas à craindre la lutte entre les candidats d'une même liste, car celui qui manquerait de loyauté envers ses camarades de liste risquerait d'être abandonné par ceux-ci ; il n'y a pas lieu non plus de s'arrêter aux objections politiques. L'électeur pouvait « panacher » son bulletin, c'est-à-dire voter à la fois pour des candidats de listes opposées.

L'article premier était ainsi conçu :

« Les membres de la Chambre des députés sont élus au

---

(1) *Journal officiel*, Doc. parl., Ch. des dép., 9ᵉ législature, n° 2353.

scrutin de liste, suivant les règles de la représentation proportionnelle exposées ci-après.

« L'élection se fait en un seul tour de scrutin.

D'après l'article 2 chaque département avait droit à autant de députés qu'il comptait de fois 75.000 habitants, avec un député de plus pour toute fraction supérieure à 25.000 ; mais contrairement à ce que proposait le rapport Flandin, tout département devait élire un minimum de trois représentants, pour que le jeu de la proportionnelle fût rendu plus facile.

L'article 3 prévoyait le sectionnement des départements ayant plus de dix députés.

Les autres articles réglaient la constitution et le dépôt des listes, la procédure électorale et la répartition des sièges.

Enfin le 21 mai 1909, M. J.-L. Breton et 112 de ses collègues proposèrent, tout en réservant leur opinion sur la réforme électorale, de remédier aux inégalités du scrutin d'arrondissement, en ajoutant à l'article 2 de la loi du 13 février 1889 la disposition suivante (1) :

« Les arrondissements dont la population est inférieure à 40.000 habitants ne peuvent constituer des circonscriptions électorales. Chacun d'eux est fusionné avec le plus petit arrondissement limitrophe, l'ensemble étant considéré comme un arrondissement unique ayant droit au nombre de députés indiqué au paragraphe précédent. »

(1) *Journal officiel*, Doc. parl., Chambre, 9ᵉ législature, n° 2500.

Cependant la commission du suffrage universel faisait tous ses efforts pour obtenir la mise de la réforme électorale à l'ordre du jour de la Chambre. M. Charles Benoist intervint plusieurs fois : le 14 janvier 1909, il demanda que la discussion eût lieu avant les vacances de Pâques et pria le gouvernement d'appuyer la fixation de cette limite. M. Clemenceau donna une réponse favorable :

« Je n'ai pas consulté le Conseil des Ministres, mais en ce qui me concerne personnellement, je n'y suis pas opposé » (1).

Cette réponse provoqua aussitôt une démarche d'un certain nombre de députés qui vinrent demander au président du Conseil d'appuyer le maintien du scrutin d'arrondissement.

La discussion devait commencer le 25 mars, mais le 12 mars, la Chambre résolut, par 409 voix contre 69, après interventions de MM. Ch. Benoist, Joseph Reinach, Varenne et du président du Conseil, de s'occuper d'abord du projet de loi sur les Conseils de guerre et de ne pas en interrompre la discussion en faveur de la réforme électorale. Par 369 voix contre 134, on décida d'examiner ensuite le rapport Varenne.

Mais, après les Conseils de guerre, d'autres questions primèrent encore la réforme qui demeurait toujours au second rang de l'ordre du jour. Le gouvernement évitait

---

(1) *Journal officiel* du 15 janvier 1909, Chambre, p 11.

de se prononcer : depuis 1906, il employait la force d'inertie, évitant de se rendre aux rendez-vous que lui assignait la Commission du suffrage universel ou prétextant des quiproquos invraisemblables (1).

Aussi les partisans de la réforme électorale décidèrent-ils d'interpeller le Gouvernement, et, le 9 juillet, M. Joseph Reinach prit la parole :

Après avoir constaté que la réforme électorale est toujours primée par d'autres questions, le député des Basses-Alpes déclare qu'il s'est entendu avec quelques-uns de ses collègues, pour demander à la Chambre d'inscrire en tête de l'ordre du jour de sa session extraordinaire la discussion du rapport de la Commission du suffrage universel. Il remarque que, depuis la lecture de la déclaration ministérielle, nul n'a jamais pu savoir ce que le président du Conseil entendait par élargissement du mode de scrutin ; une note officieuse vient cependant de faire savoir que le Conseil des Ministres s'était prononcé, suivant l'avis de M. Clemenceau, en faveur du scrutin de liste fractionné, réserve faite du moment où il serait possible de réaliser la réforme. Comme il ne croit pas que l'on demande à la nouvelle Chambre de commencer ses travaux par la réforme électorale, (car en 1882, M. Clemen-

---

(1) Voir à ce sujet le discours de M. Ch. Benoist. *Journal officiel* du 14 juillet 1909, Chambre, p. 2057 et l'art. de M. Fernand Faure « La législature qui finit et la réforme électorale, *Revue politique et parlementaire* du 10 décembre 1909, p. 413 et suiv.

ceau était parmi ceux qui reprochaient à Gambetta, d'ôter, en le proposant, toute autorité à la Chambre nouvellement élue), il veut demander au Gouvernement si, après avoir condamné le scrutin d'arrondissement, il entend le conserver encore pour les élections de 1910. Toutes les réformes électorales ont été votées à la fin des législatures, aussi ne serait-il pas digne, après avoir dit qu'il était trop tôt, de venir dire qu'il est trop tard ; d'ailleurs, cet argument, M. Waldeck-Rousseau l'employa en 1902, mais M. Clemenceau le condamna dans « *La Dépêche* » et M. Ruau le combattit avec autant de force que d'esprit. Quant à commencer la réforme administrative, on ne peut le prétendre sérieusement : jamais les assemblées élues au scrutin d'arrondissement n'ont pu en exécuter une, même partielle.

Il évoque ensuite les attaques dirigées contre la Chambre et le régime parlementaire et montre que cette campagne trouve sa force dans les mœurs administratives et parlementaires, et qu'à l'origine de la déformation de ces mœurs, il y a la politique du scrutin d'arrondissement. Envisageant le malaise politique, le mécontentement qui règne un peu partout et que l'on impute sans trop réfléchir au gouvernement, quel qu'il soit, il en voit la cause dans la confusion des pouvoirs :

« Messieurs, depuis d'assez nombreuses années, les fonctionnaires se sont-ils exclusivement préoccupé de leur service public? Nous, députés, avons-nous seulement légiféré dans l'intérêt général et contrôlé le pouvoir? Et le gouvernement a-t-il toujours gouverné ? (1). »

Les causes d'un tel état de choses sont multiples, mais la principale est peut-être la préoccupation excessive des intérêts électoraux, la répercussion de la politique électorale sur la politique générale, sur le gouvernement, l'administration, la législation elle-même. Officiellement, la période électorale n'est que de vingt jours tous les quatre ans, mais en réalité, on fait perpétuellement métier de candidat :

« Qui de nous pourrait attester qu'il ne lui est point arrivé, au moins une fois, quand il aura fallu regarder ailleurs, plus loin et plus haut, de regarder dans sa circonscription (2). »

Le résultat de cette politique, c'est la surenchère électorale, l'augmentation du budget provoquée par la pratique abusive de l'initiative parlementaire, le nombre toujours croissant des fonctionnaires, le privilège des bouilleurs de cru. Le malaise ressenti par le pays rend urgente une réforme électorale ; si on ne la vote pas tout de suite, elle sera un merveilleux terrain de coalition pour l'opposition. Contre elle, il n'y a pas de bon argument à opposer, et il ne suppose pas que le Président du Conseil, après avoir pendant quarante ans soutenu le scrutin de liste, vienne dire maintenant qu'il s'est trompé.

(1) *Journal officiel* du 10 juillet 1909, Chambre des députés, p. 1941.
(2) *Journal officiel* du 10 juillet 1909, Chambre, p. 1942.

Le 12 juillet, M. Clemenceau répondit aux interpellations ; arrivant à celle de M. Joseph Reinach, il déclare qu'il demeure jusqu'à nouvel ordre partisan du scrutin de liste, mais qu'il fera passer la réforme électorale après la réforme administrative :

« L'administration et l'élection s'exercent exactement dans le cadre commun de l'arrondissement.... Je dis que cela est bon, que cela est utile, que cela est nécessaire et qu'il est difficile et dangereux à mon sens de faire une organisation électorale qui soit en désaccord avec l'organisation administrative (1). »

Une réforme électorale d'ailleurs, pour être sérieuse, ne saurait être improvisée, car il ne veut pas se borner à découper des circonscriptions. Il reproche ensuite à M. Reinach ses variations d'opinion sur le scrutin de liste, et prétend que s'il a condamné autrefois le scrutin d'arrondissement, c'est parce qu'il croyait le scrutin de liste indispensable pour la réalisation des grandes réformes, notamment la séparation de l'Église et de l'État ; or ces réformes ont été exécutées avec le scrutin d'arrondissement, et il faut en tenir compte. Aussi, pour le moment, n'est-il pas disposé à proposer un changement ; toutefois s'il avait pu, en temps utile, présenter une loi sur la réforme électorale, il l'aurait fait volontiers, mais l'ordre du jour a toujours été très chargé, et il fait remarquer à ce propos que, depuis le début de la législature, il a dû répondre à **293** interpellations et **76** questions. En termi-

(1) *Journal officiel* du 13 juillet 1909, Chambre, p. 2012.

nant, il donne l'opinion que M. Ch. Benoist avait autrefois sur la représentation proportionnelle, alors qu'au lieu d'en être l'apôtre le plus passionné, il n'en était encore que le détracteur le plus acharné.

Ainsi mis en cause, le président de la Commission du suffrage universel, dont l'intervention était d'ailleurs prévue, monta à la tribune, mais il ne fit que commencer son discours. Il le continua à la séance du lendemain 13 juillet. Après avoir montré que le président du Conseil ne s'est pas beaucoup compromis en prononçant son discours, il arrive à ses contradictions personnelles sur la réforme électorale : il explique qu'il a changé d'opinion lorsqu'on est passé de la théorie à la pratique et lorsque l'expérience belge a détruit les objections que l'on formulait sur la variété des systèmes, les difficultés d'application et le peu de profit de la représentation proportionnelle ; puis il reproche à M. Clemenceau de n'avoir en vue que la pratique.

« Hélas ! j'ai bien compris, en l'écoutant, que le succès des élections prochaines était la grande affaire de M. le président du Conseil... et que c'est le seul aspect sous lequel se présente à lui la question essentielle, la question capitale et vitale que nous agitons dans le pays depuis des années, puisqu'il en est déjà, à cette tribune, dix mois avant les élections, réduit à des procédés de période électorale (1). »

Il constate qu'il a fallu près d'une législature pour connaître cette réponse qui « est un « jamais » enveloppé dans une périphrase. »

(1) *Journal officiel* du 14 juillet 1909, Chambre, p. 2053.

En voulant faire passer la réforme administrative avant la réforme électorale, il s'enferme et enferme la Chambre dans un cercle vicieux. En effet la réforme administrative n'est possible que si la réforme électorale est faite :

« Tant que le député aura besoin de cet agent électoral... qu'est le sous-préfet, vous ne réaliserez pas la réforme administrative. Il vous serait plus facile de bouleverser à fond la vie civile ou sociale de la France, de supprimer l'hérédité, la propriété, le mariage, l'armée que de supprimer une sous-préfecture (1). »

Il est impossible, en conservant les cadres de l'organisation actuelle, de créer un régime électoral organique, car l'arrondissement n'est pas grand chose, et la circonscription n'est rien ; ce qu'il faudrait, c'est réunir, plutôt que morceler, rendre de la vie à la région et, après lui avoir rendu de la vie, décentraliser administrativement et électoralement.

L'orateur lit ensuite un manifeste du Grand-Orient de France où il est dit que l'application du principe de proportionnalité en matière électorale doit être mise en tête de tous les programmes de réformes républicaines, et passant à la question de temps, il montre, comme l'avait fait M. Reinach, qu'il n'est pas trop tard. Enfin, pour répondre à M. Clemenceau qui prétend que, s'il lui avait été possible de déposer au cours de la législature, un projet de loi sur la réforme électorale, il l'eût fait, il rappelle, pour

(1) *Journal officiel* du 14 juillet 1909, Chambre, p. 2045.

dégager la responsabilité de la Commission du suffrage universel, ses tentatives pour amener la discussion des propositions, toujours déjouées par les procédés dilatoires du Président du Conseil, procédés qui lui font croire qu'il n'a jamais songé sérieusement à une réforme électorale.

Le 15 juillet, après un discours de M. Willm qui, à ce sujet, déclara qu'il eût été plus loyal de la part du président du Conseil de refuser nettement la réforme électorale, et de M. Jaurès qui lui reprocha de l'avoir éludée à l'heure où elle était le plus utile, uniquement pour des soucis électoraux, M. Thierry-Cazes, député radical-socialiste du Gers, prit la parole en faveur du scrutin d'arrondissement qu'il considère comme le meilleur instrument de salut et de progrès pour la République : pour lui, l'arrondissement, où les électeurs se connaissent tous et ne donnent leur voix qu'à ceux qui se sont rendus dignes de leur confiance, résiste mieux que le département à la corruption électorale, à la gangrène de l'argent, comme disait Gambetta, dans son grand discours de 1881 :

« C'est au contraire le scrutin de liste, à notre avis, qui favoriserait les entreprises des Turcaret — pour rappeler encore l'expression de Gambetta – qui, quoique vous en disiez, mon cher collègue (1), était plutôt favorable au scrutin uninominal. » (2)

(1) L'orateur s'adresse à M. Varenne, rapporteur, qui venait de l'interrompre, en disant : « Vous ne pouvez pourtant pas confondre Gambetta avec le soutien uninominal. »
(2) *Journal officiel* du 16 juillet 1909, Chambre, p. 2083.

Il déclare que le scrutin de liste et la représentation proportionnelle ne donneront sans doute pas de représentants plus éminents que le scrutin d'arrondissement, et prend parti, en terminant, contre la décentralisation, tant désirée par les proportionnalistes, qui, selon lui, serait une réforme détestable :

« Vous voulez maintenir, développer, protéger la physionomie particulière de nos petites villes de province, et vous ne voyez pas que votre système porterait l'anémie et la mort dans toutes ces petites patries. Ah ! c'est plutôt votre système de représentation proportionnelle qui ressemblerait à cette sorte de miroir brisé dont parlait Gambetta, où la démocratie de France ne reconnaîtrait plus sa propre image, tandis que le scrutin d'arrondissement représente toutes les palpitations, tous les mouvements de la démocratie sur toute la surface du territoire. » (1)

Aussi espère-t-il que la Chambre maintiendra le scrutin d'arrondissement.

Comme sanction au débat, un ordre du jour déposé par MM. Varenne, Joseph Reinach, Ch. Benoist, Ferdinand Buisson, Aynard, Delcassé, Steeg et Millerand, où la Chambre affirmait sa résolution de discuter la réforme électorale dès la rentrée d'octobre, fut adopté, après quelques paroles de M. Varenne, par 426 voix contre 63. Le Gouvernement s'était désintéressé du vote.

Ce scrutin ne pouvait être considéré comme une indication des sentiments de la Chambre : de nombreux

---

(1) *Journal officiel* du 16 juillet 1909, Chambre, p. 2083 et 2084.

adversaires de la réforme, rassurés par les déclarations de M. Clemenceau, n'avaient pas hésité à voter l'ordre du jour, pour en finir plus rapidement sans doute avec une question qui les obsédait, et qui avait désormais toutes chances de se dénouer suivant leur désir.

Mais quelques jours après, la situation changea tout à coup : le 20 juillet, le ministère Clemenceau tomba à la suite d'une interpellation sur la marine, et M. Briand, garde des sceaux dans le Cabinet démissionnaire, fut chargé, contrairement aux traditions parlementaires d'ailleurs, de former un ministère : député socialiste de la Loire, le nouveau président du Conseil arrivait au pouvoir avec la réputation d'un homme d'État, jeune encore, paraissant décidé à poursuivre méthodiquement la réalisation de ses idées; il semblait le contraire de son prédécesseur qui aimait à se vanter de personnifier l'incohérence. Aussi les partisans de la réforme électorale reprirent-ils confiance, surtout après la lecture de la déclaration ministérielle (1) qui, dans le passage suivant, flattait leurs espérances :

« La Chambre a décidé d'inscrire en tête de son ordre du jour la réforme électorale. Le Gouvernement ne méconnaît ni l'importance de la question, ni la nécessité du débat, mais il n'échappe à personne qu'il ne peut prendre parti qu'après avoir appuyé son opinion sur l'étude des faits. Dès maintenant, il pense qu'il y aura lieu de proposer à la Chambre de mettre le

(1) Séance du 27 juillet 1909.

pays en mesure de faire, dans les élections municipales, l'essai méthodique d'un système de proportionnalité (1) ».

Puis, au cours de l'interpellation Lafferre sur la politique générale, à une intervention de M. Ch. Benoist en faveur de la représentation proportionnelle qu'il voudrait voir voter pour les élections de 1910, M. Briand répondit que le Gouvernement n'essaierait pas d'atermoyer, et qu'il ferait connaître son opinion, après avoir examiné avec soin la question (2), mais en terminant, il ajouta une restriction de nature à faire réfléchir les proportionnalistes :

« Nous agirons en toute sincérité et en toute loyauté, mais avec la préoccupation du régime.... et avec le désir très net de ne pas voir affaiblir la majorité républicaine de cette Chambre (3) ».

Le dénouement approchait. Dans un discours qu'il prononça à Belfort, le 19 septembre, M. Poincaré, ancien ministre, avait déjà mis en lumière l'urgence d'une réforme électorale, mais l'attention se concentra sur un discours, véritable programme de Gouvernement que M. Briand exposa, le 10 octobre, à Périgueux (4). Parlant

---

(1) *Journal officiel* du 28 juillet 1909, Chambre, p. 2249.
(2) On peut remarquer, à propos de cette déclaration, que la moitié des ministres, dont le président du Conseil, était d'anciens membres du cabinet précédent qui avait délibéré sur la réforme électorale, et même adopté le principe du scrutin de liste fractionné.
(3) *Journal officiel* du 28 juillet 1909, Chambre, p. 2255.
(4) *Petit-Temps* du 12 octobre 1909.

des réformes futures, le président du Conseil souhaite que le parti républicain se rajeunisse, qu'il ne s'embarrasse plus de nuances, qu'il cesse de vivre sur des formules étroites, qu'il s'engage dans une voie large et aérée. Pour y parvenir, il faut s'élever au-dessus des préoccupations mesquines; ce n'est pas dans la petite tâche d'organisation locale où on laisse s'étioler les comités, qu'un parti peut trouver la vie et la donner à un régime :

« A travers toutes les petites mares stagnantes, croupissantes, qui se forment et s'élargissent un peu partout dans le pays, il convient de faire passer au plus vite un large courant purificateur qui dissipe les mauvaises odeurs et tue les germes morbides. Il faut que la communication s'établisse entre tous les républicains dignes de ce nom, non pas seulement dans une circonscription ou même dans un département, mais de département à département, et que ce soit en eux le cœur de la France elle-même qui batte ».

Plus loin, il montre la nécessité d'une majorité stable : le Gouvernement doit pouvoir compter sur des députés qui ne craignent pas de lui donner leur vote, même pour des actes qui leur sont pénibles, sauf si une raison profonde de principe les pousse à lui retirer leur appui.

Une modification du mode de scrutin n'aurait pas un effet magique, le mal est plus difficile à guérir; ce qu'il faut, c'est pourvoir à l'éducation du peuple, montrer à l'électeur qu'au moment où il met son bulletin dans l'urne « ce n'est pas un député qu'il va faire pour son petit pays, pour sa petite circonscription... c'est un député qui lui échappe dès qu'il est élu et qui devient le député de la France. » Il est juste que l'électeur demande à son mandataire de ne pas négliger les intérêts économiques de sa circonscription, mais ce qu'il ne faut pas, c'est que, lorsque l'intérêt local est en conflit avec l'intérêt public, il vienne rappeler à son député « qu'il est en quelque sorte son prisonnier, qu'il doit marcher même pour de mauvaises choses ».

M. Briand constate que le scrutin d'arrondissement, mettant le député tout près de l'électeur, cause une certaine gêne et il donne son opinion sur la réforme électorale :

« Je suis partisan de l'élargissement du scrutin, d'un élargissement dans des conditions de bonne foi et de loyauté, non pas par surprise et non pas surtout sur la sommation de ceux qui ne pensent qu'à se servir de cette innovation contre la République. »

Il reconnaît toutefois que le scrutin d'arrondissement a rendu à la République des services qu'il ne faut pas mépriser : grâce à lui, en se personnifiant dans des hommes connus et respectés, l'idée a pénétré peu à peu dans des régions difficiles. Mais, d'autre part, il ne nie pas ses inconvénients :

« Après la pratique prolongée d'un mode de scrutin qui, naturellement, devait donner de la force à certains hommes non investis de mandat sur leurs élus, à cause aussi du sentiment bien humain qui pousse l'individu à se préoccuper d'abord de lui avant de penser à l'intérêt général, il devait arriver ce qui est arrivé. Certains abus ont été commis. Il faut, en les reconnaissant, ne pas hésiter à dire qu'il est temps d'y porter remède... »

Quinze jours après, alors que la Chambre commençait à aborder la réforme électorale, un autre membre du gouvernement en reconnaissait également l'urgence : le 24 octobre, s'adressant à ses électeurs, M. Millerand leur disait (1) :

« La question du mode de scrutin est vitale pour l'avenir de notre pays. A coup sûr, le scrutin de liste, même avec la représentation proportionnelle, n'est pas une panacée. Je ne connais que les charlatans pour débiter des panacées. On ne se trompera pas pourtant en affirmant que rien de décisif ni même simplement d'utile ne sera fait au point de vue de l'organisation administrative et judiciaire de ce pays ; qu'il ne pourra même pas être question d'améliorer des mesures politiques que personne ne défend plus, tant que subsistera le scrutin de clocher. »

Ces deux discours, prononcés par deux des membres les plus influents du gouvernement, semblaient légitimer les espérances que les partisans de la réforme électorale avaient conçues lors de l'avènement du ministère Briand.

La discussion s'ouvrit le 21 octobre : l'honneur de prononcer le premier discours revint à M. Dansette, député libéral du Nord, qui, depuis 1896, n'avait pas déposé moins de cinq propositions de représentation proportionnelle.

(1) *Journal* du 24 octobre 1909.

Après s'être félicité de voir enfin venir devant la Chambre la question de la réforme électorale, grâce au président du Conseil qui, dans son programme, avait promis d'en aborder l'examen, grâce surtout à l'opinion publique entraînée par la propagande inlassable d'orateurs de tous les partis, le député de Lille proteste contre l'attitude des radicaux qui, au Congrès de Nantes, ont repoussé la représentation proportionnelle sous l'unique prétexte qu'elle porterait atteinte à leur situation parlementaire. Un tel argument contre un système qui leur laisserait le nombre de sièges auxquels ils ont droit, d'après le chiffre de leurs électeurs, n'est qu'une calomnie, s'il n'est pas un hommage indirect, mais décisif, rendu à l'urgence de la réforme ; s'il insistait, le parti radical montrerait qu'il a conscience de la disproportion des mandats qu'il détient avec le nombre de ses partisans.

Puis, rappelant le discours de Périgueux, l'orateur croit que la représentation proportionnelle est le mode de scrutin, le grand courant purificateur rêvé par le président du Conseil :

« Au lieu de toutes ces petites mares d'eau stagnante que fait pulluler le régime uninominal et majoritaire, notre réforme aura pour résultat d'étendre sur le pays une nappe d'eau saine, limpide et vivifiante, où la conscience nationale aimera à se mirer car, ni le microbe majoritaire, ni le bacille du second tour de scrutin n'en troubleront plus la sincère et tranquille physionomie » (1).

(1) *Journal officiel* du 22 octobre 1909, Chambre, p. 2278

L'éducation du peuple est acquise, partout la représentation proportionnelle éveille la sympathie, et nombreux sont maintenant ceux qui savent qu'elle assure la représentation équitable de tous les électeurs, qu'elle supprime la corruption électorale et en abolit jusqu'à la tentation même, car, pour enlever un siège, une voix ne suffira plus désormais, il en faudra des milliers pour arriver à ce résultat ; avec elle, les marchandages du second tour disparaissent, et aux rivalités d'étiquette se substitue la lutte plus féconde des idées.

On attendrait vainement de tels résultats de la seule représentation proportionnée : n'atteignant pas le fond même de nos mœurs politiques, « elle n'amènerait pas la fin de la politique alimentaire, de cette politique qui élève la mendicité à la hauteur d'un rouage contitutionnel et qui transforme les ministères en distributeurs d'une manne aujourd'hui avilie (1). » Aussi espère-t-il que le président du Conseil réalisera cette réforme « qui doit nous donner dans sa sincérité, dans sa probité, le vrai suffrage universel. »

M. Buyat, député radical de l'Isère, prit ensuite la parole : non encore converti à la représentation proportionnelle, il vient défendre le scrutin de liste pur et simple qui représente à ses yeux la tradition républicaine et qui permet à la démocratie de manifester sa volonté

---

(1) *Journal officiel* du 22 octobre 1909, Chambre, p. 2279.

plus clairement qu'avec le scrutin d'arrondissement, où, non seulement les questions de personnes, mais encore les questions topographiques jouent un grand rôle : ainsi un candidat qui appartient à un canton central aura plus de chances que celui qui, moins favorisé, sera sur la frontière de la circonscription ; ce sera là son meilleur argument, aussi se gardera-t-il bien de développer un programme et d'exposer sa conception sur les diverses réformes. Voilà pourquoi le gouvernement, n'ayant guère devant lui que des députés qui ne se sont pas prononcés sur les grandes questions, ne saura pas ce qu'il doit faire : il sera condamné à agir au jour le jour, suivant les circonstances. Enfin, bien souvent, les élections législatives sont le prolongement des luttes municipales : quand un candidat a pour lui une municipalité, il voit se dresser contre lui ceux qui l'ont combattue : « ainsi une question de mairie, le tracé d'un chemin, devient le dernier mot de la politique ».

Rappelant les paroles de Gambetta sur les sollicitations dont les députés sont obsédés, sollicitations qui les font apparaître beaucoup plus comme des chargés d'affaires privées à Paris que comme des législateurs animés du noble souci des idées générales, de la haute ambition de confectionner des lois, il montre que la législation électorale actuelle rend impossibles la décentralisation et les réformes administratives, car « la fonction essentielle du député d'arrondissement n'est-elle pas de défendre son arrondissement, même avec ses rouages les plus inutiles ? »

L'adoption du scrutin de liste serait un frein à la corruption électorale ; il est plus difficile, en effet, d'acheter tout un département qu'un arrondissement et elle rendrait inutile une péréquation des circonscriptions qui, en cas de maintien du *statu quo*, serait urgente. En terminant, l'orateur adresse aux proportionnalistes un appel en faveur du scrutin de liste pur et simple, qu'ils pourraient considérer comme une première étape qui leur ménagerait l'avenir et leur permettrait de réaliser plus facilement la réforme à laquelle ils sont si profondément attachés.

L'abbé Lemire, député socialiste chrétien du Nord, monta à la tribune ; il se déclare tout d'abord un peu inquiet et embarrassé :

« Je suis un de ces parlementaires qui, après quinze ou seize ans de présence dans cette Chambre, continuent... à aimer cette pauvre flaque dans laquelle ils barbottent depuis tant d'années ». (1)

Et il est d'autant plus gêné de défendre devant ses collègues la cause si décriée du scrutin d'arrondissement qu'il a déposé en 1896, une proposition de représentation proportionnelle ; mais depuis, il a été frappé de la difficulté de gouverner avec ce système. L'exemple de l'étran-

---

(1) *Journal officiel* du 22 octobre 1909, Chambre, p. 2280.

ger, de la Belgique, de la Suisse surtout, n'est pas probant, car ce sont des pays qui ne sont pas, comme la France, essentiellement unis, mais qui sont au contraire composés de plusieurs races. En France, il n'y a pas de parti, et il ne faut pas en créer : à des cadres inflexibles, il préfère une politique opportuniste :

« Pourquoi dans cette Chambre y a-t-il 250 députés indépendants qui ne sont inféodés à aucun parti? C'est parce qu'ils sentent, par l'évolution qui se fait tous les jours autour d'eux, que fixer sa politique, l'inféoder à une doctrine, la rendre dogmatique, c'est forcément la condamner à être en retard sur la vie et sur les mouvements du peuple (1) ».

Les partis augmentent les haines et les divisions, et il aime encore mieux les luttes d'homme à d'homme, parce que les hommes ont une conscience :

« Je crois à la conscience de l'individu. Je ne crois pas à la conscience des collectivités. Elles ont un instinct et des intérêts, ce qui est tout autre. Il y a certaines choses qu'un homme qui doit signer, parler, paraître en public, ne fera pas, et qu'on fera au contraire effrontément au nom d'une collectivité anonyme, car, alors, si l'on veut chercher les responsabilités, on ne trouve jamais personne.

Je ne veux pas que dans notre pays, qui est essentiellement un pays de loyauté et de franchise individuelle, personnelle, le citoyen français se cache derrière le rempart trompeur d'un parti (2) ».

Le scrutin de liste est plus ou moins le suffrage univer-

---

(1) *Journal officiel* du 22 octobre 1909, Chambre, p. 2282.
(2) *Journal officiel* du 22 octobre 1909, Chambre, p. 2282.

sel à deux degrés : on met sur la liste, par circonscription, l'homme le plus connu de cette circonscription ; pour ce candidat, l'électeur vote en connaissance de cause, mais il vote aveuglément pour les autres, or, en général, il aime à donner sa voix à l'opinion et à l'homme, mais à l'homme d'abord.

Abordant ensuite les inconvénients tant de fois reprochés au scrutin d'arrondissement, la dépendance du député vis-à-vis de ses électeurs, il l'avoue, mais pour l'excuser aussitôt :

« Le scrutin de liste, c'est la dépendance du député dans les grandes choses et son indépendance dans les petites ; le scrutin d'arrondissement, c'est la dépendance du député dans les petites, mais c'est son indépendance et sa fierté dans toutes les grandes (1) ».

Si l'élu a promis une mesure qu'il croyait bonne et que, dans la suite, il ne la vote pas, il peut faire comprendre ses raisons à ses électeurs puisqu'il n'est responsable que devant eux, tandis qu'avec le scrutin de liste, il sera excommunié d'abord au nom du parti, et il lui sera impossible de se justifier. Les maux que l'on reproche au scrutin d'arrondissement ne viennent pas de lui, mais de la centralisation administrative : aussi longtemps que tout se décidera dans les bureaux des ministres, aussi longtemps, le député recevra des sollicitations. Selon lui, les

(1) *Journal officiel* du 22 octobre 1909, Chambre, p. 2283.

réformes les plus utiles seraient le vote par correspondance, le vote obligatoire, le mandat de six ans.

Bien que favorable en principe à une certaine proportionnalité entre le nombre des habitants et celui des mandats, il ne pousse pas le souci de l'égalité arithmétique jusqu'à enlever une partie de leurs représentants aux régions peu peuplées, car si le député représente la population, il représente d'abord la terre, c'est dans ce but que le scrutin d'arrondissement a été institué.

Il redoute que si les partis s'organisent, grâce au scrutin de liste, les catholiques ne soient embrigadés dans l'un d'eux; c'est par crainte de ce danger, par amour pour son Église, pour que sa religion de paix et de fraternité ne devienne pas un brandon de discorde entre les citoyens, qu'il s'est décidé à intervenir au seuil de la discussion.

M. Paul Deschanel, député républicain d'Eure-et-Loir, prit la parole après l'abbé Lemire : il rappelle que la démocratie moderne repose sur deux bases essentielles, la participation de tous les citoyens aux affaires publiques et l'exercice du gouvernement par la majorité de la nation, et montre que le régime majoritaire viole ces deux principes : d'une part, la majorité des votants obtient seule des représentants, et des millions de citoyens, qui ont le droit de voter, sont privés du droit d'élire; sans nommer aucun organe de l'État, ils en subissent la contrainte. On dit bien qu'il y a des compensations, et que les électeurs qui ne sont pas représentés dans leur circonscription, le sont indirectement dans d'autres; cet argument est une condamnation :

« Si le système majoritaire est un principe, il faut le défendre, et s'il n'est qu'un moyen empirique d'atteindre la proportionnalité, il manque le but. Il est arbitraire, car rien ne dit que les électeurs non représentés retrouveront ailleurs la plénitude de leur droit. Et il ruine le principe du suffrage universel, car l'électeur, ici, n'exerce plus lui-même son droit, il l'exerce par un autre qui nomme, qui choisit pour lui, sans garantie et sans mandat » (1).

Puis il critique la théorie antiproportionnaliste de M. Esmein, qui, en admettant que le Parlement est un pouvoir autonome, et non le porte-parole des électeurs, conçoit le régime représentatif actuel à l'image de celui qui existait avant l'institution du suffrage universel.

D'autre part, la nation n'est pas gouvernée par la majorité : en effet 45 0/0 seulement des inscrits sont représentés à la Chambre, et souvent il arrive que la minorité des électeurs emporte la majorité des sièges, si l'un des partis a de fortes majorités dans la minorité des circonscriptions, et que le parti adverse ait de faibles majorités dans les autres collèges ; la représentation proportionnelle est le seul moyen d'assurer le pouvoir à la majorité.

On redoute les complications du système ; l'expérience étrangère a démontré le contraire et partout où la proportionnelle fonctionne, ses adversaires eux-mêmes ont

(1) *Journal officiel*, du 22 octobre 1909, Chambre, p. 2287.

reconnu leur erreur ; il est convaincu que l'électeur français comprendra aisément qu'un candidat puisse être élu avec 10.000 voix, alors qu'un autre, avec 20.000, restera sur le carreau, il comprendra qu'il est équitable que la majorité n'étant pas tout, n'ait pas tout. La Commission, respectueuse de la liberté de l'électeur, a admis le panachage, on prétend que les électeurs d'un parti pourront influer sur le choix des élus d'un autre parti et faire échouer ses têtes de liste en votant pour des comparses, qu'il favorise les compétitions entre candidats d'une même liste, et qu'il nuit aux candidatures isolées. Ces objections ne sont pas décisives : sous le régime majoritaire, tour à tour l'élite de tous les partis a été fauchée, tandis qu'avec la représentation proportionnelle, semblable manœuvre ne serait pas sans péril, puisque le suffrage compte à la fois comme suffrage individuel et comme suffrage de liste et on pourrait favoriser l'adversaire. Quant à la concurrence entre candidats d'un même parti, elle serait moins à craindre qu'avec le scrutin uninominal où il s'agit de la possession d'un seul siège. De plus, grâce au vote cumulatif, les candidatures isolées ne sont pas sacrifiées.

On redoute les comités, mais comités pour comités, il préfère les comités nationaux aux comités locaux. Enfin, suprême objection, on soutient que la représentation proportionnelle émietterait les partis encore davantage et rendrait le gouvernement impossible, mais l'exemple de l'étranger est là, qui prouve le contraire : partout où fonctionne la représentation proportionnelle, sauf à Genève où les rivalités confessionnelles viennent compliquer les luttes politiques, les partis se sont fortifiés. Et que d'avantages indiscutables : suppression du ballottage et des élections partielles, diminution des abstentions, car chaque parti aura toujours l'espoir d'être représenté. Aussi les pays qui l'ont adoptée en sont-ils très satisfaits, et il cite à l'appui de son opinion celle de plusieurs notabilités politiques belges. On ne peut tirer argument de la disparition du vote limité en Angleterre, où il avait fonctionné de 1867 à 1884, dans les circonscriptions élisant trois députés : sa suppression coïncida avec la généralisation du scrutin uninominal. Il en fut de même en Italie, où l'abolition en 1891 du vote limité, qui avait été introduit en 1882, fut causé par le rétablissement du scrutin uninominal. En Angleterre, il y a même, à l'heure actuelle, un sérieux mouvement en faveur de la réforme.

En France, la représentation proportionnelle consoliderait les partis ; son adoption avant les élections prochaines empêcherait des coalitions entre partis dont les programmes n'ont de commun que le désir de sa réalisation ; elle serait le premier pas vers les grandes réformes, notamment la réforme administrative.

Examinant ensuite le scrutin de liste pur et simple, il le repousse :

« Outre qu'il a le défaut d'exagérer certains inconvénients du scrutin uninominal et qu'il est, plus encore que lui, un scrutin d'écrasement.. , avec nos habitudes prises, il risquerait de n'être souvent, dans la pratique, qu'un groupement de scrutins d'arrondissement comme les élections sénatoriales » (1).

Il n'accepte pas davantage la représentation proportionnée qui, en créant une confusion, retarderait la solution véritable.

Enfin, après avoir rappelé l'origine française de l'idée qu'il vient de défendre, invoqué les noms de Mirabeau, Condorcet, Victor Considérant, Louis Blanc, Ed. Quinet, l'orateur conclut en disant son ferme espoir dans la victoire finale, parce que ce sera celle de la vérité, de la probité du suffrage universel, de la justice.

La discussion se poursuivit le 25 octobre, avec un discours de M. Jules-Louis Breton, député socialiste unifié du Cher : pour lui, la réforme électorale n'agite nullement le pays, elle n'agite qu'une poignée de parlementaires et de journalistes ; contrairement à toute logique, on ne vise que les députés, et on laisse de côté l'élection des sénateurs, issus d'un suffrage anti-démocratique, nommés par des délégués dont la répartition inégale entre les communes, est bien plus choquante que toutes les imperfections du scrutin d'arrondissement que l'on a d'ailleurs, dans les réunions publiques, systématiquement confondu avec le scrutin uninominal dont il n'est qu'une caricature déformée.

(1) *Journal officiel* du 22 octobre 1909, Chambre. p. 2291.

L'organisation actuelle est certainement défectueuse, mais pour y remédier, il n'est pas nécessaire de renoncer au scrutin uninominal. Le scrutin de liste a bien sur lui l'avantage d'attribuer à chaque département un nombre de représentants sensiblement proportionnel à sa population, mais en revanche il comporte des injustices bien plus criantes dans la répartition des sièges ; la représentation proportionnelle veut corriger sa brutalité excessive, mais elle lui substitue des défauts encore plus inadmissibles. En 1885, le scrutin de liste a manqué de perdre la République, et à ce sujet, l'orateur rappelle le mouvement d'opinion qui s'est produit en 1888 et 1889 pour sa suppression, les propositions de M. Maxime Lecomte, de M. Ribot notamment, le rapport de M. Thomson. Le scrutin d'arrondissement l'a sauvée, il a permis de grandes lois ; le pays, malgré les efforts des partisans bigarrés de la réforme, n'en réclame pas la suppression, aussi ne s'explique-t-il pas que les républicains veuillent l'abandonner.

Puis, examinant la représentation proportionnelle en elle-même, il en approuve le principe, auquel on ne peut rien objecter, mais il le considère comme irréalisable en pratique, et il cite, à l'appui de ses dires, de nombreux passages de l'ouvrage de M. Charles Benoist « *la crise de l'État moderne* », où l'auteur condamnait la représentation proportionnelle comme une utopie incapable d'améliorer les vices du régime actuel, et critiquait ses divers systèmes qu'il jugeait trop nombreux et trop arithmétiques pour frapper les électeurs. Si l'on présente des objections aux proportionnalistes, ils semblent toujours y répondre sans peine, mais ils n'y réussissent qu'en puisant leurs arguments à tour de rôle dans les divers systèmes, et dès qu'on les passe en revue séparément, on s'aperçoit qu'il est impossible de tout concilier. Il faut assurer le libre exercice du suffrage universel, l'indépendance de l'électeur d'une part, et d'autre part éviter les intrigues, or aucun système de représentation proportionnelle ne peut posséder simultanément ces deux qualités : à la seconde correspond la liste bloquée, à la première correspondent le panachage et le vote cumulatif; pour se rapprocher de l'une, il faut s'éloigner de l'autre.

En outre, la représentation proportionnelle traîne derrière elle une foule d'inconvénients qui lui sont inhérents : ainsi, grâce au vote cumulatif et au système des députés suppléants, on pourra être député sans avoir eu une seule voix; tout en scellant en son nom les pires coalitions, d'aucuns prétendent que la représentation proportionnelle mettra fin à toutes les alliances électorales, et M. Deschanel a donné comme exemple les élections belges de 1900; or, M. Destrée, membre de la Chambre des représentants de Belgique, est d'avis que jamais les cartels n'ont été plus nombreux, et en 1908 des alliances furent conclues presque partout entre les libéraux, les socialistes et les démocrates chrétiens. En s'entendant, deux partis trop faibles pour avoir un représentant présenteront chacun un candidat sur une liste unique : l'un sera élu, l'autre suppléant, mais comme on convient au préalable que chacun siègera la moitié de la législature, on arrive ainsi à se partager un unique siège de député.

Avec la représentation proportionnelle, la lutte régnerait dans le sein des partis — M. Deschanel n'a pu démontrer le contraire — car, pour être élu, chaque candidat devra essayer de se placer en tête de la liste, et la Commission, au lieu de remédier à cet état de choses, a ouvert toutes grandes les portes de l'intrigue en admettant le vote cumulatif; on dit bien qu'il sera difficile de faire exécuter cette manœuvre par des milliers d'électeurs, mais plus un parti sera discipliné, plus l'intrigue sera redoutable, car alors, un nombre infime de bulletins suffira à changer l'ordre et à fausser les résultats du système. Un parti, certain de ne pas réunir le quorum, cumulera ses voix sur les mauvais candidats de la liste adverse, aussi l'expérience suisse est-elle la condamnation de ce mode de procéder. La corruption électorale, étendue à tout le département, ne serait pas diminuée : les invalidations étant désormais impossibles, les candidats n'auraient plus rien à redouter.

Enfin la représentation proportionnelle n'est même pas proportionnelle : en Belgique, les cléricaux, toujours en minorité, ont toujours eu la majorité à la Chambre; en 1908, notamment, ils ont eu huit députés de plus avec 11.315 voix de moins. En France, la gauche aurait perdu

63 sièges, et cela suffit à l'orateur pour condamner ce système, qui engendrerait la stagnation, atrophierait la vie politique et l'activité des partis qui ont leurs sièges acquis d'avance.

L'expérience étrangère a été négative : dans le canton de Genève, le personnel politique tombe en quenouille, il y a huit partis dont aucun n'a d'influence prépondérante, et les intrigues s'y donnent libre cours ; en tous cas les députés médiocres sont les plus nombreux, et le mécontentement va en progressant ; en Belgique, les résultats ne sont guère plus favorables, le niveau des débats parlementaires a baissé et le fonctionnement de la représentation proportionnelle a déçu beaucoup de bons esprits.

Le véritable remède à notre organisation actuelle réside dans le perfectionnement du scrutin uninominal, qui présente de réels avantages : il permet aux partis pauvres d'entreprendre la lutte avec quelques chances de succès, et aux mandataires, de rester en contact avec leurs électeurs ; il réalise empiriquement la représentation proportionnelle, il favorise les alliances entre partis rapprochés, ce qui est loyal, il respecte enfin la tradition républicaine telle que l'a léguée la Convention. Un seul reproche est fondé, c'est celui qui vise l'extravagante répartition des circonscriptions électorales, et à ce propos, l'orateur rappelle qu'il a déposé une proposition de péréquation, accordant à chaque département un chiffre de députés proportionnel à sa population ; on pourrait tout au moins, puisque la loi de 1889 fixe un maximum au nombre des habitants qu'un député doit représenter, adopter également un chiffre minimum au-dessous duquel les arrondissements voisins seraient réunis.

C'est dans cette voie que les républicains doivent chercher la solution de la réforme électorale. Si les proportionnalistes s'en tiennent, selon l'avis de M. Deschanel, à la politique du tout ou rien, ils auront démontré qu'ils n'ont qu'en apparence le souci de la justice électorale, et que leur campagne constitue une entreprise des plus suspectes.

M. Jacques Piou, député libéral de la Lozère, prit la parole après M. Breton : il expose qu'il donne son concours à la réforme sans regarder si sa réalisation à l'heure actuelle serait conforme aux intérêts de l'opposition, mais parce qu'elle est, comme l'a dit M. Deschanel, la justice même, parce qu'elle est, dans les circonstances présentes, un excellent instrument de pacification, et peut-être le seul possible :

« Cette pacification, nous ne l'attendons que d'un mouvement profond de l'opinion. Sous un régime autoritaire, elle peut être l'œuvre du maître en qui s'incarne l'autorité. Sous un régime républicain, où tous les pouvoirs sortent de l'élection, elle ne peut venir que de l'acte formel de la volonté nationale. Pour que cet acte soit possible, il faut que la volonté nationale puisse se manifester avec toute sa force et en pleine vérité, que l'élection donne son expression intégrale avec une exactitude rigoureuse, que le scrutin, en un mot, soit un miroir où l'opinion publique se reflète avec toute sa physionomie et tous ses traits. Un Parlement ne peut avoir la force d'accomplir une œuvre pacificatrice que s'il est lui-même l'image parfaite du pays »(1).

La représentation proportionnelle sauvegarde le droit des minorités, dont le respect empêche seul les majorités de devenir oppressives, et qui ne peuvent manifester leur force numérique que si les élections se font sur des questions de principe et sur des intérêts généraux. Avec le scrutin d'arrondissement, la volonté nationale est voilée ; avec la proportionnelle, elle se traduira par des scrutins de clarté, de justice et d'apaisement :

« Quand les partis savent... qu'ils auront sur les affaires publiques une influence parfaitement adéquate à leurs forces, les vainqueurs ont moins le désir d'abuser de la victoire et les vaincus se résignent plus aisément à leur défaite. Comme ils savent qu'ils n'ont pas été écrasés par la brutalité du nombre, qu'ils n'ont pas été dépouillés par des artifices électoraux, leurs colères se calment, les résolutions extrêmes les tentent moins. » (2)

Elle arrachera à leur torpeur les indifférents, qui « ne s'occupaient de la chose publique que pour maudire ou railler ceux qui y prennent part, » elle forcera les partis à s'organiser. Il pourra se former un parti d'opposition constitutionnelle qui manque depuis trente ans ; la France connaîtrait enfin les deux grands partis qui existent dans tous les pays libres, et qui se contiennent l'un l'autre, elle

(1) *Journal officiel* du 26 octobre 1909, Chambre, p. 2335.
(2) *Journal officiel* du 26 octobre 1909, Chambre, p. 2335.

aurait des conditions normales d'existence. En descendant de la tribune, le député de la Lozère donne un avertissement au parti radical, il montre que les majorités qui cèdent à la justice, se fortifient, et que celles qui résistent, s'effondrent : les catholiques belges ont retrouvé en force et en durée ce qu'ils ont perdu en nombre, tandis que le Gouvernement de Louis-Philippe a déchaîné la révolution de 1848 pour avoir refusé d'élargir la base du scrutin par l'adjonction des capacités, et il invite ses collègues à tirer de cette leçon de choses, donnée par l'histoire, l'enseignement qu'elle comporte.

Le 26 octobre, ce fut M. Gioux, député radical du Maine-et-Loire, qui engagea le combat. Ses premières paroles sont pour condamner le scrutin de liste, qui a conduit la première République au 18 brumaire, la seconde au 2 décembre, a failli perdre la troisième en 1871 et 1885, et aggrave les inconvénients du scrutin uninominal sans présenter d'avantages. Il s'étonne que ses partisans n'aient pas cherché à l'améliorer, par le scrutin cumulatif par exemple, que préconisait Prévost-Paradol dans sa France Nouvelle, système supérieur d'après lui au système de représentation proportionnelle proposé par la Commission, lequel permet à un candidat d'être élu avec 1.000 voix, alors qu'un autre, avec 100.000, ne le sera pas. En tous cas, il n'y a pas péril en la demeure pour la transformation du régime électoral.

Le scrutin uninominal établit d'étroites relations entre

l'électeur et l'élu, et cette étroite connaissance du candidat par le citoyen était considérée dès l'antiquité romaine, comme « le meilleur remède contre la brigue et la corruption par l'argent, parce que c'était la valeur du candidat qu'on appelait le citoyen romain à apprécier avant tout. » La nécessité de son maintien a été montrée par la détestable expérience du scrutin de liste.

Comme l'abbé Lemire, il croit qu'au point de vue de la représentation, il ne faut pas voir seulement la règle du nombre : pour être équitable, il faut encore tenir compte des intérêts, des droits, et même des habitudes respectables; or, avec tout scrutin de liste, la démocratie rurale est écrasée : une dizaine de villes enverraient déjà à la Chambre 150 députés, et dans les départements, les centres populeux, avec les moyens de propagande et d'action dont ils disposent, ont l'avantage sur les campagnes.

Les arguments que l'on oppose au scrutin individuel s'adressent bien plus au scrutin d'arrondissement tel qu'il fonctionne ; on pourrait l'améliorer par la péréquation des circonscriptions électorales, coïncidant, comme il l'a proposé, avec une réduction du nombre des députés. Il n'oublie pas que la plupart des Assemblées françaises qui ont fait vraiment de grandes réformes, appliqué de grandes idées, donné les résultats les plus décisifs ont été élues au scrutin uninominal. D'après lui, la pression officielle n'existe pas, et la corruption électorale serait bien plus dangereuse avec le scrutin de liste, où elle peut s'exercer à distance, qu'avec le scrutin individuel où tout le monde se connaît. Enfin il rend hommage aux comités locaux près desquels, aux moments de lassitude, on va chercher un appui, et on trouve l'encouragement et le réconfort nécessaires : ce sont eux qui ont permis d'édifier des constructions républicaines « dans les marais de la réaction », constructions qui, si le scrutin de liste était admis, risqueraient de disparaître dans un raz-de-marée.

Pour toutes ces raisons, il faut conserver le scrutin uninominal, et il faut se garder de jeter le trouble dans le pays au moment des élections prochaines.

M. Joseph Reinach, député républicain de gauche des Basses-Alpes, qui avait déjà démontré, dans son interpellation de juillet, l'urgence d'une réforme électorale, monta alors à la tribune. Insistant sur la brutalité du scrutin de liste majoritaire déjà condamnée par le précédent orateur, il évoque les débats parlementaires de 1881 et de 1885 où M. Roger, puis M. Hémon l'ont opposée aux arguments que faisaient valoir Gambetta et Waldeck-Rousseau ; mais cette objection qui, à cette époque, avait été formulée dans l'intérêt du parti républicain, il déclare la formuler au nom de tous les partis :

« Eh bien, je dis très haut, Messieurs, que lorsque se pose devant nous la question électorale, nous n'avons pas à rechercher d'abord à quel parti profitera la loi qui sortira de nos débats ; une seule préoccupation doit nous guider : c'est celle de la justice, de la justice égale pour tous, la même pour tous, et c'est précisément parce que le scrutin de liste pur et simple porte une atteinte grave à ce principe de justice, que quelques-uns d'entre nous qui le soutenaient autrefois, ne le défendent plus aujourd'hui » (1).

Aussi demande-t-il, le scrutin de liste avec représentation proportionnelle. Le scrutin de liste s'adresse à la pensée politique du pays, qu'il s'applique à dégager des luttes électorales, il assure dans la limite du possible, la subordination des intérêts particuliers à l'intérêt général ; par l'élargissement des circonscriptions qu'il souhaiterait plus vastes encore, la pression administrative, la corruption par l'argent et aussi par les promesses, si l'on est candidat bien pensant, deviennent plus difficiles. Mais d'autre part, le scrutin de liste est un scrutin d'écrasement qui empêche des minorités, même très fortes, d'être représentées.

On a bien dit — et Gambetta, dans son bel optimisme, le pensait — qu'il permettait l'introduction des minorités, et de fait, cela s'est produit dans quelques départements, en 1871 et en 1885, mais les exemples que l'on donne sont dus, les premiers, aux circonstances tragiques où se débattait le pays, et les autres, à des situations spéciales.

En général, les majorités ne font pas place spontanément aux illustrations des minorités dont l'absence découronnerait les assemblées, aussi est-il préférable que les minorités tiennent de la loi elle-même la certitude d'être

(1) *Journal officiel* du 27 octobre 1909, Chambre, p. 2317 et 2348.

toujours représentées comme le veut la justice. Chacune d'elles doit avoir le sentiment d'être défendue, sans quoi le régime parlementaire ne leur apparait plus comme l'expression de la volonté nationale, mais comme un instrument faussé et oppressif; c'est pourquoi le scrutin de liste, qui est une condition indispensable de la représentation proportionnelle, doit conduire tout naturellement à elle.

Les partisans de la réforme ne la considèrent pas comme une panacée, ainsi que le veulent faire croire ses adversaires, comme un remède souverain à tous les abus dont souffre le régime parlementaire : ils prétendent simplement faire cesser les extravagances du régime électoral actuel qui méconnait jusqu'au scandale la loi du nombre, substituer aux querelles de personnes les luttes d'idées, et donner à chacun sa juste part dans la représentation nationale. D'ailleurs le scrutin d'arrondissement, tel qu'il fonctionne, n'a plus de défenseurs, et ses partisans apportent, pour le remplacer, la représentation proportionnée. Parlant à ce sujet des propositions Breton, il les critique : la première réalise la péréquation au prix d'un remaniement des circonscriptions, c'est-à-dire de découpages qui, forcément, conduiraient aux pires abus ; quant à la seconde, elle est si limitée qu'elle ne comporte guère que le sacrifice de quelques députés « sur l'autel d'une représentation qui n'est même plus proportionnée. » Mais ce que ces propositions ne modifient pas, ce sont les conséquences morales et politiques du scrutin uninominal, beaucoup plus graves, semble-t-il, que les inégalités numériques et géographiques du scrutin d'arrondissement, pour scandaleuses qu'elles soient : la violence des luttes personnelles, la corruption sous toutes ses formes, la pression administrative, les compromissions du ballottage, l'assujettissement électoral.

En Angleterre, les résultats du scrutin uninominal ne sont guère plus favorables : comme il y a beaucoup moins de places à la disposition du pouvoir central, l'électeur sollicite de l'argent de son mandataire ; les circonscriptions sont aussi inégalement peuplées, aussi arbitrairement découpées qu'en France et, comme celles que propose M. Breton, elles ne répondent ni à des nécessités géographiques, ni à des nécessités administratives ; beaucoup ont été taillées pour favoriser une élection ou en empêcher une autre. Un tel système a naturellement abouti à des résultats injustes : ainsi, en 1886, avec 80.000 voix de plus, les libéraux ont eu cent sièges de moins que les unionistes.

Ces anomalies ont d'ailleurs déterminé un mouvement d'opinion en faveur d'une réforme électorale : un projet, appuyé par M. Asquith, tend à créer des districts électoraux plus étendus, et à instituer la représentation proportionnelle.

L'orateur tient toutefois à reconnaître que le scrutin d'arrondissement a contribué à rallier à la République toute une partie de la démocratie rurale et de la bourgeoisie qui, défiantes tout d'abord, sont venues à elle grâce à la confiance qu'inspiraient dans leur petite circonscription les notabilités de canton qui la défendaient, et qu'il a présidé à l'adoption d'appréciables réformes, mais il fait remarquer qu'on n'a jamais songé à faire résulter la supériorité politique et morale du scrutin de liste, de la prétendue incapacité du scrutin d'arrondissement à réaliser certains progrès. Ce qu'on a dit, c'est que dans le domaine législatif, les députés d'arrondissement sont condamnés, du fait de leur origine, à ajourner de législature en législature les grandes réformes de fond ; aussi est-il urgent de revenir à la tradition républicaine, qui est le scrutin de liste, et d'établir, par la représentation proportionnelle, plus de justice électorale. Qu'on ne vienne pas dire que la représentation proportionnelle est d'invention réactionnaire, alors qu'elle compte parmi ses promoteurs Condorcet, Louis Blanc qui en a établi la théorie avec une grande force, et qu'elle a été réclamée à deux reprises, en 1898 et en 1906, par le Convent du Grand-Orient.

Aussi croit-il que, même en se plaçant au point de vue politique, la majorité a intérêt à adopter la réforme qui lui donnerait peut-être plus de sièges qu'elle ne le pense, dans l'Ouest notamment, où beaucoup de voix républicaines se perdent actuellement, faute de candidats. La représentation proportionnelle est d'ailleurs un scrutin conservateur des situations acquises ; grâce à ses avantages, à sa justice, à sa moralité, elle supprimerait les principales causes du malaise parlementaire, et le pays, en voyant la majorité républicaine mettre un terme, en la votant, à des abus devenus trop criants, lui en aurait une vive reconnaissance.

Après une spirituelle intervention de M. Modeste-Leroy, député républicain de l'Eure, en faveur du scrutin d'arrondissement auquel on doit tant de bonnes réformes, et qu'il faut se garder de changer, car le mieux est l'ennemi du bien, M. Varenne, rapporteur, prit la parole, pour défendre notamment le système de représentation proportionnelle adopté par la Commission du suffrage universel : il montre tout d'abord que la représentation idéale est celle qui tient compte de tous les suffrages, et passe en revue les objections faites à la proportionnelle. A ceux qui, hantés par le principe majoritaire, s'étonneraient qu'un candidat pût être élu avec 20.000 voix, alors qu'un autre, avec 60.000, ne le serait pas, il répond que, si le suffrage universel est fait pour les candidats, ils ont raison, mais que, s'il est fait pour les électeurs, ils ont tort, car la majorité, trois fois plus nombreuse que la minorité, n'a rien à dire, puisqu'elle a trois fois plus de représentants. A ceux qui arguent de la complexité du système, il montre que, exception faite du vote cumulatif, l'électeur vote comme au scrutin de liste et que le dépouillement est identique ; quant à la répartition des sièges, elle se fait au moyen du système d'Hondt dont il explique le mécanisme à la Chambre.

Puis, passant à la représentation proportionnelle en elle-même, il en énumère les avantages : suppression des élections partielles, diminution de la corruption devenue presque sans objet, diminution également du nombre des abstentions, organisation des partis ; la suppression du second tour de scrutin rendra l'autonomie et l'originalité aux partis, qui ne seront plus tentés, comme aujourd'hui, de travailler surtout pour leur appoint ; enfin les coalitions, même entre partis voisins, seront beaucoup plus difficiles qu'avec le scrutin d'arrondissement et surtout le scrutin de liste, où l'on peut composer une liste d'éléments disparates puisqu'elle est destinée à passer ou à être battue tout entière.

Avec la représentation proportionnelle, où les derniers de la liste doivent rester sur le carreau, l'union sera difficile surtout pour les partis de droite.

On dit qu'elle introduira la lutte au sein des partis, mais cette lutte existe déjà : d'ailleurs, si un candidat cherche à enlever des voix à ses camarades de liste, ceux-ci pourront l'abandonner et constituer une nouvelle liste sans lui. Glissant sur les autres hypothèses accumulées contre la représentation proportionnelle, le rapporteur arrive aux arguments politiques : il répudie les insinuations apportées contre les partisans républicains de la réforme, il déclare que, si équitable que soit son principe, il ne le voterait pas, s'il lui apparaissait comme un danger pour la République, et il réprouve ceux qui semblent, en combattant un système qui ferait de la Chambre l'exacte représentation du pays, croire que la République n'est qu'un gouvernement d'usurpation. Il croit au contraire que l'adoption de la réforme consoliderait au pouvoir le parti radical, dont les socialistes ne tiennent pas à prendre la place, avant d'être assez forts pour réaliser leur programme, bien que la représentation proportionnelle ne soit pas un scrutin de stagnation, puisqu'en Belgique, à chaque élection, la majorité catholique s'abaisse. Pour conclure, s'adressant à la majorité républicaine, il l'engage à voter cette réforme qui intéressera à nouveau le pays à l'action politique et parlementaire, sinon elle se fera nécessairement malgré elle et contre elle.

Le 28 octobre, le défilé des orateurs commença avec M. Frédéric Hugues, député progressiste de l'Aisne : envisageant les attaques dirigées contre le Parlement, il se demande si elles ne proviennent pas des empiètements du législatif sur l'exécutif, et de l'intuition qu'a la nation de ne pas être fidèlement représentée ; le remède consiste dans l'établissement de la réforme électorale qui sera en même temps une réforme des mœurs électorales « en donnant aux citoyens une conception plus juste de ce que doit être en réalité le régime représentatif : une école de loyauté, de tolérance, et d'estime réciproque ». La représentation proportionnelle accordera aux minorités la place à laquelle elles ont droit et elle les fera respecter. Avec le régime actuel, le député est, dans sa circonscription, un potentat issu de luttes mesquines, où la surenchère se donne libre cours :

« Là où un choix réfléchi devrait présider à l'élection, nous ne voyons souvent qu'une lutte violente, des ruses ou des coalitions de guerre. Pour avoir chance de l'emporter, chacun cherche à différencier son programme, à y ajouter des articles nouveaux, des attractions, comme s'il s'agissait d'un prospectus à rendre le plus intéressant possible pour satisfaire les caprices d'une clientèle exigeante et blasée ; à défaut de doctrines précises et nécessaires, chacun cherche à se tailler une petite principauté indépendante, et à la conserver par des promesses qui n'ont de limites que la richesse de son imagination (1) ».

La représentation proportionnelle, en montrant le jeu des véritables intérêts des électeurs, mettra un frein à la fantaisie des candidats, et remettra le régime parlementaire dans la bonne voie ; elle sera une sorte de désarmement, elle dégagera des intérêts particuliers le mandat des élus, elle engendrera des partis puissants, à programmes précis, enfin, au point de vue politique, elle diminuera les causes d'entraînement en donnant plus de garantie, plus de poids au vote réfléchi de l'électeur.

Le discours suivant fut prononcé par M. Abel Ferry, député radical des Vosges, qui, pour ses débuts à la tribune, obtint un vif succès. Après avoir invoqué la tradition républicaine à l'appui du scrutin de liste, l'orateur montre qu'en accordant tous les députés à l'opinion dominante du

(1) *Journal officiel* du 29 octobre 1909, Chambre, p. 2410.

département, en guillotinant pour ainsi dire la minorité, ce scrutin peut, à certaines heures, devenir un instrument dangereux :

« ... le scrutin de liste pur et simple, de par sa nature, de par sa constitution même, multiplie l'amplitude de la moindre vague à la surface de l'opinion..., il projette à la Chambre le dessin agrandi et déformé du pays, un peu à la manière des ombres chinoises, et en tout cas il est pour les oppositions hostiles, aux époques troublées, aux heures noires, d'un merveilleux secours (1) ».

Aussi le parti républicain devrait-il courir à nouveau le risque de 1885 ou renoncer à la tradition, si l'on ne pouvait, grâce à la représentation proportionnelle, corriger la brutalité du scrutin de liste majoritaire. Tous les arguments employés naguère par Goblet et Gambetta pour le soutenir, valent pour la proportionnelle qui a le scrutin de liste à sa base : elle permet à l'opinion de se prononcer sur des principes ; en mettant le candidat en présence d'une importante masse électorale, elle sauvegarde l'indépendance de l'électeur, celle du député et celle du ministre ; d'autre part, elle réduit à sa juste valeur l'importance des courants passagers d'opinion :

« C'est le scrutin de liste moins ses dangers, c'est notre tradition républicaine à nous moins ses périls (2) ».

Enfin, elle pourrait inaugurer une ère de détente,

(1) *Journal officiel* du 29 octobre 1909, Chambre, p. 2414.
(2) *Ibidem*.

d'apaisement, notamment si elle était adoptée pour les élections municipales : les luttes, moins âpres, seraient limitées à la conquête de la mairie, et les budgets municipaux seraient mieux défendus.

Repousser une telle réforme serait une faute grave, car « on ne ruse pas avec une idée juste. On combat pour elle ; ou bien, alors, elle combat contre vous. »

A M. Abel Ferry succéda M. Charles Benoist qui entreprit de détruire, avec des chiffres et des témoignages, les objections accumulées par les défenseurs du scrutin d'arrondissement ; respectueux de la chronologie des discours, il s'en prend tout d'abord au député d'Hazebrouck :

« A leur tête, et les soutenant dans leur marche avec des gestes consolateurs, s'avance M. l'abbé Lemire. Vous avez entendu sa parole, toute pleine à la fois d'onction et d'humour, célébrer les béatitudes du député d'arrondissement. Il en a, comme il convient à son esprit et à son caractère, une conception évangélique, il en aime tout, même les petites épreuves et les petites misères... C'est le François d'Assise de la bonne vieille circonscription rurale » (1).

Il montre que le régime parlementaire ne peut fonctionner sans partis, et qu'étant donnée leur tendance universelle à l'émiettement, il n'y aura plus, si une discipline ne les resserre, de régime parlementaire possible sans la représentation proportionnelle ; quant à l'indépendance dans les grandes choses, alors que l'on est obligé de tant

---

(1) *Journal officiel* du 29 octobre 1909, Chambre, p. 2415.

solliciter, elle n'est, si elle existe, que de l'ingratitude. Et pour condamner définitivement le scrutin d'arrondissement, il cite Tocqueville qui voyait dans la législation électorale, dans le scrutin d'arrondissement, la cause de la démoralisation politique qui existait dans le pays.

Puis il se retourne vers M. Breton qui s'est flatté de construire pierre à pierre, le mausolée de la représentation proportionnelle, et il constate que la poignée de journalistes qui s'agite en faveur de la réforme représente 75 ou 80 0/0 de la presse. Il reproche au député du Cher d'avoir cité, à l'appui du scrutin d'arrondissement, une opinion, vieille de vingt ans, de M. Ribot qui est à l'heure actuelle un proportionnaliste convaincu, et de vouloir faire croire qu'il n'existe pas dans le pays de mouvement en faveur de la réforme électorale, alors que le succès des réunions organisées pour en faire pénétrer la notion dans les masses, atteste le contraire.

Enfin, il défend le système d'Hondt par des chiffres, discute avec M. Breton certains passages du livre de M. La Chesnais sur la représentation proportionnelle, rappelle l'opinion de plusieurs mathématiciens en faveur du système belge, et lit une lettre de M. Goblet d'Alviella, sénateur libéral belge, qui fait le plus grand éloge de la représentation proportionnelle, au point de vue théorique comme au point de vue pratique, notamment pour le dépouillement et l'attribution des sièges. En terminant, il cite l'opinion de M. Dequesne, président du tribunal civil de

Bruxelles, président du bureau central de dépouillement et d'attribution des votes, qui a également assuré à la Commission que l'on pouvait très facilement vérifier les résultats, qu'il n'y avait plus ni fraudes, ni invalidations et que les mœurs électorales semblaient s'être améliorées.

La fin de la séance fut consacrée aux déclarations du président du Conseil. Après avoir rendu hommage à la haute tenue de la discussion, M. Briand annonce que, chef du gouvernement, conscient de sa responsabilité, il doit surtout envisager le côté pratique de la question. Pour lui, les iniquités du scrutin d'arrondissement ne sont pas telles qu'un remaniement du système électoral s'impose sans délai ; il ne suffit pas, en effet, qu'une réforme soit juste, qu'elle soit votée, pour qu'elle se trouve réalisée, il faut qu'il y ait eu dans son élaboration, pour qu'elle soit viable et durable, une large part de collaboration du pays, il faut qu'il en ait compris le sens et la portée avant de la voir surgir devant lui, à l'improviste, sans qu'il ait été encore appelé à réfléchir sur ses conséquences.

Pour la représentation proportionnelle, une longue et persévérante éducation de l'électeur s'impose, car accoutumé jusqu'ici au scrutin majoritaire, c'est sous cette forme qu'il conçoit la justice électorale.

Il se préoccupe ensuite de la situation de la majorité républicaine, de l'intérêt des groupes ; et les socialistes indépendants sont naturellement l'objet de sa plus bienveillante attention ; il croit que la représentation proportionnelle, en raison de la diversité des nuances républicaines et de l'éparpillement des voix qui logiquement, devra en résulter, sera une cause d'affaiblissement pour la majorité qui l'a porté au pouvoir. Reconnaissant envers elle, il la rassure aussitôt, il lui déclare avec emphase qu'il ne la sacrifiera pas, qu'il ne se servira pas de la force qu'elle lui a donnée, pour en faire la première victime de la réforme :

« Serait-ce un procédé parlementaire que ce coup d'Etat contre la majorité républicaine ? Jamais je n'agirai ainsi, sinon, je serais le dernier des misérables (1). »

D'ailleurs une réforme de cette gravité ne doit pas être votée par des éléments hétéroclites, ce ne serait pas loyal, et c'est pourtant ce qui arriverait : si l'on passe à la discussion des articles, il ne se formera pas de majorité homogène ni pour le scrutin de liste ni pour la représentation proportionnelle : le scrutin de liste sera adopté grâce au concours des proportionnalistes, et la proportionnelle ne pourra être votée qu'avec l'appui des partisans du scrutin d'arrondissement qui, dans certains départements, seraient sûrement étranglés par le scrutin de liste pur et simple, et qui, grâce à elle, croiront avoir quelque chance d'échapper au sort qui les menace. De plus, il est trop tard : une fois le principe adopté par la Chambre, il faudrait se mettre d'accord sur un système, et il resterait

(1) *Journal officiel* du 29 octobre 1909, Chambre, p. 2424.

encore à obtenir le vote du Sénat, dont l'ordre du jour est très chargé.

Enfin, tout en reconnaissant que l'idée de représentation proportionnelle mérite d'être étudiée par le parti républicain, il déclare qu'il n'a jamais prononcé aucune parole capable de jeter, comme on le lui a reproché, le discrédit sur le scrutin d'arrondissement, car « un mode de scrutin ne se discrédite que par son impuissance », et tel n'est pas le cas : pour le prouver, il dresse le bilan du scrutin d'arrondissement, il cite de multiples lois votées avec lui ; il admet toutefois que son maintien, s'il n'est pas un obstacle aux réformes d'ordre politique, social ou fiscal, **peut entraver la réforme administrative**. C'est une question qui se posera demain, ce sera au parti républicain d'en prendre l'initiative, après en avoir discuté la nécessité devant les électeurs.

Ce discours, parsemé de phrases si pathétiques, si vibrantes, qu'elles auraient pu, prononcées par un autre orateur que le président du Conseil, paraître parfois ironiques, enthousiasma la Chambre à ce point qu'elle vota sur le champ l'affichage.

La discussion continua le 29 octobre, avec un discours de M. Thierry-Cazes, député radical-socialiste du Gers : le scrutin d'arrondissement n'est pas un mode de votation parfait, mais il a fait ses preuves, tandis que la représentation proportionnelle, c'est l'inconnu. De l'expérience étrangère, on ne peut raisonnablement faire état, on ne peut comparer sans quelque danger un grand pays comme la France, avec la Belgique ou la Suisse. On prétend qu'avec le scrutin d'arrondissement, la minorité n'est pas représentée, et l'on ne tient pas compte, qu'entre les diverses circonscriptions, des compensations s'établissent, on prétexte que les républicains de Bretagne ou les réactionnaires de la Corrèze ne se sentent pas représentés, les premiers par les républicains de la Corrèze, les autres par les réactionnaires du Finistère, mais, par une contradiction singulière, ceux qui raisonnent ainsi, ce sont ceux-là même qui veulent soustraire le député à l'esprit de clocher, qui veulent qu'il soit le représentant de la France entière, et non d'un pays particulier. Puis, passant à la représentation proportionnelle, il montre que, dans certains cas, les résultats donnés par elle, seraient complètement faux : ainsi une minorité bien unie, en face d'une majorité divisée, peut remporter tous les sièges ; de plus, comme le système n'est pas rigoureusement exact, même lorsque tout marche à souhait, il peut se faire qu'une petite injustice, renouvelée dans plusieurs régions au détriment d'un parti, finisse par dénaturer les résultats.

Les légistes du Parlement condamnent le scrutin d'arrondissement sous prétexte que la division administrative qui en est le fondement, est une fiction qui ne peut servir de base rationnelle à l'organisation électorale, s'il n'a pas la personnalité civile, il a quelque chose de mieux, il a **une personnalité réelle, géographique, morale**, et c'est lui qui s'éloigne le moins des divisions anciennes et naturelles du pays :

« Un arrondissement, c'est un pays, c'est une face particulière et locale de la terre de France ; le paysan l'aime, il y est attaché, il la connaît, ce n'est pas pour lui un nom vide, mais une réalité vivante... (1) »

Le député d'arrondissement travaille à moraliser le suffrage universel ; il éclairera les électeurs, il les habituera à ne s'inspirer que des idées de justice ; en s'entretenant fréquemment avec eux, il élèvera bientôt leurs conceptions politiques, car c'est l'éducation de la démocratie qui perfectionnera les mœurs, non un changement de législation électorale. De son côté, le député s'instruit au contact de ses mandataires, et ainsi, la vie parlementaire a « une base solide, pratique, réelle, qui l'empêche de se perdre dans les nuages. »

Avec le scrutin de liste, le contrôle direct de l'électeur sur l'élu serait remplacé par celui des comités dont le député devrait servir la tyrannie ; quant aux sollicitations qui accablent le député d'arrondissement, il est presque heureux de les recevoir :

« Je ne suis pas de ceux qui se plaignent de cette besogne ingrate, mais utile. Rendre des services honnêtes à ses électeurs, les aider quand il le peut, savoir refuser quand il le doit, se faire toujours l'avocat des choses justes, c'est là un des beaux côtés du travail parlementaire et ceux qui l'accomplissent, vous

---

(1) *Journal officiel* du 30 octobre 1909, Chambre, p. 2437 et 2438.

le savez, Messieurs, y trouvent assez de bien à faire, et assez de satisfaction de conscience à éprouver » (1).

Si le Parlement perd contact avec les masses, il ne tardera pas à tomber dans le mépris ; enfin la représentation proportionnelle empêchera tous les arrondissements d'être représentés, il s'en suivra des plaintes et des rivalités, on fera bloc, non contre telle opinion, mais contre tel ou tel arrondissement que les autres voudront réduire à la portion congrue et le merveilleux système que l'on présente comme un instrument de paix, ne sera en réalité qu'une machine de guerre.

Après une intervention de M. Sembat, député socialiste unifié de Paris, favorable au vote des femmes, au renouvellement partiel et à la représentation proportionnelle qui, seule, en assurant le triomphe des intérêts généraux sur les intérêts locaux, permettra la réalisation d'une réforme administrative, M. Réveillaud, député radical de la Charente-Inférieure, monta à la tribune : il rappelle qu'il fut, pour la représentation proportionnelle, un ouvrier de la première heure, et déclare que, si le scrutin majoritaire a pu convenir à une démocratie dans l'enfance, il est indigne d'une démocratie éclairée ; il est en effet rudimentaire, brutal, et plébiscitaire, puisqu'il circonscrit la lutte sur un nom ; en faisant tenir l'enjeu de la victoire dans le déplacement de quelques voix, lorsque les partis en

---

(1) *Journal officiel* du 30 octobre 1909, Chambre, p. 2438.

présence s'équilibrent, il excite les passions et provoque aux manœuvres des partis, il favorise des courants populaires qui rendent le scrutin de liste encore plus dangereux que le scrutin d'arrondissement.

D'autre part, la diminution du nombre des députés, que de tous côtés on réclame, n'est guère possible avec le scrutin uninominal : M. Breton propose bien la péréquation des circonscriptions électorales, mais son découpage, qui brise l'arrondissement, centre de vie politique et économique, risque de le remplacer par des circonscriptions aussi arbitraires que celles du Second Empire ; la représentation proportionnelle est donc le seul remède possible.

En terminant, il cite quelques extraits du rapport de M. J.-L. Bonnet, qui faillit faire triompher la réforme électorale au Congrès radical de Nancy, et il espère que son parti ne tardera pas à faire, de la proportionnelle, l'un des premiers articles de son programme complété et rajeuni.

A la fin de la séance, M. Jaurès, député socialiste unifié du Tarn, prit la parole, mais il ne fit que commencer son discours, et il l'acheva le 4 novembre. Il critique tout d'abord la tactique du gouvernement : après le discours de Périgueux, après le discours du ministre des travaux publics qui, à la veille même des débats, déclarait que la réforme électorale était une question vitale pour l'avenir du pays, on pouvait espérer que le Gouvernement, dans un problème où son initiative se justifie plus que dans tous les autres, n'esquiverait pas la difficulté, en demandant l'ajournement.

La réforme électorale est la condition des réformes administratives, chaque jour plus urgentes, à mesure qu'augmentent, par l'accroissement des lois sociales, les attributions du pouvoir politique. national ou municipal, car si dans l'application de ces lois aux intérêts privés, l'esprit de clientèle intervient, la vie nationale est faussée, la législation est corrompue dans son germe :

« Vous ferez œuvre vaine ou œuvre corruptrice, et vous permettrez à l'esprit de partialité d'empoisonner jusqu'à la source même le bienfait social que vous voulez apporter, si vous n'établissez pas par la réforme électorale que l'administration de ce pays sera équitable, juste et rationnelle. » (1)

Il rappelle les attaches profondément françaises et démocratiques de la représentation proportionnelle, le rôle de Considérant mettant en lumière, en même temps que les vices du système majoritaire, la confusion que l'on est porté à faire entre le vote délibératif et le vote représentatif, puis il montre les progrès de l'idée à l'étranger : l'Angleterre est acculée à la réforme, à cause de son système électoral qui, prévoyant simplement un seul tour de scrutin, ne peut fonctionner d'une manière satisfaisante que s'il n'y a que deux partis en présence ; le Danemark et la Norvège appliquent la représentation

---

(1) *Journal officiel* du 30 octobre 1909, Chambre, p. 2445.

proportionnelle depuis de longues années, la Bavière l'a adoptée pour ses élections municipales, le Wurtemberg, pour une partie de ses élections municipales et législatives. En Suisse, elle existe dans divers cantons et demain elle présidera aux élections fédérales ; en Belgique, elle a mis fin à des coalitions scandaleuses entre les partis.

Il ne faut pas dire, à ceux de la minorité qui ne sont pas représentés, qu'il s'établit des compensations entre les circonscriptions ; pour voir la valeur de cet argument, on n'a qu'à pousser jusqu'aux élections municipales ; en tout cas, il y a une contradiction dans l'argumentation des partisans du scrutin d'arrondissement qui, d'une part, parlent des relations étroites et familières qu'il crée entre l'électeur et l'élu, et d'autre part disent aux minorités qu'elles seront défendues par un représentant perdu dans le lointain, à l'autre bout de la France.

Avec la proportionnelle, surtout si les circonscriptions sont assez vastes, chacun pourra être à peu près certain que son suffrage ne sera pas sans valeur, et les vaincus n'auront plus, comme à l'heure actuelle, une sensation d'humiliation et d'écrasement. Sans méconnaître, en regard de ses tares, les beaux côtés du scrutin d'arrondissement, son œuvre républicaine, ses comités, les liens qu'il établit entre électeurs et élus, M. Jaurès montre ses dangers et constate qu'en 1906, il aurait suffi d'un déplacement de 124.000 voix, dans 133 circonscriptions, pour transformer en minorité à la Chambre une majorité de **1.600.000 voix** dans le pays, et bien souvent, la victoire est à la merci des intérêts particuliers.

Enfin la représentation proportionnelle supprime le second tour, elle rend inutile cette concentration républicaine, chaque jour plus difficile, à mesure que les programmes diffèrent davantage : chacun ira à la bataille avec son programme propre. Aussi prévoit-il un grand mouvement en faveur de la réforme, et il menace les radicaux qui lui sont hostiles :

« ... Quand je vois que catholiques, modérés, progressistes, une partie des radicaux-socialistes, presque tout le parti socialiste affirmeront au premier tour, chacun dans son programme, la nécessité de la même réforme, j'ai le droit de dire qu'il se produira dans le pays un tel ébranlement que la plupart même des radicaux, de ceux qui ne sont pas hostiles au principe de la proportionnelle, qui n'hésitent que sur une question de date, comprendront que l'heure est venue, et, laissez-moi vous le dire, s'ils ne le comprenaient pas, il a y d'autres radicaux dans les circonscriptions qui le comprendraient » (1).

Le président du Conseil a dit qu'en cas de vote du passage à la discussion des articles, il se formerait sur le scrutin de liste et sur la représentation proportionnelle des coalitions contradictoires, mais un refus de discuter obtenu grâce à une coalition de ceux qui ne veulent pas de la proportionnelle, et de ceux qui ne veulent d'aucune réforme, engendrerait une équivoque beaucoup plus dangereuse,

---

(1) *Journal officiel* du 5 novembre 1909, Chambre, p. 2498.

à une heure où chacun doit prendre nettement position devant le pays.

M. Ferdinand Buisson, député radical-socialiste de Paris, vint ensuite célébrer les vertus de la proportionnelle : il remarque que ses adversaires s'inclinent déjà devant son principe puisque, réduits à plaider les circonstances atténuantes en faveur du scrutin d'arrondissement, ils invoquent qu'il réalise une sorte de proportionnalité, en compensant grossièrement des injustices, ou bien ils accusent la représentation proportionnelle de n'être pas assez proportionnelle. L'opinion publique, dont la pression a déterminé l'ouverture de la discussion, est aujourd'hui fixée, elle voit clairement qu'il est facile de respecter le droit de l'individu et le droit de la nation, en consacrant la proportionnalité des représentés et des représentants, et en donnant le pouvoir à la majorité.

Contre ce principe, on a soulevé, plutôt que des objections, des diversions ; on a reproché à des partis opposés de s'être groupés, d'être allés enseigner à la foule qu'ils voulaient, pour se combattre, des armes égales, qu'ils voulaient livrer bataille équitablement et loyalement. On dit que la réforme électorale est une expérience sur la République, mais depuis cent ans, le plus beau rôle de la France, dans le monde et dans l'histoire, n'est-il pas de faire des expériences pour l'humanité? Le pays ne comprendrait pas un ajournement, il ne comprendrait pas cet espèce d'interrègne entre le scrutin d'arrondissement qui n'est plus, et le scrutin proportionnel qui n'est pas encore, interrègne que ne pourront pas justifier ses auteurs, sinon en avouant qu'ils en sont les bénéficiaires, et que c'est pour cette raison seule qu'ils ont refusé de donner à la France le scrutin de justice et d'apaisement qu'elle attendait.

Après M. Depasse, député radical-socialiste de la Seine, partisan du scrutin de liste, qui vint rappeler que les fondateurs de la République ont toujours eu le respect des majorités et n'ont jamais parlé de représentation proportionnelle légale, M. Messimy, député radical-socialiste de Paris, montra à M. Breton que son principal argument contre la représentation proportionnelle — celui qui déclare que la réforme décapitera la majorité républicaine — s'applique également à sa proposition de représentation proportionnée, qui ne supprime guère que des circonscriptions radicales ou socialistes indépendantes ; il rappelle ensuite que, dans les réunions de propagande, les électeurs ont fort bien compris le principe de la représentation proportionnelle ; en ajourner l'adoption serait une faute grave du parti radical, car si la réforme se fait sans lui, elle se fera contre lui.

La discussion continua le 5 novembre ; M. Gheusi, député radical-socialiste de la Haute-Garonne, prit la parole : il dit tout d'abord qu'il avait espéré, après la déclaration ministérielle, après le discours de Périgueux, voir le Gouvernement adopter une autre attitude à l'égard de la réforme électorale, puis il se déclare favorable au scrutin de liste qui amène à la Chambre, l'histoire l'a montré, des hommes prêts à sacrifier les intérêts locaux aux intérêts supérieurs de la nation.

Le président du Conseil, en invitant à ne pas passer à la discussion des articles, a dit que la réforme ne venait pas à son heure ; il a invoqué le défaut d'organisation intérieure des partis, — mais M. Deschanel a justement montré qu'elle resserrerait leurs forces vives, et qu'elle les préciserait —; il a dit que le pays n'était pas prêt, mais en sens inverse, il y a des réformes que le pays réclame impérieusement, et qu'on ne réalise pas. M. Briand a encore déclaré qu'il ne voulait pas faire de coup d'État contre la majorité qui l'a porté au pouvoir ; si les députés tenaient le même raisonnement, le régime électoral serait intangible. On dit enfin que le scrutin d'arrondissement a fait ses preuves, mais il n'est pas démontré que la Chambre a voté les grandes réformes dont on parle, grâce à lui ; ce serait plutôt malgré lui.

Il croit en résumé que le scrutin de liste, avec ou sans représentation proportionnelle, diminuerait et classerait les partis, et assurerait l'émancipation humaine.

« Cette émancipation ne peut se faire que tout autant que le représentant n'est pas rivé à ces considérations étroites de clocher où s'épuise notre activité, que tout autant que vous pouvez faire sortir la personne du lieu où elle a vécu, où elle a ses intérêts immédiats, pour l'obliger à regarder plus haut et plus loin, vers les problèmes généraux qui se posent pour la nation toute entière (1) ».

M. Pelletan, député radical-socialiste des Bouches-du-Rhône, monta alors à la tribune : après avoir manifesté sa surprise de voir certains de ses collègues proposer la réforme du suffrage universel alors que le suffrage restreint existe depuis trente-quatre ans pour l'élection des sénateurs, il se déclare adversaire résolu de la représentation proportionnelle, non pour question d'opportunité, mais pour question de principe car, plus il étudie la question, plus il devient irréductible, et il cite à son appui l'opinion de M. Combes, ancien président du Conseil.

La représentation proportionnelle, pour lui, ne donne pas des résultats plus équitables que le scrutin d'arrondissement : ainsi, en Belgique, aux élections de 1902, les catholiques ont eu un député pour 11.000 électeurs, et les socialistes, un député pour 16.000, soit un écart de 44 0/0 ; il peut même y avoir des écarts bien supérieurs, et il cite une circonscription où il y a quatre députés à élire et deux listes en présence ; l'une obtient 31.000 voix, l'autre 20.000 : la première aura trois députés, soit un pour moins de 11.000, alors que la seconde n'en aura qu'un seul, soit un pour 20.000. En tous cas, son adoption introduirait la lutte dans le sein des partis, on n'a jamais pu prouver le contraire. On spécule sur la vertu problé-

---

(1) *Journal officiel* du 6 novembre 1909, Chambre, p. 2512.

matique des candidats, vertu que leurs amis pourraient d'ailleurs ne pas partager, mais il y a aussi les électeurs à qui l'on reproche le développement excessif de l'esprit local : ils voudront conserver l'enfant de leur arrondissement, ils ne voudront pas le voir disparaître au profit d'un autre candidat qui a la même situation dans l'arrondissement voisin. Enfin il serait facile de faucher les têtes de liste, car les partis savent à peu de choses près le nombre de voix qu'ils auront, et un grand déplacement de suffrages n'est pas nécessaire pour mener à bien cette manœuvre. En un mot, pour que la R soit véritablement P, il faudrait revenir au collège unique de Girardin, ce qui est impraticable.

En Belgique, le parti catholique n'a établi la proportionnelle que pour empêcher la formation, comme en France, d'un bloc entre libéraux et socialistes ; ses partisans veulent, en l'adoptant, rendre les coalitions impossibles, mais, ces alliances entre partis voisins, au grand jour des élections, devant le suffrage universel, ces larges mouvements de concentration nécessaires pour former une majorité qui vivifie le régime parlementaire, ils les remplaceront fatalement par d'autres coalitions, nouées à l'ombre des couloirs.

Pour justifier un changement du mode de scrutin, on calomnie le suffrage universel ; il proteste contre le tableau des mœurs électorales françaises que l'on livre à l'étranger.

De plus, la suppression des élections partielles serait

funeste, car pendant toute une législature, le suffrage universel, condamné au silence, ne pourra plus faire connaître les sentiments de la nation ; enfin, l'orateur montre qu'il pourra se produire des anomalies, qu'un candidat très populaire pourra, si ses collègues de liste ne sont pas sympathiques, n'être pas élu, tout en ayant obtenu plus de la moitié des suffrages ; les comités, désormais tout puissants, deviendront néfastes et c'est à ce moment que l'on pourra redouter avec raison la corruption électorale.

La séance se termina sur une courte intervention de M. Allard, député socialiste unifié du Var, qui fit remarquer à M. Pelletan que les proportionnalistes n'avaient jamais invoqué, comme principal argument, la corruption générale de l'électeur et du suffrage universel : ils ont fait observer que beaucoup de députés n'étaient élus qu'à quatre ou cinq cents voix de majorité, et que, comme en quatre ans, ils reçoivent bien 4 ou 500 sollicitations, leur élection future dépendait du contentement ou du mécontentement de ces 4 ou 500 solliciteurs.

Le 8 novembre, M. Varenne répondit au discours de M. Pelletan. Après avoir rappelé qu'en 1885, un amendement favorable à la proportionnelle fut déposée par M. Courmeaux, vice-président du groupe de l'extrême-gauche, voté par plusieurs personnalités républicaines, et qu'il ne fut pas alors combattu par M. Pelletan, il proteste contre ceux de ses collègues qui cherchent à discréditer devant le pays cette réforme aux antécédants si républicains et si français, en faisant planer au-dessus d'elle le spectre de la réaction. Il ne s'explique d'ailleurs pas l'antipathie des radicaux à l'égard d'une réforme qui, favorable aux partis nombreux, leur donnerait, mieux que tout autre système, la suprématie sur leurs adversaires, et les mettrait désormais à l'abri des coalitions possibles de minorités mécontentes.

Les proportionnalistes n'ont jamais calomnié le suffrage universel, ils n'ont jamais douté de la sincérité, du désintéressement de l'immense majorité des électeurs, ils ont fait le procès du scrutin d'arrondissement, ce qui n'est pas la même chose ; sinon le parti radical qui, depuis vingt-cinq ans réclame le scrutin de liste, se livrerait depuis vingt-cinq ans, lui aussi, à ce détestable jeu.

Puis, passant aux avantages de la réforme, il montre que, grâce à elle, grâce aux voix des minorités qui ne seraient plus perdues, le Parlement représenterait réellement la majorité des électeurs, ce qui, depuis 1875, n'est encore arrivé qu'une fois, en 1877. On reproche à la proportionnelle de n'être pas assez proportionnelle, et M. Pelletan cite un exemple où 31.000 électeurs ont trois députés, alors que 20.000 autres n'en obtiennent qu'un et sont lésés ; elle est en tout cas une sérieuse amélioration, puisqu'avec un scrutin majoritaire, cette minorité de 20.000 n'aurait pas été représentée du tout. La lutte au sein des partis ne serait certes pas plus vive qu'avec le régime actuel où l'on voit des candidats de même nuance, se faisant les uns aux autres une guerre sauvage, faire appel aux voix de leurs adversaires pour les départager, et les têtes de liste ne seront pas davantage sacrifiées, puisqu'en 1885, au scrutin de liste, elles se classèrent presque toujours dans les premiers rangs.

Quant à l'exemple où M. Pelletan montre un candidat battu tout en ayant la majorité des suffrages, il ne porte pas : il est difficile d'admettre qu'un homme aussi connu et estimé ne trouve pas, dans tout un département, cinq ou six hommes connus et estimés, pour former une liste ; toutefois la commission a prévu le cas, et c'est dans ce but qu'elle a institué le vote cumulatif. Enfin la représentation proportionnelle aboutirait sans doute à la constitution de quatre partis principaux : l'opposition monarchiste, la droite conservatrice, mais constitutionnelle, une gauche réformatrice ou radicale, une extrême gauche socialiste et révolutionnaire, et ces deux derniers pourraient d'autant mieux collaborer à la Chambre, qu'ils ne se seraient plus combattus la veille devant les électeurs.

Après quelques mots de l'abbé Lemire qui tint à venir, une fois de plus, mettre ses collègues en garde contre le mirage de la proportionnelle dont l'adoption serait le signal d'une création néfaste de partis, la clôture de la discussion générale fut prononcée.

Quatre motions d'ajournement furent déposées, par MM. Larquier, député républicain de gauche de la Charente-Inférieure, Malvy, député radical du Lot, Sénac, député radical-socialiste du Tarn-et-Garonne, et Gioux, député radical du Maine-et-Loire.

Celle de M. Malvy invitait la Chambre à se prononcer nettement contre la représentation proportionnelle, mais elle fut retirée par son auteur qui se rallia à la motion de M. Larquier.

La motion de M. Larquier concluait au renvoi pur et simple des propositions à la Commission.

Celle de M. Sénac avait surtout pour but de donner à son auteur l'occasion de faire l'apologie des diverses propositions de réforme déposées par lui durant les législatures précédentes ; quant à celle de M. Gioux, elle indiquait que la Chambre, résolue à ne pas improviser un nouveau régime électoral à la veille des élections, renvoyait les propositions et les contre-projets à l'examen de la Commission.

Combattu par MM. Paul-Boncour, député socialiste indépendant du Loir-et-Cher, Zevaës, député socialiste indépendant de l'Isère, et par la Commission, l'ajournement fut repoussé : la motion de M. Larquier n'obtint que 187 voix contre 345, celle de M. Sénac, 5 voix contre 310, et enfin, celle de M. Gioux, malgré un discours de M. François Fournier, député socialiste indépendant du Gard, fut rejetée par 343 voix contre 177.

Par 382 voix contre 143, la Chambre décida de passer à la discussion des articles.

L'article 1ᵉʳ du projet de la Commission était ainsi conçu :

« Art. 1ᵉʳ. — Les membres de la Chambre des députés sont élus au scrutin de liste suivant les règles de la représentation proportionnelle exposées ci-après.

L'élection se fait en un seul tour de scrutin. »

Après une intervention en faveur du scrutin de liste, de M. Raoul Péret (1), député radical de la Vienne, qui mit en lumière les néfastes effets du scrutin d'arrondissement sur les finances publiques, et de M. Dessoye, député radical de la Haute-Marne, tous deux auteurs de contre-projets en faveur de ce mode de votation, la Chambre passa au vote :

La première partie de l'article 1ᵉʳ : « Les membres de la Chambre des députés sont élus au scrutin de liste... » fut adoptée par 379 voix contre 142,

Et la seconde partie, « suivant les règles de la représentation proportionnelle », fut votée par 281 voix contre 235.

Il restait, pour compléter l'article, à se prononcer sur les mots « exposées ci-après » qui visaient les règles de la proportionnelle sur lesquelles ses partisans n'étaient nullement d'accord. La Commission, pour éviter de compromettre le principe pour une question de système, renonça

---

(1) M. Raoul Péret avait déposé un contre-projet établissant le scrutin de liste avec réduction du nombre des députés.

à ce membre de phrase, d'ailleurs inutile — M. Chastenet le fit remarquer quelques instants après — puisque la Chambre devait être appelée à discuter article par article le projet qui lui était soumis. Cette attitude ne fut pas du goût des adversaires de la réforme qui, déjà, escomptaient un échec : M. Breton reprit, sous forme d'amendement, le texte primitif qui, selon lui, liait le sort de la représentation proportionnelle à celui du système de la Commission ; pour empêcher toute confusion, le rapporteur combattit énergiquement cet amendement ; retiré par son auteur, repris encore une fois par M. Dauzon, il fut finalement repoussé par 3 voix contre 517.

Et l'on allait voter sur l'ensemble du paragraphe, lorsque le président du Conseil monta à la tribune : brièvement, il rappelle dans quelles conditions il est intervenu précédemment dans la discussion, et il explique l'attitude du gouvernement qui, après avoir donné son avis à la Chambre, a tenu à la laisser discuter librement. Il s'est formé une majorité sur le passage à la discussion des articles, sur le scrutin de liste, sur la représentation proportionnelle, mais il considère que ce ne sont que des affirmations de principe. Le gouvernement ne pourrait actuellement laisser entrer dans le domaine de la pratique, sans créer une situation dangereuse pour le régime républicain, une réforme dont le pays ne saura faire usage, et dont le mécanisme, la discussion l'a montré, est encore dans l'obscurité. D'ailleurs, il est trop tard ; à quelques mois des élections, la Chambre n'a plus le temps d'aborder le fond d'une question aussi grave ; si néanmoins elle passait outre aux conseils du Gouvernement, celui-ci n'hésiterait pas à se retirer.

Après une réplique de M. Charles Benoist qui, regrettant l'intervention de la question ministérielle dans un problème qui doit planer au-dessus de la politique, vint déclarer, au nom de la Commission, maintenir le projet de réforme électorale, M. Sembat critiqua vigoureusement l'attitude du Gouvernement qui, après avoir disqualifié le scrutin d'arrondissement, après l'avoir laissé condamner à une majorité écrasante, demande cependant son maintien et place ainsi la Chambre, par une aberration inconcevable, dans une situation impossible vis-à-vis du pays.

Mais l'opinion de la majorité était arrêtée et ce dernier appel resta sans écho : par 291 voix contre 225, la Chambre repoussant l'ensemble du paragraphe 1er, donna gain de cause au ministère (1). C'en était encore fait de la réforme électorale.

Quelque temps après, le 11 janvier 1910, M. Dauthy, député radical de l'Indre, déposa une proposition transactionnelle (2) qui, dans sa pensée, était destinée à satisfaire

---

(1) Par suite, les huit amendements qui avaient été déposés par MM. Raoul Péret, Sénac, Klotz, Engerand, Laroche (2), Andrieu, Depasse, ne furent pas discutés.

(2) *Journal officiel*, Doc. parl., Chambre, 9e législature, n° 2979.

à la fois les partisans du scrutin de liste et ceux de la représentation proportionnelle. Elle établissait le scrutin de liste, à raison d'un député par 75.000 habitants et fraction de 25.000 ; les départements nommant plus de douze députés étaient sectionnés. Chaque électeur disposait d'un chiffre de voix égal à celui des députés à élire, mais ne pouvait donner qu'un seul suffrage à chaque candidat.

Devaient être proclamés élus, dans l'ordre du nombre de leurs voix et jusqu'à concurrence des sièges à pourvoir, les candidats ayant obtenu la majorité absolue des suffrages exprimés et un nombre de suffrages égal au quart des électeurs inscrits. Si le nombre des candidats ainsi nommés était inférieur au chiffre des députés à élire, ou si aucun candidat n'était élu à la majorité, les sièges restant à pourvoir seraient répartis entre les candidats, conformément aux règles du système d'Hondt, exposées par le rapport de la Commission du suffrage universel (1).

D'après M. Dauthy, ce système évite de nombreux inconvénients de la représentation proportionnelle : un candidat de grande valeur, réunissant presque tous les suffrages, est élu même si sa liste n'a qu'une faible masse ; de plus, la lutte n'existe plus au sein des listes, car il s'agit, non plus d'arriver en tête, mais de conquérir la majorité.

Cette proposition, déposée à la fin de la législature, ne fut même pas rapportée.

(1) Ce système est inspiré par la loi communale belge du 12 septembre 1895.

L'approche des élections fournit à M. Clemenceau et à divers ministres du Cabinet Briand, l'occasion de préciser leur opinion sur la réforme électorale.

L'ancien président du Conseil, dans une lettre publiée par le *journal du Var* (1), se montre surtout antiproportionnaliste ; ses déclarations à l'égard du scrutin de liste sont de plus en plus tièdes, et trois ans de ministère semblent l'avoir presque réconcilié avec le scrutin d'arrondissement :

« Il n'est pas douteux que notre loi électorale doit être améliorée. Mais une représentation mieux proportionnée et l'élargissement même des circonscriptions électorales ne suffisent pas à certains conservateurs, qui d'accord avec les révolutionnaires, tentent de nous lancer dans la folle aventure de la représentation proportionnelle, jugée propice à leurs desseins ».

Il comprend l'attitude des conservateurs qui espèrent, grâce à la proportionnelle, entraver l'action réformatrice des assemblées ; il comprend l'attitude des socialistes dont le but est de dissocier les partis pour rendre impossible la formation des majorités de gouvernement ; l'intérêt du parti républicain, au contraire, est opposé :

« Mais que le parti républicain lui-même, en plein succès, se plût à livrer l'instrument même des victoires qui lui ont permis de donner à la France, pour la première fois depuis la Révolution, un gouvernement durable de liberté, de justice et de paix, ce serait un tel acte de démence que je me refuse à prévoir l'événement ».

(1) Lettre rapportée dans le *Temps* du 12 avril 1910.

D'ailleurs, jamais les minorités n'ont été aussi bien représentées qu'aujourd'hui, et M. Clemenceau conclut en disant :

« Et quant au procès du « petit scrutin », il suffira, pour le réduire à sa juste valeur, de montrer que le mode actuel de représentation populaire a été l'outil des grandes réformes accomplies dans le domaine politique et social. Ce qui ne nous empêchera pas de compléter notre réforme électorale par la réforme des mauvaises méthodes de travail parlementaire ».

Quant aux ministres, leur opinion est toujours divisée : pendant que M. Millerand, ministre des Travaux publics, continue à lutter pour la représentation proportionnelle, M. Barthou, ministre de la Justice, jusqu'alors fidèle partisan du scrutin d'arrondissement, semble se rallier, dans sa profession de foi électorale, au scrutin de liste et se déclare hostile à la proportionnelle :

« La réforme administrative dont j'ai souvent proclamé l'urgence, et la réorganisation judiciaire, dont ma fonction actuelle m'a permis de mesurer l'étendue, doivent avoir pour cadre et pour moyens d'exécution un élargissement du scrutin approprié aux nécessités d'une situation nouvelle. Mais la réforme électorale qui doit être faite par l'entente commune des républicains dans l'intérêt de la République, risquerait de devenir la plus désastreuse des aventures si elle sacrifiait à des principes abstraits la vie des majorités et l'action du gouvernement (1). »

De son côté, M. Ruau, ministre de l'Agriculture, qui, en 1902, proclamait dans son rapport l'urgence de l'adoption du scrutin de liste, se déclare résolument hostile à la

(1) *Matin* du 15 avril 1910.

représentation proportionnelle et devient favorable au scrutin d'arrondissement. Dans un discours prononcé à Saint-Béat (Haute-Garonne), le 10 avril, il le dit :

« En ce qui la concerne (la réforme électorale), je n'hésite pas à dire que le bon vieux scrutin d'arrondissement a fait ses preuves. Je regarde autour de moi, je vous reconnais, vous, mes fidèles électeurs, et je dis qu'avec le scrutin d'arrondissement, vous avez toujours su faire votre devoir par discipline, par respect pour mon parti. Je voterai peut-être le scrutin de liste, mais je me déclare l'adversaire résolu de la proportionnelle... Je crains fort qu'elle ne soit qu'un moyen d'injustice, en voulant être un moyen de justice, et pourquoi donc est-elle demandée avec tant d'acharnement par nos adversaires les plus résolus ? (1) »

Le 10 avril également, six mois, jour pour jour, après son discours de Périgueux, M. Briand prononça dans sa circonscription électorale, à Saint-Chamond, « un de ces discours enveloppants et lénitifs dont il a le secret (2). » Envisageant la réforme électorale, il condamne tout d'abord le scrutin d'arrondissement :

« Il est une chose certaine, dès à présent, c'est que le mode de scrutin actuel ne correspond plus aux besoins, aux aspirations de la démocratie..., il est des réformes étendues qu'avec ce système électoral il est difficile d'entreprendre, trop d'intérêts locaux se dressent à la traverse. Il vous paraîtra certainement à vous comme à moi qu'avec ce système il serait présentement

---

(1) *Temps* du 12 avril 1910.
(2) Ces mots sont de M. Poincaré, parlant d'un discours de M. Briand. *Revue de Paris* du 15 avril 1910, p. 853.

sinon impossible, du moins bien malaisé, de réformer administrativement un grand pays comme le nôtre. Or c'est un progrès qu'il faut réaliser pour le bien de la France... J'inclinerai, quant à moi, pour l'établissement, dans un temps rapproché, de groupements régionaux, avec des assemblées correspondantes où sous l'empire d'idées générales on pourrait débattre de grandes questions; ces assemblées deviendraient tout naturellement les pépinières de la Chambre et du Sénat. En somme, ce que je crois nécessaire, indispensable même, c'est un élargissement du mode de recrutement de la Chambre et du Sénat, et c'est vers ce but que le parti républicain doit aller. »

M. Briand se déclare ensuite favorable à une prolongation du mandat des députés, avec renouvellement partiel de la Chambre, mais il ne veut résoudre ce programme qu'avec le seul concours du parti républicain.

« Il s'est formé, ces mois derniers, des coalitions bizarres à la tête desquelles nous avons vu certains hommes qui dans le passé s'étaient manifestés comme les pires ennemis de la liberté et de la République. Ces mêmes hommes ont entrepris cette œuvre régénératrice qui doit rajeunir le pays, lui donner plus de force et consolider la liberté. De pareils concours, je ne le cache pas, m'ont paru suspects, et je n'ai pas pensé que seul l'amour de la justice présidait à ces efforts. Lorsque devant la Chambre, j'ai eu à faire connaître le sentiment du gouvernement à cet égard, je n'ai pas hésité à déclarer qu'un tel bloc enfariné ne me disait rien qui valût, et qu'il était nécessaire de le regarder de très près pour mieux connaître ce que cachait cette farine. La réforme électorale, je la veux, mais à la condition qu'elle soit accomplie par les républicains. Je ne la comprends pas autrement (1). »

(1) *Petit Temps* du 12 avril 1910.

Telles furent les déclarations du président du Conseil, à la veille des élections, et lorsqu'on les rapproche de la déclaration ministérielle, on est peut-être en droit de se demander si l'incohérence ne fait pas maintenant partie de l'héritage des gouvernements.

CHAPITRE II

LA RÉFORME ÉLECTORALE ET LES PARTIS

La plus grande préoccupation de beaucoup de députés, avant de mettre leur bulletin dans l'urne, le 8 novembre 1909, a été sans doute d'envisager les effets possibles de la réforme électorale, de la représentation proportionnelle, sur leur parti et sur eux-mêmes.

Au sujet de la répercussion de la réforme sur les partis, des statistiques ont été dressées par M. La Chesnais, le publiciste bien connu des proportionnalistes, et par M. Delory, député socialiste unifié de Lille.

Voici les résultats de M. La Chesnais (1) pour les élections de 1902, si la représentation proportionnelle avait été appliquée :

Les socialistes révolutionnaires seraient passés de 13 à 24
Les socialistes — 33 à 37
Les radicaux-socialistes — 75 à 59
Les radicaux — 120 à 99

(1) *La représentation proportionnelle et les partis politiques*, p. 57 et 58. Dans la statistique, un résultat de la Martinique manquait.

Les républicains seraient passés de   180 à 175
Les libéraux   —   18 à 27
Les nationalistes   —   64 à 83
Les conservateurs   —   83 à 83

D'après M. Delory, aux élections de 1906, si la proportionnelle avait été adoptée :

Les réactionnaires seraient passés de   85 à 127
Les nationalistes   —   29 à 37
Les progressistes   —   73 à 84
Les radicaux   —   214 à 186
Les radicaux-socialistes —   108 à 82
Les socialistes unifiés —   51 à 47
Les socialistes indépend[ts] —   20 à 12

Ainsi l'opposition aurait gagné 61 sièges au détriment de la majorité.

Ces statistiques, on le voit, diffèrent pour la dénomination des partis ; du reste, elles ne peuvent pas être exactes : en effet, dans un certain nombre de circonscriptions, les députés sont élus sans concurrent et, dans les autres, il n'y a presque jamais que deux ou trois partis en présence sur sept ou huit que comprend le spectre politique. Cependant les résultats globaux, pour la majorité et l'opposition, semblent approcher assez près de la vérité. Les erreurs résident dans les rapports des divers partis : du côté de l'opposition, les conservateurs auraient certainement été favorisés au détriment des progressistes et du côté de la majorité, les unifiés auraient probablement gagné aux radicaux un nombre de sièges assez considérable. En effet, dans beaucoup de circonscriptions, la lutte se circonscrit entre progressistes et radicaux, car ce sont les partis qui ont le plus de chance de rallier à leur opinion tous les suffrages de l'opposition et de la majorité.

La représentation proportionnelle serait vraisemblablement favorable aux conservateurs et aux socialistes unifiés, aux libéraux, dans une certaine mesure ; elle serait défavorable aux républicains de gauche, sans doute aux progressistes, surtout aux radicaux et aux socialistes indépendants.

L'opinion des partis semble avoir tenu compte de ces prévisions ; cependant les républicains de gauche sont divisés et les progressistes favorables à la représentation proportionnelle.

Les conservateurs sont unanimement proportionnalistes ; l'Action libérale, qui avait déjà introduit la proportionnelle dans le projet de Constitution qu'elle avait élaborée, s'est prononcée à nouveau pour elle, et son Congrès, réuni à Paris, décida même, le 4 décembre 1909, que, si au second tour de scrutin, le candidat du parti n'avait aucune chance, il faudrait faire bloc sur le candidat de la proportionnelle, quelle que fût sa nuance.

Les progressistes sont d'une intransigeance inexplicable.

Au congrès de la Fédération républicaine, le vœu suivant, présenté par M. Adrien de Montebello et défendu par M. Ch. Benoist, a été voté à l'unanimité moins cinq voix :

« Le Congrès émet le vœu que la Fédération républicaine ne donne son appui, aux prochaines élections législatives, qu'à des candidats qui prendront l'engagement d'employer tous leurs efforts à réaliser immédiatement la réforme électorale et à provoquer une nouvelle consultation du pays, dans le délai le plus bref, après la promulgation de la loi instituant le scrutin de liste avec représentation proportionnelle.

« Pour le second tour de scrutin, en considération des circonstances particulières, où il va être procédé aux élections législatives prochaines, le Congrès émet le vœu que, dans toute circonscription où le candidat de notre parti n'aura plus aucune chance d'être élu, il se désiste en faveur du candidat proportionnaliste, à charge de réciprocité, dans le cas contraire... à la condition que ce candidat ait pris l'engagement d'honneur de démissionner si la R. P. n'était pas votée à la fin de la première année de la législature. »

M. Ch. Benoist, faisant preuve d'un sens politique que d'aucuns ont dû trouver plus que douteux, est même allé jusqu'à recommander à ses amis, par la voie de la presse, de voter plutôt pour un radical favorable à la proportionnelle que pour un progressiste hostile. Des idées aussi étroites peuvent surprendre, venant d'un parti qui a toujours passé pour très libéral ; elles sont une faute de plus à son actif.

L'Alliance démocratique, réunion des républicains de gauche, tout en étant plutôt favorable à la réforme, a laissé à cet égard pleine liberté à ses membres.

Le parti radical et radical-socialiste est très divisé. Depuis longtemps partisans du scrutin de liste, les radicaux ont toujours considéré, jusqu'à l'année dernière, qu'une réforme électorale était indispensable à la réalisation de leur programme. Ils s'y étaient montrés favorables à leurs congrès de Marseille (1903), Nancy (1907) et Dijon (1908). A Nancy, le rapport de M. J.-L. Bonnet, favorable à la représentation proportionnelle dont il faisait le plus grand éloge (1), avait même failli être adopté, mais, finalement, sur rapport de M. Bouillard (2), le Congrès s'était rallié au scrutin de liste. En 1909, l'attitude du parti changea complètement : au Congrès de Nantes, qui se tint du 4 au 9 octobre, la Commission se prononça, par 29 voix contre 17, pour le maintien du scrutin d'arrondissement. Le Congrès, encouragé par M. Pelletan, se rangea à cet avis, malgré les efforts de M. Tissier en faveur du scrutin de liste et de M. Bonnet, pour la proportionnelle.

La résolution adoptée déclarait qu'il ne s'agissait pas

---

(1) Voy. son texte dans *La politique radicale*, de M. Ferd. Buisson, p. 383, et suiv.
(2) *Ibid.*, p. 433 et suiv.

d'une question de doctrine, mais plutôt d'un problème d'ordre pratique dont les résultats varient suivant les circonstances.

Les socialistes indépendants sont en grande majorité hostiles à la proportionnelle, tandis que les unifiés lui sont presque tous favorables et l'inscrivent parmi leurs revendications (1).

Lorsque la question vint devant la Chambre, les partis conservèrent la ligne de conduite qu'ils s'étaient tracée.

Il y eut, on se le rappelle, quatre scrutins : le passage à la discussion des articles fut adopté par 382 voix contre 143, le scrutin de liste fut voté par 379 voix contre 142, et la proportionnelle par 281 contre 235. L'ensemble fut rejeté par 225 voix contre 291. Ces scrutins ne peuvent pas servir d'indication, car les votes sont très enchevêtrés.

En comptant parmi les partisans du scrutin d'arrondissement les députés qui votèrent contre le scrutin de liste, puis pour la proportionnelle, et contre l'ensemble, on trouve qu'il y avait à la Chambre : (2)

---

(1) Voyez dans l'*Humanité* du 10 février 1910 le manifeste aux Travailleurs de France, adopté par le Congrès de Nîmes.

(2) Nous avons compté comme partisans du scrutin d'arrondissement les députés qui ont voté contre le passage à la discussion des articles et ceux qui, tout en l'ayant voté, ont voté contre le scrutin de liste et la R. P. (ce sont sans doute les partisans de la représentation proportionnée) ou contre le scrutin de liste, pour la R. P. et contre l'ensemble. Les partisans du scrutin de liste pur et simple sont ceux qui ont voté le passage à la discussion et le scrutin de liste.

Enfin, nous avons compté comme favorables à la R. P. ceux qui ont voté

178 partisans du scrutin d'arrondissement,
70 — du scrutin de liste pur et simple,
18 — du scrutin de liste avec ou sans R. P.,
265 — de la représentation proportionnelle.

Deux députés se sont prononcés uniquement contre la proportionnelle.

Enfin, 222 députés se sont montrés résolument favorables à la représentation proportionnelle (1).

Les 178 partisans du scrutin d'arrondissement comprennent :

    1 conservateur,
    2 libéraux,
    6 progressistes,
  34 républicains et républicains de gauche,
116 radicaux et radicaux-socialistes.
  16 socialistes indépendants,
    3 socialistes unifiés.

Sur ces 178 députés, 36 ont voté le passage à la discussion des articles et peuvent en conséquence être considérés comme favorables à la représentation proportionnée. Ce sont :

le passage, le scrutin de liste et la R. P., et comme résolument favorables ceux qui ont, de plus, voté l'ensemble, malgré le gouvernement.

Cependant, nous avons rangé MM. de Pomereu et Vazeille parmi les proportionnalistes, bien qu'ils aient voté contre le scrutin de liste, et nous avons tenu compte des rectifications de vote.

(1) L'opinion de chaque député est indiquée à l'annexe II.

1 libéral,
4 progressistes,
7 républicains et républicains de gauche,
20 radicaux et radicaux-socialistes,
3 socialistes indépendants,
1 socialiste unifié.

Les 70 partisans du scrutin de liste pur et simple comprennent :

2 libéraux,
8 républicains et républicains de gauche,
56 radicaux et radicaux-socialistes,
3 socialistes indépendants,
1 socialiste unifié.

Les 18 partisans du scrutin de liste avec ou sans R. P. comprennent :

4 conservateurs,
2 républicains de gauche,
12 radicaux et radicaux-socialistes.

Les 265 proportionnalistes se composent de :

41 conservateurs,
13 nationalistes,
27 libéraux,
52 progressistes,
27 républicains et républicains de gauche,
51 radicaux et radicaux-socialistes,
6 socialistes indépendants,
48 socialistes unifiés.

222 députés sont demeurés fidèles à la représentation proportionnelle lors du vote de l'ensemble :

    41 conservateurs,
    13 nationalistes,
    27 libéraux,
    50 progressistes,
    10 républicains et républicains de gauche,
    29 radicaux et radicaux-socialistes,
    4 socialistes indépendants,
    48 socialistes unifiés.

L'attitude de chaque parti à l'égard des différents modes de scrutin peut se résumer dans le tableau suivant (1) :

	SCRUTIN UNINOMINAL		SCRUTIN de liste majoritaire.	SCRUTIN de liste avec ou sans R. P.	R. P.	R. P. (vote de l'ensemble).
	Statu-quo.	représentation proportionnée.				
Conservateurs......	1			4	41	41
Nationalistes.......					13	13
Libéraux..........	1	1	2		27	27
Progressistes......	2	4			52	50
Républicains et républicains de gauche.	27	7	8	2	27	10
Radicaux et radicaux-socialistes........	96	20	56	12	51	29
Socialistes indép...	13	3	3		6	4
Socialistes unifiés...	2	1	1		48	48
Totaux.....	142	36	70	18	265	222

(1) Voy. aussi à ce sujet l'annexe II.

CHAPITRE III

L'AVENIR DE LA REPRÉSENTATION PROPORTIONNELLE

Lorsque l'on passe en revue l'historique parlementaire de la réforme électorale, on est frappé des progrès rapides, soudains de la représentation proportionnelle. Ses débuts, on s'en souvient, furent modestes : en 1875, un discours auquel personne ne prit la peine de répondre, en 1880, une proposition qui ne fut pas rapportée, 58 voix en 1885, puis un sommeil de plus de dix ans qui put faire croire à la disparition de l'idée, enfin, jusqu'en 1902, un défilé de propositions auxquelles on ne prêta guère attention. Depuis cette époque, l'aspect a changé : un groupe favorable s'est constitué à la Chambre, la question a commencé à intéresser, mais elle ne devint véritablement actuelle qu'après les élections de 1906. Les votes de 1909 permettent de mesurer l'étendue du chemin parcouru ; sans l'opposition de M. Briand, la représentation proportionnelle aurait été adoptée par la Chambre.

En dehors du Parlement, les progrès sont également remarquables ; l'idée est maintenant en honneur à l'École de Droit : MM. Berthélemy, Fernand Faure, Gide, Larnaude, Lyon-Caen et Weiss ont signé le manifeste du Comité républicain (extraparlementaire) de la R. P., et les proportionnalistes peuvent encore invoquer l'opinion de MM. Saleilles (1) et G. de Lapradelle (2) ; seul, peut-être, M. Esmein demeure un adversaire irréductible pour la réforme, qu'il considère comme « une illusion et un faux principe (3). »

Les diverses Académies sont aussi largement représentées sur le manifeste du comité extra-parlementaire ; on y remarque MM. Emile Picard, Adolphe Carnot et Painlevé, M. Lavisse, le Dr Bouchard et le Dr Dastre, MM. Eugène d'Eichthal, Fouillée, Anatole Leroy-Beaulieu, Emile Levasseur, Théodule Ribot, Vidal de la Blache, M. Louis Havet.

Les publicistes sont conquis. Si l'on met à part les parlementaires, comme M. Pelletan, les adversaires de la réforme ne sont pas nombreux ; les plus marquants sont MM. Émile Ollivier (4) et Hanotaux (5). M. Hanotaux défend le scrutin de liste ; M. Em. Ollivier, partisan du système majoritaire, car « l'idéal serait un Parlement sans minorité » se prononce pour le maintien du scrutin uninominal

---

(1) La représentation proportionnelle, *Revue de droit public*, 1898, p. 215 et 385.
(2) A son cours.
(3) *Éléments de droit constitutionnel*, 5e édit., p. 273.
(4) *Figaro* du 10 février 1910.
(5) *Journal* des 11 et 25 novembre, 23 décembre 1909.

avec péréquation des circonscriptions et suppression du ballottage. D'après lui, la réforme devrait être complétée par l'institution du référendum pour les lois constitutionnelles, et, lorsque 200.000 électeurs le demanderaient, pour les autres.

Pour gagner à la représentation proportionnelle les masses populaires, le groupe parlementaire de la réforme électorale a entrepris une campagne de réunions publiques, dont la première eut lieu à Paris, le 2 mars 1907, aux sociétés savantes, rue Danton. Depuis cette époque, beaucoup de conférences ont été données, surtout en 1909 : à Pontoise, le 20 février 1910, M. Charles Benoist déclarait qu'il en était à sa 66ᵉ ou 67ᵉ réunion.

Les réunions les plus importantes ont eu lieu à Paris, les 27 octobre, 6 et 18 novembre, 1ᵉʳ et 17 décembre ; à Clichy, le 22 octobre ; au Grand-Montrouge, le 31 ; à Asnières, le 25 novembre ; à Nîmes, le 4 décembre. Le 5 janvier, le groupe était à Narbonne, le 7, à Montpellier, le 9 à Roanne ; le 6 février, il triomphait à Lyon et le 27 à Lille où une expérience pratique fut tentée avec succès. A Clichy, les auditeurs étaient 4.000 ; à Paris, au manège Saint-Paul (1ᵉʳ décembre), 5.000 ; à Lyon, 7.000, et M Charles Benoist assure que tous les citoyens auxquels ses collaborateurs et lui se sont adressés, ont toujours compris le mécanisme de la proportionnelle !

Ces conférences ont toujours eu le plus vif succès ; elles ne prenaient jamais, il est vrai, une allure politique, car les orateurs, chargés de convertir les foules à l'idée nouvelle, étaient choisis dans tous les partis. En général, M. Benoist représentait les progressistes, M. Buisson, les radicaux-socialistes, MM. Jaurès ou Varenne, les unifiés.

La réforme a pénétré également dans le corps électoral, grâce à la distribution de nombreuses brochures ; cependant les proportionnalistes ne doivent pas se faire d'illusions : un certain nombre d'électeurs savent peut-être vaguement en quoi consiste le principe, mais la très grande majorité du corps électoral, encore imbue du préjugé majoritaire, ignore tout de son fonctionnement. Nous avons rencontré souvent des personnes fort instruites, qui, tout en étant favorables à la proportionnelle, avouaient franchement qu'elles avaient eu certaines difficultés à en comprendre le mécanisme ; à plus forte raison en sera-t-il de même dans l'ensemble du corps électoral et M. Charles Benoist, semble-t-il, avait vu juste, lorsqu'il écrivait en 1895 :

« Que voulez-vous que dise à la moyenne des électeurs le système de la concurrence des listes avec double vote simultané ? Et le diviseur commun, à des gens qui ne comptent que péniblement sur leurs doigts, et parmi lesquels il en est et il en sera longtemps encore beaucoup qui ne savent ni lire ni écrire ? C'est pour eux comme un grand cliquetis de mots inconnus dans une épaisse nuit (1) ».

(1) *La crise de l'État moderne, de l'organisation du suffrage universel*, p. 141.

Un fait est certain : dans les campagnes, même rapprochées des grandes villes, tout reste à faire.

Ce n'est d'ailleurs pas une considération de cette nature qui arrêtera le Parlement, s'il lui plaît un jour de voter la représentation proportionnelle ; aussi, pour mesurer les chances de la réforme, ce n'est pas l'état d'esprit du corps électoral, c'est celui du Parlement qu'il faut considérer.

D'après une statistique dressée par le groupe extra-parlementaire, 4.687.327 électeurs ont voté le 24 avril 1910, pour des candidats favorables à la représentation proportionnelle, 3.202.484 pour des candidats hostiles, et 348.589, pour des candidats douteux (1). Ces chiffres sont éloquents ; il ne faut pas, toutefois, en tenir un trop grand compte, car dans un certain nombre de circonscriptions, **tous** les candidats étaient proportionnalistes.

En tout cas, les élections ont été favorables à la réforme électorale. Voici, d'après « l'Association de défense des classes moyennes » ce que sont devenus les députés qui avaient pris part au scrutin du 8 novembre **1909**.

Sur les **235** qui avaient voté contre la R. P, 81 ont été

---

(1) Suivant le ministère de l'Intérieur, les voix des électeurs se sont ainsi réparties : candidats n'ayant pas fait allusion à la réforme électorale, 1.259.488 — favorables au *statu quo*, 355 987 — à la péréquation des circonscriptions, 520.211 — au scrutin de liste, 776.324 — à la R. P , 4 442.800 — au principe de la réforme, 1.162.333.

battus ou remplacés, dont 60 par des proportionnalistes.

Sur les 225 députés qui avaient finalement voté pour la R. P. 31 ont été battus par des adversaires de la réforme, et 37 ont été remplacés par d'autres proportionnalistes.

Sur les 56 qui avaient changé de position entre le premier et le second scrutin, 19 ont été battus ou remplacés par 12 proportionnalistes, 5 anti-proportionnalistes, et 2 douteux.

Les proportionnalistes auraient donc gagné au moins 41 sièges.

Suivant la même association, ils seraient 327 ; M. Charles Benoist en compte 315 au moins, sans compter les douteux qui se rallieront à la majorité.

La statistique du ministère de l'Intérieur est plus modeste, bien entendu. D'après elle, sur 594 députés proclamés élus :

N'ont pas fait allusion à la réforme électorale.	103
Se sont déclarés partisans du *statu quo*	35
Se sont déclarés partisans de la péréquation des circonscriptions	31
Se sont déclarés partisans du scrutin de liste pur et simple.	62
Se sont déclarés partisans du scrutin de liste avec R. P.	271
Se sont déclarés partisans du principe de la réforme électorale	92

Ces résultats sont nettement favorables à la représentation proportionnelle et font présager son adoption prochaine par la Chambre des députés. Le Gouvernement inscrit à nouveau la réforme électorale, en tête de son programme, dont elle fait d'ailleurs partie depuis quatre ans.

Il ne semble plus y avoir qu'une ombre au tableau : l'attitude douteuse du Sénat. La Haute Assemblée se rangera sans doute à l'opinion du Ministère ; il ne faut pas toutefois oublier que le groupe de M. Combes, la gauche démocratique, radicale et radicale-socialiste, qui comprend plus de la moitié des Sénateurs s'est, au début de l'année, prononcée à l'unanimité contre la représentation proportionnelle.

QUATRIÈME PARTIE

La pratique de la réforme électorale

CHAPITRE I

CRITIQUE DES DIFFÉRENTS SYSTÈMES DE REPRÉSENTATION PROPORTIONNELLE

Le reproche adressé le plus souvent à la représentation proportionnelle, a été condensé par M. Charles Benoist lorsqu'il était un de ses plus brillants adversaires :

« Trop de systèmes et pas un bon ; trop de formules et pas une brève, nette, incisive et impérative ; des théorèmes, des démonstrations, des divisions de divisions, et comme de l'extrait concentré, de la quintessence d'arithmétique (1) ».

---

(1) *La crise de l'État moderne, l'organisation du suffrage universel*, p. 142.

Et, de fait, les systèmes, instruments délicats, donnent souvent des résultats incertains.

Les plus simples, le vote limité et le vote cumulatif, n'ont pas en vue la représentation proportionnelle proprement dite, ils visent simplement à une certaine représentation des minorités ; ils pourraient néanmoins constituer une amélioration sur les scrutins majoritaires, en atteignant le but qu'ils se proposent, si modeste soit-il. Mais les résultats qu'ils donnent dépendent souvent du hasard et de la tactique plus ou moins habile des partis.

1. Vote limité

Le vote limité, on se le rappelle, consiste en ce que, s'il y a, par exemple, quatre députés à élire, chaque électeur ne puisse voter que pour trois candidats. Normalement, le quatrième siège devrait revenir à la minorité ; or, une majorité qui manœuvre habilement peut exclure une minorité, même assez forte.

Supposons encore (1) deux partis disposant respectivement de **12.500** voix et de **8.000**. La majorité peut répartir ses votes sur quatre noms et priver ainsi la minorité de tout représentant. Le résultat sera :

---

(1) Ci-dessus, p. 29.

A : 9.400 voix, élu.   A' : 8.000 voix.
B : 9.400 — —   B' : 8.000 —
C : 9.400 — —   C' : 8.000 —
D : 9.300 — —

Mais la majorité peut avoir trop présumé de ses forces ; si, comptant sur 12.000 voix, elle n'en obtient en réalité que 11.000, et si la minorité en a 8.500, elle n'aura qu'un siège sur quatre :

A : 8 250 voix, élu.   A' : 8.500 voix, élu,
B : 8,250 —   B' : 8.500 — —
C : 8.250 —   C' : 8.500 — —
D : 8.250 —

2° Vote cumulatif

Les résultats du vote cumulatif ne sont pas plus sûrs ; ils dépendent aussi, en grande partie, de la connaissance plus ou moins exacte que chaque liste a de ses forces.

Soient encore (1) une majorité de 12.500 et une minorité de 8.000 électeurs. Les premiers n'usent pas du vote cumulatif, les seconds, au contraire, jettent leurs voix sur trois noms : la majorité n'aura que deux sièges alors que la minorité en obtiendra trois, s'il y a cinq députés à élire :

(1) Ci-dessus, p. 30.

A : 12.500 voix, élu.   A' : 13.334 voix, élu.
B : 12.500 — —   B' : 13.333 — —
C : 12.500 —   C' : 13.333 — —
D : 12.500 —
E : 12.500 —

C'est affaire de chance : si la minorité, dans le cas précédent, avait cumulé ses voix sur quatre noms, elle aurait été complètement exclue, au lieu d'avoir la majorité. En effet :

A : 12.500 voix, élu,   A' : 10.000 voix.
B : 12.500 — —   B' : 10.000 —
C : 12.500 — —   C' : 10.000 —
D : 12.500 — —   D' : 10.000 —
E : 12.500 — —

D'autre part, la minorité aurait pu ne voter que pour deux noms. Ainsi, suivant la tactique adoptée, elle peut avoir deux sièges, trois sièges, ou rien.

Pour remédier à ces inconvénients, M. Naville, le distingué proportionnaliste suisse, a proposé de joindre au vote cumulatif le transfert légal des suffrages, d'après une liste de préférence établie par les candidats. Cette réforme a l'inconvénient de permettre aux députés d'en désigner d'autres ; c'est une entrave à la liberté du vote, mais il serait facile d'y remédier en ajoutant les voix de l'élu à celles de celui qui vient ensuite.

Le vote cumulatif, grâce à sa simplicité, a conquis de

nombreuses sympathies, même, et peut-être surtout, parmi les adversaires de la représentation proportionnelle, car il repose également sur un principe autre que celui de la représentation des minorités. On peut le considérer comme le scrutin de liste, porté à son maximum de liberté, puisque chaque électeur a autant de suffrages qu'il y a de députés à élire et qu'il peut en disposer à son gré, soit en les attribuant tous à un même candidat, soit en les répartissant sur plusieurs noms.

De plus, il a l'aspect d'un scrutin majoritaire : sont élus, en effet, les candidats qui réunissent le plus grand nombre de voix ; aussi serait-il facilement compris des électeurs.

Mais, en revanche, ce système, où la valeur de chaque vote est grande, excite à la corruption.

3° Vote gradué

Le vote gradué, où tout dépend de l'ordre des candidats sur les listes, a l'inconvénient de donner un pouvoir exorbitant aux comités, si on leur permet de dresser les listes, ou d'être compliqué à l'égard de l'électeur, s'il veut voter consciencieusement. Il doit en effet réfléchir que son vote vaut 1 pour le nom inscrit en tête de sa liste et qu'il vaut seulement 1/5 pour le cinquième nom ; il lui faut donc peser les mérites des divers candidats. S'il ne le fait pas, s'il vote au hasard, le système ne remplit pas son but, il est faussé.

4° Quotient et liste de préférence

A première vue, le système paraît simple et juste. Il semble naturel que, lorsqu'un candidat a déjà réuni le quotient électoral nécessaire pour être élu, on ne tienne plus compte de son nom, et que les votes à lui destinés profitent au candidat que l'électeur a porté en deuxième ligne sur son bulletin, et ainsi de suite.

Cependant, en réalité, le système est impraticable. Non seulement, si les circonscriptions sont étendues et les candidats nombreux, le dépouillement est long et compliqué, mais encore les résultats dépendent de l'ordre dans lequel il est effectué, c'est-à-dire du hasard.

Supposons un quotient électoral de 10.000 voix; A est porté en première ligne sur 20.000 bulletins, X est inscrit en seconde ligne sur une moitié de ces bulletins, Y sur l'autre moitié. Suivant que l'on commence le dépouillement par les bulletins qui portent X ou Y en deuxième ligne, c'est Y ou X qui est élu.

C'est une objection irréfutable et les partisans du système en sont réduits à répondre qu'en mêlant bien les bulletins avant le dépouillement, on peut supprimer en partie l'influence du hasard.

5° Les systèmes scientifiques
Concurrence des listes et système d'Hondt

On reproche au système de la concurrence des listes de rendre la répartition des sièges difficile : en général, la somme des voix obtenues par les listes n'est pas divisible exactement par le quotient d'élection et un ou plusieurs sièges peuvent demeurer non pourvus.

La question se pose alors de savoir à quelles listes on va les attribuer. M. Charles Benoist, qui est défavorable à ce système « dont le nom seul a l'on ne sait quoi qui n'attire pas » (1), paraît bien embarrassé :

« A qui et comment les donner? Au bénéfice de l'âge? Au sort? Au parti le plus favorisé? Au parti le moins favorisé? A la liste qui a le plus fort total? A celle qui a le plus fort reste? Ce sont là des expédients qui s'éloignent trop de la justice et de la vérité rêvées, qui font, au dernier pas, retomber dans le relatif, dans le contingent, dans l'empirisme, dans l'arbitraire que l'on fuyait, et dont certains ne constituent guère moins qu'une contradiction avec le principe même de la représentation proportionnelle » (2).

Le jugement est sévère, et la condamnation est peut-être injuste, puisqu'il est entendu que, dans la représentation

---

(1) *La crise de l'État moderne, de l'organisation du suffrage universel*, p. 132.
(2) *Ibidem*, p. 134.

proportionnelle, jusqu'à présent, tout est relatif et rien n'est parfait.

Lorsqu'il parle aux foules de la réforme électorale, M. Benoist appuie son affirmation en disant : « Nous ne voulons pas de la concurrence des listes, parce qu'avec ce système, le dépouillement finit par des coups ». C'est ainsi que l'apôtre de la proportionnelle convertit au système d'Hondt.

Dans son rapport au nom de la Commission du suffrage universel, il cite un exemple : à Vallemaglia, dans le Tessin, il y avait à répartir cinq sièges. Les conservateurs obtinrent 614 voix et les radicaux, 399. Le quotient électoral était de 1.013, chiffre total des voix, divisé par cinq, soit 202. Les conservateurs devaient donc avoir trois sièges et trois centièmes et les radicaux un siège et quatre-vingt dix-sept centièmes. Comme il était entendu que les sièges en excédent iraient au parti le plus fort, les conservateurs obtinrent quatre sièges et les radicaux, un seul. Des cas semblables se produisirent dans la région, et M. Benoist ajoute :

« On ne poussa pas plus loin cet essai malheureux, et le canton du Tessin s'empressa de recourir au système d'Hondt légèrement modifié ».

Il n'est pas difficile de proclamer la fausseté d'un système, en se fondant sur un exemple où il est délibérément faussé ; or, tel est le cas.

Il est clair que le système de la concurrence des listes

ne peut donner des résultats relativement satisfaisants que si les sièges en excédent ne sont pas attribués d'une manière fantaisiste. Puisque son principe repose sur une répartition proportionnelle aux voix obtenues, il ne doit pas y avoir d'hésitation, il est indiscutable, bien que M. Benoist soit, au moins officiellement, d'un avis contraire, que l'attribution des sièges non pourvus doit être faite aux plus gros restes. C'est une règle de mathématique et de justice. S'il y a cinq députés à élire et qu'un parti ait droit à trois sièges et un quart, et l'autre, à un et trois quarts, on est conduit à accorder trois sièges au premier et deux au second, car ce sont les nombres entiers qui s'écartent le moins des nombres fractionnaires exprimant le partage exactement proportionnel.

Si, comme dans l'exemple que M. Charles Benoist invoque, une loi électorale, dans le but de favoriser un parti, décide le contraire et fausse le système, on ne saurait reprocher à ce dernier de donner des résultats inexacts. Et de même, si un pays qui répartit les sièges de députés suivant les règles du diviseur commun, convenait de renforcer artificiellement la majorité, en lui ajoutant des voix supplémentaires, prétendrait-on pour cela que le système d'Hondt est faux ?

Le système d'Hondt, M. La Chesnais le montre (1), n'a pas en vue, comme celui de la concurrence des listes, la

---

(1) *Revue scientifique* du 9 février 1907, p. 162 et suiv.

représentation proportionnelle des partis, il donne la répartition proportionnelle des sièges entre les partis, ce qui n'est pas la même chose : le problème de la représentation proportionnelle « recherche la solution approchée qui donne les nombres s'écartant le moins possible des résultats fractionnaires exacts. » Celui de la répartition proportionnelle, au contraire, « recherche la solution approchée pour laquelle les répercussions des résultats sur chaque groupe ont entre elles le plus petit écart possible. »

Supposons 100.000 électeurs, 10 députés à élire et quatre partis A, B, C, D qui obtiennent respectivement 31.136, 40.060, 23.124 et 5.680 voix. Il faut partager les dix sièges entre les quatre listes, proportionnellement au nombre de leurs partisans. Voici le résultat :

$$\text{Liste A} : \frac{31.136}{10} = 3,11$$

$$\text{Liste B} : \frac{40.060}{10} = 4$$

$$\text{Liste C} : \frac{23.124}{10} \; 2,31$$

$$\text{Liste D} : \frac{5.680}{10} = 0,56$$

Les listes auront donc respectivement 3, 4, 2 et 0 députés. Mais un siège reste en suspens.

S'il s'agit de représentation, il faut choisir les nombres

entiers qui s'écartent le moins des nombres fractionnaires 3,11 ; 4,00 ; 2,31 et 0,56. On doit donc donner le dixième élu au quatrième parti. C'est le système de la concurrence des listes. S'il s'agit de répartition, au contraire, il faut chercher l'augmentation absolue de charge que subit le résultat trouvé, lorsqu'on accorde à chaque liste un élu de plus, et le comparer au nombre de partisans de cette liste. La liste pour laquelle on trouvera le plus petit quotient aura droit à un député de plus.

Les nombres 4 ; 5 ; 3 et 1 correspondent aux augmentations absolues 0,89 ; 1 ; 0,79, 0,44, et l'on a :

$$\frac{0,89}{31.136} = 0,000028 \qquad \frac{1}{40.060} = 0,000024$$

$$\frac{0,79}{23.124} = 0,000034 \qquad \frac{0,44}{5.680} = 0,000077$$

La plus petite augmentation relative correspond au parti B. La répartition la plus équitable consistera donc à donner 3 sièges à la liste A, 5 à la liste B, 2 à la liste C et 0 à la liste D.

Ce système est le système d'Hondt ; il donne les résultats suivants :

A 31.136	B 40.060	C 23.124	D 5.680
15.568	20.030	11.062	
10.378	13.353	7.708	
7.784	10.015		
	8.012		

Le chiffre répartiteur, 8.012, donne bien 5 députés à la liste B, 3 à la liste A, 2 à la liste C, et 0 à la liste D.

Or la représentation proportionnelle, son nom même l'indique, a pour but de donner à chaque parti un nombre de représentants aussi rapproché que possible du nombre auquel lui donne droit le chiffre de ses partisans. Il est certes désirable que les résultats obtenus s'écartent le moins possible d'une répartition équitable, mais la juste répartition ne doit pas déterminer la solution, elle n'en doit être que la conséquence souhaitable.

Si la pratique était favorable au système d'Hondt, on pourrait passer condamnation sur la distinction un peu subtile que nous venons d'examiner, mais il ne semble pas en être ainsi. Le système des plus grands restes comporte moins de suffrages inefficaces que le système d'Hondt, car ce sont les excédents de voix les plus faibles qui sont inefficaces pour les listes qui les ont obtenus et sont transférés à celles dont les restes se rapprochent le plus du quotient électoral. Reprenons l'exemple que nous avons cité plus haut :

Les sièges sont répartis comme s'il y avait eu :

Système d'Hondt :

$$31.136 - 1.136 = 30.000 \text{ voix} = 3 \text{ sièges}$$
$$40.060 + 9.940 = 50.000 \text{ voix} = 5 \text{ sièges}$$
$$23.124 - 3.124 = 20.000 \text{ voix} = 2 \text{ sièges}$$
$$5.680 - 5.680 = 0 \text{ voix} = 0 \text{ siège.}$$

Système des plus grands restes :

31.136 — 1.136 voix = 30.000 voix = 3 sièges
40.060 —   60 voix = 40.000 voix = 4 sièges
23.124 — 3.124 voix = 20.000 voix = 2 sièges
 5.680 + 4.320 voix = 10.000 voix = 1 siège.

Dans le système d'Hondt, il y a 9.940 voix inefficaces, alors qu'il n'y en a que 4.320 dans le système Suisse des plus grands restes.

De plus, avec le système Suisse, une liste, dans une circonscription, ne peut jamais bénéficier d'un avantage dépassant une fraction de siège ; il n'en est pas ainsi avec le système d'Hondt, où un parti peut obtenir, souvent un siège en plus, et quelquefois davantage. Ainsi, soient trois listes, cinq sièges à répartir ; la liste A réunit 37000 voix, la liste B, 7000, et la liste C, 6000. Avec le système d'Hondt, la liste A obtient les cinq sièges.

En outre, le système Suisse ne favorisant aucun parti, il s'établit entre les circonscriptions des compensations, impossibles avec le système d'Hondt qui transfère toujours et inévitablement aux partis les plus forts les suffrages inférieurs à son chiffre répartiteur et finit ainsi par opprimer les minorités dans l'ensemble du pays.

Cependant le système des plus grands restes a un inconvénient : en favorisant les listes faibles, il incite à la division des partis, mais, sur ce point, le système d'Hondt ne vaut guère mieux, car, en avantageant les listes fortes, il peut provoquer des coalitions.

Enfin, pour la France, l'adoption du système Suisse serait certainement préférable : les nuances seraient sauvegardées et l'on ne courrait pas le risque, comme avec le système d'Hondt, d'aboutir, lors de la répartition des sièges, à la représentation exclusive des grands partis.

Cependant, la Commission du suffrage universel s'est ralliée au système belge, au système d'Hondt, et c'est lui qui, à l'heure actuelle, semble avoir le plus de chances de l'emporter (1).

II

La structure d'un système de représentation proportionnelle est déjà compliquée, mais combien plus délicat encore est le mécanisme interne, où il faut concilier autant que possible des choses qui, tout d'abord, paraissent inconciliables, la simplicité et la précision notamment !

Aussi les propositions sont-elles en perpétuel devenir et essayent-elles de remédier peu à peu au divers inconvénients qu'elles renferment.

---

(1) En pratique, les deux systèmes peuvent aboutir à des résultats également choquants : supposons par exemple 3 députés à nommer, 31.500 votants et 5 listes ayant obtenu respectivement 14.000, 4.600, 4.500, 4.400 et 4.000 voix. Si l'on répartit les sièges suivant le système d'Hondt, la première liste a tous les sièges : 14.000 électeurs ont tout, et 17.500 n'ont rien. Si l'on procède selon le système des plus grands restes, les trois premières listes ont chacune un député, ce qui donne à 9.100 électeurs deux fois plus d'élus qu'à 14.000.

Les premières propositions contemporaines, celles de M. Dansette, adoptent le système de la concurrence des listes.

Dans sa proposition du 25 juin 1896, seules les listes homogènes, les listes bloquées, sont admises pour la répartition proportionnelle des sièges; les listes panachées, c'est-à-dire comprenant des noms empruntés à diverses listes, servent simplement au classement des candidats. Bien entendu, comme dans tout système de représentation proportionnelle, les listes doivent être déclarées à l'avance.

Pour faire respecter la volonté des électeurs ayant apporté leur concours politique à la liste et empêcher l'intervention d'autres partis dans la désignation des candidats, ceux-ci peuvent indiquer l'ordre dans lequel ils entendent être proclamés élus, au cas où leur liste aurait droit à un ou plusieurs sièges.

Les députés sont attribués à chaque liste, proportionnellement aux chiffres généraux obtenus par chacune d'elles, et en cas de restes, aux restes les plus forts; mais, pour avoir droit à une représentation, une liste doit obtenir un chiffre général de voix permettant de lui attribuer un député par 5 sièges; deux, de 5 à 10; trois, de 11 à 15; quatre, de 15 à 20; cinq, de 20 à 30 et six au delà. La répartition se fait entre les listes ayant réuni ces conditions; si aucune n'obtient de chiffre suffisant, il y a ballottage.

Dans sa proposition du 8 novembre 1900, M Dansette n'impose plus aux électeurs de voter, sous peine de perdre leur suffrage, pour la liste, telle que l'a composée le parti. Il admet que les listes panachées concourent à la répartition proportionnelle des sièges, à condition qu'elles portent en tête le titre d'une des listes en présence et que la majorité des noms appartienne à cette liste. Ainsi la liberté de l'électeur était sauvegardée dans une certaine mesure.

Pour la répartition, un quotient supérieur à 1/2 donne droit à un siège ; si plusieurs listes réunissent cette condition, on donne la préférence au candidat ayant obtenu le plus de suffrages.

La proposition de 1902 n'accorde plus aux candidats d'une liste le droit de fixer l'ordre dans lequel ils entendent être proclamés. Cette disposition offre, nous l'avons vu, certains avantages, mais elle a l'inconvénient de donner aux candidats un pouvoir qui ne doit appartenir qu'aux électeurs.

Enfin, en 1903, M. Dansette modifie son mode de répartition : il n'exige plus, comme dans ses précédentes propositions, qu'une liste ait obtenu, pour avoir droit à représentation, un chiffre de voix permettant de lui attribuer un député par 5 sièges ; deux, de 5 à 10... etc., le procédé est plus simple : pour qu'une liste ait droit à un député, il faut qu'elle atteigne le quotient, c'est-à-dire le produit de la division des suffrages exprimés par le nombre des **députés à élire. Au delà du quotient, les fractions supé-**

rieures de moitié donnent droit à un siège. Ainsi, ne participent à la répartition que les listes ayant le quotient électoral ; si aucune ne l'atteint, on procède à un second tour de scrutin.

Dans toutes ces propositions, les élections partielles sont supprimées et les députés, décédés ou démissionnaires, automatiquement remplacés par les candidats non proclamés de leur liste, dans l'ordre de leur nombre de voix.

Les propositions favorables au système d'Hondt, plus récentes, sont plus compliquées.

Certaines dispositions sont communes à toutes les propositions : les listes, composées par les partis, doivent être déposées, entre les mains de l'administration, quelques jours avant les élections; nul ne peut figurer sur plus d'une liste ; les élections partielles sont supprimées, en règle générale, par l'institution des députés suppléants : il n'y a plus de ballottage, tous les résultats sont acquis dès le premier tour de scrutin, quelque soit le nombre de voix respectif des partis.

Sont élus, sur chaque liste, jusqu'à concurrence du nombre de sièges auquel elle a droit, les candidats qui ont obtenu le plus de voix. M. Louis Martin toutefois, dans sa proposition du 12 juin 1906, permet aux candidats de décider, en faisant leur déclaration de candidature, que la répartition aura lieu dans un autre ordre.

Mais les propositions varient beaucoup sur la liberté

à accorder à l'électeur pour l'expression de son vote.

En Belgique, le panachage est rigoureusement interdit; tout bulletin modifiant une liste par changement ou retranchement de noms est nul. On permet uniquement à l'électeur de désigner le candidat qu'il préfère, en noircissant un **point blanc**, en face de son nom ; s'il accepte l'ordre de préférence donné aux candidats par le comité qui a dressé la liste, il l'indique en noircissant un point placé en tête de la liste.

On tient compte de ces indications lors de la répartition des sièges entre les candidats d'une même liste.

La proposition Louis Mill (8 juin 1903) admet, comme la loi belge, **le système de la liste bloquée**, mais, pour éviter **de donner un pouvoir trop grand aux comités, les candidats sont inscrits par ordre alphabétique et l'électeur est invité à souligner les noms** qu'il préfère jusqu'à concurrence du nombre fixé par la loi (1). Si personne n'exerçait ce droit, les députés seraient élus au bénéfice de l'âge.

M. Charles Benoist ne veut pas enchaîner aussi étroitement l'électeur et n'admet pas l'annulation pure et simple des bulletins sur lesquels la liste déclarée a été modifiée par addition ou suppression de noms. Ce procédé empêche peut-être certaines intrigues, mais il donne encore un pouvoir excessif aux comités.

(1) Art. 7 : « L'électeur... établit le classement des candidats dans la liste de son choix en soulignant par un trait plein au crayon noir ou à l'encre noire, sur une liste imprimée ou manuscrite *rigoureusement conforme à la liste déclarée*, les noms à qui il donne la préférence... »

La modification envisagée par M. Benoist n'apporte qu'une amélioration très minime : le bulletin panaché ne compte pas comme vote de liste, mais seulement comme vote isolé en faveur de chacun des candidats qui y figurent (art. 18). C'est le système admis par M. Dansette dans ses propositions de 1896 et de 1906.

M. Flandin, dans son contre-projet du 14 juin 1905, et dans sa proposition du 8 novembre 1906, est beaucoup plus libéral ; il admet le panachage. Art. 6 : « Chaque suffrage, attribué à un candidat, est compté à titre d'unité : 1° Comme suffrage individuel au profit du candidat nominativement désigné, 2° comme suffrage de liste au profit de la liste à laquelle appartient le candidat. Si l'électeur inscrit sur son bulletin un nombre de candidats inférieur à celui des députés à élire, mais appartenant à une seule et même liste, cette liste bénéficiera d'un nombre de suffrages égal à celui des députés qui sont à élire. »

M. Massabuau, dans sa proposition du 28 novembre 1905, critique à la fois la proposition de la Commission et le contre-projet Flandin : la Commission, en interdisant le panachage, fait un acte d'hostilité envers les électeurs qui montrent le plus d'observation personnelle et le moins d'esprit de parti. En outre, un candidat isolé, indépendant, ne pourrait jamais réussir à se faire élire : il n'obtiendrait jamais assez de bulletins valables, c'est-à-dire d'électeurs consentant à ne voter que pour lui seul. — Quant au contre-projet Flandin, bien qu'il admette le panachage, il est encore défavorable aux candidats isolés : en effet, si dans une liste, deux noms sont rayés et non remplacés, ils bénéficient à la liste ; il n'en est plus de même si un des deux noms est remplacé. Il en résulte que l'électeur qui introduit dans sa liste des noms étrangers, ne peut plus marquer ses préférences par radiations, sous peine de faire perdre des voix à son parti ; ainsi un candidat isolé sera empêché, par l'addition d'un seul nom d'une liste concurrente, de bénéficier d'un vote de liste.

Pour remédier à cet inconvénient, il propose la disposition suivante : Article 6, « chaque suffrage attribué à un candidat est compté à titre d'unité : 1° comme suffrage individuel au profit du candidat nominativement désigné ; 2° comme suffrage de liste au profit de la liste à laquelle appartient le candidat. En outre, tout bulletin de vote imprimé ou manuscrit portant un numéro de liste et contenant au moins un des noms de la liste ainsi désignée, la fera bénéficier de tous les autres suffrages restant à attribuer pour atteindre le nombre de députés à élire, et dont l'électeur n'aura pas disposé au profit des candidats d'une autre liste. »

Le rapport de M. Étienne Flandin, auquel se rallièrent tous les auteurs des diverses propositions, consacre la liberté de l'électeur, qui peut composer sa liste comme il l'entend. Tout vote individuel émis en faveur d'un candidat est en même temps suffrage de liste et sert à déterminer la masse électorale de la liste à laquelle il appartient, c'est-à-dire la base de la répartition des sièges.

En faveur des candidatures isolées, le rapport introduit le vote cumulatif. L'électeur peut disposer de ses suffrages comme il l'entend, il peut les répartir sur plusieurs noms ou les répartir sur un seul. Les indépendants ne sont donc plus sacrifiés (1).

Ainsi, les propositions françaises se sont dégagées peu à peu de la loi belge qui, sous prétexte d'obliger l'électeur à émettre avant tout un vote de parti, lui ôte toute liberté et l'asservit aux comités. Mais cet affranchissement facilite la fraude, et beaucoup sont hostiles au vote cumulatif qui, en augmentant la valeur du vote excitera davantage l'électeur à le vendre.

(1) Pour se rendre compte de l'ensemble du mécanisme de la représentation proportionnelle, voir à l'annexe I la proposition de la Commission du suffrage universel (rapport Et. Flandin).

CHAPITRE II

COMPARAISON DES ARGUMENTS DONNÉS POUR ET CONTRE LA RÉFORME ÉLECTORALE

Les partisans des divers modes de votation citent de multiples arguments à l'appui de leur théorie, mais si on les rapproche, si on les compare, on ne tarde pas à s'apercevoir qu'un certain nombre d'entre eux sont communs à tous les systèmes. On invoque la tradition républicaine, parce qu'elle est douteuse ; on parle de la candidature officielle, de la corruption électorale, de l'abaissement du personnel parlementaire. Ces arguments là, tout le monde les accapare, et cependant personne ne devrait s'en servir.

Les proportionnalistes prétendent qu'avec la proportionnelle, la pression et la corruption pourront tout au plus déplacer un siège dans chaque département et que l'espérance d'un résultat aussi maigre ne les encouragera guère. Cet argument ressemble fort à une illusion : pour minime qu'il soit, l'enjeu en vaut encore la peine, un siège gagné dans cinquante départements peut assurer à un parti une majorité respectable et la République, il ne faut pas l'oublier, a été votée à une seule voix de majorité. Quant au scrutin de liste majoritaire, malgré l'affirmation contraire de ses partisans, il entraîne, plus encore que le scrutin uninominal, la candidature officielle, la corruption électorale; avec lui, en effet, de quelques voix déplacées ne dépend plus seulement un siège, mais parfois le sort de toute une liste.

Et l'abaissement du personnel parlementaire, tant reproché au scrutin d'arrondissement? En 1885, le scrutin de liste devait amener les grands hommes à la Chambre; or, cette législature, qu'a-t-elle fait de remarquable? Rien... sinon d'avoir précipitamment rétabli le scrutin d'arrondissement. En réalité l'abaissement du niveau parlementaire ne tient pas au mode de votation, il tient à la mentalité des électeurs, à l'instinct qui pousse les foules à préférer les démagogues aux candidats plus honnêtes, plus travailleurs, mais moins bruyants et plus ternes.

Il en serait donc sans doute de même avec la représentation proportionnelle, et l'élite des partis ne siégerait pas encore à la Chambre, à moins que l'on entende par élite, ceux qui parlent le mieux et qui promettent le plus.

D'autres arguments encore ne portent pas : on reproche au député d'arrondissement d'être, au lieu du représentant de la France, le mandataire d'un pays particulier et l'on accuse en même temps le scrutin uninominal de n'offrir aux minorités, en guise de représentation, que des compensations injustifiables. Il y a une contradiction : si le député appartient à la France, la minorité non représentée d'un arrondissement doit se contenter d'être représentée dans un autre arrondissement où son opinion est en majorité.

Avec le scrutin uninominal, dit-on encore, l'électeur vote pour un homme et non, comme il le devrait, pour des principes. Mais si l'électeur vote pour un homme qu'il connaît bien, qu'il croit digne, au lieu de voter pour des idées qu'il ne connaît guère, c'est tant mieux. On ne lui demande pas de juger les problèmes innombrables qui se posent, on lui demande de nommer quelqu'un qui soit capable de les résoudre. On a si bien compris cette nécessité du lien entre l'électeur et l'élu que, le plus souvent, le scrutin de liste est simplement un pastiche du scrutin d'arrondissement : les députés élus par le département le découpent ; chacun s'en attribue un morceau, et ce morceau sera sa chose, son fief et il en sera le commissionnaire ; s'il ne le devient pas, il nuira à sa liste, à son parti, il sera un mauvais remorqueur, et son comité l'exclura. La représentation proportionnelle, en empêchant les listes de passer entières, entravera sans doute ces combinaisons, mais il est permis de se demander si le remède ne sera pas pire que le mal. Qui sait si des arrondissements, sacrifiés dans la répartition des sièges, ne feront pas bloc, non contre telle opinion, mais contre tel arrondissement injustement privilégié, d'après eux ?

Le scrutin d'arrondissement, dit-on enfin, fausse l'essence même du régime : les députés, au lieu d'être les représentants de la France, sont les commissionnaires de leurs électeurs, ils assiègent les ministres et, en échange des services qu'ils obtiennent d'eux, ils leur accordent leur confiance. C'est une perpétuelle immixtion du pouvoir législatif dans l'exécutif. — Avec le scrutin de liste majoritaire, l'inconvénient subsiste et s'aggrave : au lieu d'avoir des commissionnaires d'arrondissement, on a des commissionnaires de département : les électeurs, pour plus de sûreté, mettent en mouvement toute la liste, et les ministres, au lieu d'être assiégés par un seul député, le sont par toute une députation (1). Avec la représentation proportionnelle, il en sera sans doute de même : comme il s'agit, avant tout, d'arriver en ordre utile sur la liste, les députés chercheront à s'attacher leurs électeurs, et ils seront encore bien aises, dans ce but, de leur rendre le plus de services possibles.

S'il n'y avait que ces arguments, il semblerait que les avantages et les inconvénients du scrutin d'arrondissement, du scrutin de liste et de la représentation proportionnelle sont inhérents à tout mode de votation, mais il y a d'autres raisons, spéciales à chacun des systèmes, qui les différencient.

(1) Cependant la législature de 1885-1889 est la seule où les dépenses n'aient pas augmenté et aient même diminué. Cf. le discours de M. Boudenoot : *Journal officiel* du 26 mars 1910, *Sénat*, p. 945.

Le scrutin de liste semble nettement inférieur aux autres modes de scrutin ; il personnifie, en effet, la brutalité majoritaire et il sacrifie sans compensation la minorité. Qu'un parti obtienne la majorité plus une voix dans l'ensemble des départements, et voilà la minorité privée de tout représentant, pour un écart de 86 voix ! Aussi, ses partisans vont-ils, de plus en plus, demander à la représentation proportionnelle un correctif à ce vice capital.

Si maintenant on compare le scrutin d'arrondissement et la représentation proportionnelle, on voit, en dernière analyse, d'un côté un scrutin qui, rapprochant l'électeur de l'élu, consacre la liberté du premier et la dépendance du second, un scrutin qui favorise les luttes mesquines, les coalitions plus ou moins louches, qui déforme le suffrage universel par ses inégalités entre les départements, les arrondissements, les circonscriptions, inégalités auxquelles on ne peut guère porter remède d'une façon satisfaisante.

Si l'on se tourne de l'autre côté, on trouve un mode de votation qui donnera, en général, une représentation proportionnée au nombre des habitants, l'image approximative des forces réelles de chaque opinion (1), diminuera les abstentions (2), supprimera, si possible, les néfastes

---

(1) Les adversaires de la réforme prétendent que la R. P. n'est même pas proportionnelle. C'est un argument dont il ne faut pas abuser, car, sous ce rapport, les résultats de la R. P. sont certainement supérieurs à ceux des systèmes majoritaires.

(2) Dans une certaine mesure seulement, car toutes les nuances du spectre

coalitions des extrêmes et rendra aux partis leur physionomie originale qu'ils perdent, pour ménager une opinion voisine dont l'appoint est nécessaire à leur triomphe. Mais, en revanche, que de craintes semblent permises ! On peut redouter la toute puissance des comités et la disparition fatale des esprits indépendants, les complications des systèmes peu compréhensibles pour l'ensemble de la masse électorale, la lutte au sein des partis et le triomphe des intrigants. Trois objections sont particulièrement graves : l'écrasement des nuances, l'affaiblissement des centres au profit des partis extrêmes et la tyrannie possible des majorités.

La représentation proportionnelle, dit-on, rend nécessaire la constitution de grands partis et supprime les groupes multiples dont l'existence est une entrave au bon fonctionnement du régime parlementaire. — En réalité, les nuances sont utiles : elles peuvent servir de contrepoids aux entraînements possibles des partis dont elles se rapprochent et dont elles ne constituent, en somme, que l'avant ou l'arrière-garde.

Les partis extrêmes seraient renforcés : avec le scrutin d'arrondissement, ils sont souvent trop faibles pour entrer en campagne et, faute de mieux, ils se rallient à un candidat plus modéré. Avec la proportionnelle, il n'en serait plus de même ; la justice y gagnerait peut-être, mais

politique ne seront pas représentées dans les listes et certains électeurs se désintéresseront, par suite, encore de la lutte.

le régime parlementaire y perdrait et le gouvernement deviendrait encore plus difficile.

Quant au Parlement, de deux choses l'une, si une majorité ne se dégage pas, les coalitions qui n'ont pas eu lieu devant le pays se produiront à la Chambre et le résultat ne sera sans doute pas meilleur ; si, au contraire, une majorité sort des urnes, ce sera une majorité homogène, compacte, très disciplinée, qui obéira aveuglément à ses chefs et tyrannisera les minorités.

Certains voient peut-être, dans la formation d'une majorité cristallisée, le salut du régime parlementaire. Nous ne sommes pas de ceux-là et nous ne pouvons souscrire à l'avis de ceux qui pensent qu'un discours peut changer l'opinion des députés, mais qu'il ne doit jamais changer leur vote.

Ainsi, dans chaque système, les inconvénients paraissent l'emporter sur les avantages. La critique s'exerce sur le scrutin d'arrondissement avec une âpreté toute particulière : aux arguments si sérieux que nous avons cités tout à l'heure, on en ajoute même d'injustes, et ce sont peut-être ceux qui portent le plus. On montre que, sauf en 1877, la majorité de la Chambre n'a jamais représenté la majorité du pays, mais dans les voix non représentées, on compte les abstentionnistes, ce qui peut prêter à confusion, car ce sont des non représentés volontaires, non des vaincus.

Les proportionnalistes disent ensuite que le maintien du

scrutin d'arrondissement rendrait toute réforme administrative ou judiciaire impossible. Il y a dans cet argument une grande part de vérité, mais pourquoi rendre le scrutin d'arrondissement seul responsable de la stagnation actuelle, pourquoi prétendre, surtout si l'on s'adresse à des électeurs présumés de l'opposition, qu'il empêche seul la suppression des sous-préfets, alors que la Chambre, élue au scrutin d'arrondissement, l'a plusieurs fois votée et que c'est le Sénat, issu du scrutin de liste, qui les a toujours rétablis?

Pour la législation électorale, comme pour beaucoup d'autres choses,

> La critique est aisée et l'art est difficile.

Le scrutin d'arrondissement est attaqué de tous côtés, parce qu'il est en vigueur; le plus grand avantage des autres systèmes, c'est de ne pas être appliqués en France, et d'être, par là-même, idéalisés dans l'esprit de leurs défenseurs. Un jour, lorsqu'on sera passé de la théorie à la pratique, qui sait si certains détracteurs du scrutin d'arrondissement ne le regretteront pas, s'ils ne s'écrieront pas, dans un élan de sincérité, que leur rêve s'est écroulé, et que ce n'était vraiment pas la peine d'avoir discuté pendant un demi-siècle, pour finir par tomber de Charybde en Scylla?

En matière de législation électorale, en effet, la théorie est peu, et la pratique est tout. Il est dès lors difficile de conclure nettement, soit en faveur du *statu quo*, soit en faveur de la représentation proportionnelle, puisque les arguments donnés par les partisans et les adversaires de cette dernière sont surtout des suppositions qui ne se réaliseront peut-être pas.

On ne peut guère invoquer l'exemple de l'étranger : chaque pays a une physionomie différente, une organisation politique propre, et tel système, donnant là-bas de bons résultats, pourrait en donner de détestables en France. D'ailleurs, l'expérience étrangère ne semble pas avoir été concluante : les résultats paraissent avoir été meilleurs en Belgique qu'en Suisse. Et cependant, en Belgique, les chefs de partis ne sont pas tous d'accord (1) : du côté des socialistes, M. Vandervelde est nettement favorable à la représentation proportionnelle ; du côté libéral, M. Paul Janson en est un partisan convaincu, tandis que M. Edmond Picard incline au rétablissement du système majoritaire. Parmi les conservateurs enfin, M. Wœste se déclare adversaire résolu de la proportionnelle, et M. Beernaert, qui la défend depuis 1884, avoue que, si elle a donné la paix à la Belgique, elle est maintenant en train de la mener à l'engourdissement.

On lui reproche en général d'assurer un équilibre si parfait qu'il paralyse toute action gouvernementale.

En Suisse, où les partis s'émiettent, le Président, dans un message adressé à l'Assemblée fédérale, s'est prononcé

---

(1) *Matin* du 5 novembre 1909.

contre la représentation proportionnelle qui pousse, d'après lui, à la multiplication des partis, à l'éparpillement des forces, et empêche la formation d'une majorité de gouvernement :

« Avec une représentation ainsi morcelée, nous aurons peut-être un congrès, un concile, une académie, nous aurons une réunion de minorités, mais nous n'aurons pas une assemblée représentative capable d'assurer la marche régulière d'un gouvernement démocratique (1) ».

Devant ces incertitudes, ces contradictions, une solution semble s'imposer, c'est de faire loyalement l'expérience de la représentation proportionnelle. On pourra se rendre compte alors de sa valeur réelle. Si les craintes de ses adversaires se réalisent, on aura un système qui ne vaudra pas mieux que le scrutin d'arrondissement, mais si elles demeurent vaines, si la « réforme des réformes » tient les promesses que nous font ses apôtres, elle apportera, il faut l'espérer, une notable amélioration au régime actuel.

(1) *Journal* du 20 mars 1910.

CHAPITRE III

LE CHAMP D'APPLICATION DE LA REPRÉSENTATION PROPORTIONNELLE

I

La représentation proportionnelle peut s'appliquer, non seulement aux élections législatives, mais encore aux élections municipales. Le ministère Briand s'est engagé, dans son programme, à en faire l'essai dans les grandes villes, et un certain nombre d'adversaires de la réforme sur le terrain politique, s'y rallient sur le terrain municipal. M. Esmein est de ce nombre :

« ... Si je repousse et combats la représentation proportionnelle dans les élections politiques, c'est parce que j'y vois un germe de divisions de plus en plus multiples et de faiblesse croissante dans les assemblées législatives et représentatives; je n'y verrais point les mêmes inconvénients pour les élections aux assemblées locales et administratives. Là, en effet, il n'y a point de législation à élaborer ni de direction gouvernementale à donner. La **représentation proportionnelle** enlèverait en partie à l'action de ces assemblées la tendance politique qu'elle affecte dans les pays libres et faciliterait la représentation des divers intérêts, ici tout à fait légitime » (1).

Malgré l'autorité de cette opinion, nous croyons au contraire qu'une telle réforme ne serait nullement désirable : les conseils municipaux ont pour but de veiller aux intérêts locaux, ils n'ont aucune mission politique, et la politique ne devrait jamais franchir le seuil de la mairie (2). Il en est d'ailleurs ainsi dans un assez grand nombre de communes rurales de moyenne importance : les habitants choisissent, sans considération de parti, les hommes qui leur paraissent le mieux qualifiés pour gérer les affaires communales. Avec la proportionnelle, les candidats, qui souvent n'ont pas d'opinion très arrêtée, devraient se classer dans des partis et la politique serait, cette fois, officiellement introduite dans la maison commune.

D'aucuns prétendent, et M. Abel Ferry s'est fait à la Chambre l'écho de cette opinion (3), que les luttes seraient moins violentes : Chaque parti, certain désormais d'être représenté au sein du Conseil, se bornerait à la conquête de la Mairie.

On se hâte d'en conclure qu'ainsi les budgets municipaux seraient mieux défendus et que les lois sociales ne seraient plus, comme aujourd'hui, souvent détournées de

(1) *Éléments de droit constitutionnel*, 5ᵉ éd., p. 297.
(2) Sauf, dans une certaine mesure, tous les neuf ans, lors de l'élection des délégués sénatoriaux.
(3) *Journal officiel* du 29 octobre 1909, *Chambre*, p. 2414 et 2415.

leur but pour la conquête ou l'entretien d'une clientèle ; l'apaisement règnerait partout.

Le tableau est vraiment enchanteur, mais combien, semble-t-il, loin de la réalité ! Chaque parti ne luttera plus que pour conquérir la mairie ! Ce simple aveu suffit à ruiner les espérances des partisans de la réforme. Aujourd'hui, dans les communes où les élections municipales se font sur le terrain politique, la lutte n'est vraiment âpre, les fraudes et la corruption ne sont vraiment redoutables que lorsque les partis en présence sont sensiblement égaux ; avec la représentation proportionnelle, chaque parti voudra conquérir la majorité et, comme un écart minime de voix peut suffire à la déplacer, la lutte sera aussi ardente qu'aujourd'hui. Avec la loi électorale actuelle, les partis, dit-on, sont en présence de ce dilemne : être tout ou n'être pas ; avec la représentation proportionnelle, les partis ne se feront pas d'illusions, ils savent que, dans ces petites assemblées, si la politique domine, être en minorité ressemble fort à n'être pas.

On reproche à la représentation proportionnelle, pour les élections législatives, de juxtaposer des minorités, de rendre la constitution d'une majorité impossible. Cette crainte est peut-être fondée, cependant, grâce au nombre des circonscriptions, à la multiplicité des résultats, l'inverse semble plus vraisemblable. Dans les élections municipales, au contraire, il sera vrai de dire qu'il ne sortira souvent des urnes qu'une juxtaposition de minorités. Dans les grandes villes surtout, où les nuances sont nombreuses, il est très rare qu'un parti ait la majorité absolue sur les autres. Soit, par exemple, une ville de 10.000 habitants, comptant 2.500 votants ; il y a 23 conseillers municipaux à élire. Cinq listes sont en présence : la liste conservatrice obtient 700 voix, les progressistes en réunissent 432, les républicains de gauche 354, les radicaux 396, et les unifiés 618. Si l'on répartit les sièges selon la règle d'Hondt, on trouve :

700	432	354	396	618
350	216	177	198	309
233	144	118	132	206
175	108			154
140				123
116				103
100				

Les conservateurs ont 7 sièges ; les progressistes, 4 ; les républicains, 3 ; les radicaux, 3 et les unifiés, 6.

Ainsi, le maire ne sera l'élu que d'une minorité ; les coalitions, au lieu de se produire devant les électeurs, se produiront au conseil, et le résultat ne sera pas meilleur. La situation des maires, exposés à l'obstruction, sans cesse menacés de voir leurs projets rejetés par des majorités d'occasion, sera précaire et la vie communale fera place à la stagnation.

Aussi le Congrès des Maires de France, réuni à Paris

au début de novembre 1910, s'est-il montré défavorable à la réforme.

M. Dron, député et maire de Tourcoing, fit remarquer qu'on ne pouvait se fonder ni sur l'exemple de la Belgique, ni sur celui de la Suisse, où l'organisation municipale n'est pas la même qu'en France ; suivant lui, l'essai de la proportionnelle aux élections municipales serait désastreux.

Le maire de Villeurbanne déclara que, partisan absolu de la représentation proportionnelle dans les élections législatives, il ne l'admettait pas pour les élections municipales : dans les petites municipalités, elle entraînerait l'anarchie.

La question, renvoyée à la Commission, fut rapportée par M. Delaroue, maire de Melun. Il montra qu'il n'y avait aucune raison d'organiser différemment le suffrage universel dans les communes de plus ou de moins de 50.000 habitants ; selon lui, la proportionnelle ne peut se concevoir que si les maires sont nommés par le pouvoir central et mis ainsi hors des atteintes des coalitions.

Après une intervention de M. Dron, pour déclarer que l'administration d'une commune suppose une majorité avec laquelle le maire puisse collaborer avec confiance, le congrès adopta l'ordre du jour suivant, proposé par la Commission :

Le congrès des maires, sans se prononcer pour ou contre la représentation proportionnelle, émet le vœu :

« Que si une expérience de ce mode de scrutin est tentée, elle ne le soit pas à l'occasion d'élections municipales ».

II

La représentation proportionnelle devrait être adoptée, d'après les uns, pour les élections législatives, d'après les autres, pour les élections municipales. Suivant nous, son champ d'application le plus propice serait plutôt celui dont personne ne parle, à notre connaissance : les élections sénatoriales ; les avantages resteraient les mêmes que pour les élections législatives, nous n'y reviendrons donc pas, mais, de leur côté, les inconvénients diminueraient notablement, ce qui rendrait nettement désirable l'adoption de la réforme.

Un certain nombre d'auteurs pensent que la représentation proportionnelle est incompatible avec le système des deux Chambres. La seconde étant généralement un élément de conservation, il ne faut pas en instaurer un second parmi les électeurs (1). Cette objection ne porte

---

(1) Cf. Esmein, *Éléments de droit constitutionnel*, 5ᵉ édit., p. 278 : « Pour empêcher les réformes prématurées, les votes d'entraînement, les résolutions extrêmes qui dépassent le tempérament national, le gouvernement représentatif de droit commun a établi, comme précaution sage et suffisante, l'institution des deux Chambres. Vouloir la doubler, à ce point de vue, de la représentation proportionnelle, c'est faire d'un remède un véritable poison ; c'est organiser le désordre, et émasculer le pouvoir législatif ».

pas si l'on se borne à établir la représentation proportionnelle dans le recrutement de la seconde Chambre, conservatrice.

Pour les élections sénatoriales fonctionne le scrutin de liste pur et simple, et nous connaissons les inconvénients qu'il offre dans les élections politiques ; la représentation proportionnelle y remédierait, en accordant aux minorités un nombre équitable d'élus.

On peut dire qu'elle fonctionnerait difficilement en ce moment, vu le petit nombre de sénateurs qu'élisent certains départements. L'argument est exact, mais, à l'heure actuelle, on songe, en haut lieu, à remplacer les circonscriptions départementales par des circonscriptions régionales.

La proportionnelle jouerait alors beaucoup mieux pour les élections sénatoriales : en effet, on propose en général de diviser la France en une vingtaine de régions. Les électeurs sénatoriaux voteraient donc en moyenne pour une quinzaine de noms, alors que, pour les élections législatives, les listes comprendraient 25 à 30 noms, ce qui serait beaucoup.

D'autre part, si la représentation proportionnelle ne fait pas sortir de majorité des urnes, le fait sera moins grave au Sénat qu'à la Chambre, car son rôle politique est moins actif.

De plus, les centres ne seraient pas affaiblis au profit des partis anti-constitutionnels dont les éléments, vaincus en grande partie lors des élections municipales, figurent très peu nombreux parmi les délégués sénatoriaux.

Enfin les électeurs sénatoriaux sont d'un niveau plus élevé que les électeurs de la Chambre, et ils seraient mieux à même de saisir le mécanisme compliqué de la représentation proportionnelle qui, en dépit des affirmations de M. Charles Benoist, est difficilement compréhensible pour la masse peu éclairée du suffrage universel.

CONCLUSION

La réforme électorale, il faut bien l'avouer, est, en général, souhaitée ou combattue dans un intérêt de parti, et non dans l'intérêt de la justice (1). Depuis la disparition de Gambetta, on fait bon marché des principes ; cependant, au cours de ces derniers débats, les proportionnalistes ont eu l'esprit de masquer par des considérations théoriques, le côté pratique de leurs revendications ; aussi leurs discours contrastent-ils singulièrement avec ceux des partisans du scrutin d'arrondissement qui, depuis 35 ans, ne prennent même pas la peine de voiler les raisons de

(1) Voici, d'après M. Esmein, l'arrière-pensée des proportionnalistes : « ... Le ressort caché qui a fait surgir et grandir la représentation proportionnelle... me paraît se trouver dans des sentiments beaucoup moins élevés que ceux que proclament ses partisans. Il me paraît résider dans une conception d'après laquelle les sièges des membres du Parlement..., considérés comme une somme totale de places honorifiques, influentes et rémunérées, doivent, au nom de l'équité et de l'égalité, se répartir entre tous les divers partis proportionnellement à leur importance. C'est comme une rectification équitable de la maxime américaine : les dépouilles au vainqueur ! » *Éléments de droit constitutionnel*, 5ᵉ éd., p. 276.

leurs préférences. Si l'on veut chercher dans les débats parlementaires la doctrine du scrutin d'arrondissement exposée avec talent, sans souci prédominant des intérêts politiques, il faut remonter au discours que prononça M. Lefèvre-Pontalis, en novembre 1875.

Tous les modes de votation, nous l'avons vu, ont plus d'inconvénients que d'avantages; aussi nulle réforme, semble-t-il, ne donnera les résultats qu'escomptent ses promoteurs. On s'exagère d'ailleurs l'influence du mode de scrutin sur le malaise parlementaire. Les causes sont nombreuses et certaines sont profondes.

Autrefois, on insistait principalement sur l'instabilité des ministères : de 1870 à 1895, 35 cabinets se succédèrent aux affaires, et la durée du ministère Jules Ferry (21 février 1883-30 mars 1885), fut regardée comme exceptionnelle. Mais, depuis 1895, une amélioration sensible s'est produite : à un ministère Bourgeois, démissionnaire en raison de l'hostilité du Sénat, succéda un Cabinet Méline qui dura du 30 avril 1896 au 14 juin 1898. Après deux cabinets de six mois environ chacun, présidés par MM. Brisson et Charles Dupuy, M. Waldeck-Rousseau forma un ministère qui dura du 6 juin 1899 au 7 juin 1902 et se retira volontairement. Son successeur, M. Combes, resta au pouvoir jusqu'au 9 janvier 1905. Puis, ce fut M. Rouvier, dont le ministère tomba le 7 mars 1906. Le nouveau président du Conseil, M. Sarrien, se retira le 19 octobre et fut remplacé par le ministre de l'Intérieur,

M. Clemenceau, qui resta aux affaires jusqu'au 20 juillet 1909. Depuis cette date, M. Briand est au pouvoir.

On voit donc que la durée des ministères est maintenant normale et que, de ce côté, il n'y a plus rien à redouter pour le jeu du régime parlementaire.

L'existence de partis anti-constitutionnels, au contraire, est une cause de trouble aussi bien dans le pays qu'à la Chambre. Dans le pays, ces partis dénaturent le suffrage universel en jetant leurs voix sur des candidats de nuance souvent opposée, pourvu qu'elle soit anti-constitutionnelle ; à la Chambre, ils sont portés à recourir à l'obstruction et à voter de parti pris contre les ministères au pouvoir, surtout contre ceux qui paraissent s'éloigner le moins de leur tendance. C'est la politique du pire. Pratiquée avec succès contre le parti opportuniste par les conservateurs grâce à la complicité des radicaux, alors en minorité, elle a été la cause de l'instabilité ministérielle sous la troisième République.

Mais aujourd'hui, cette politique est moins dangereuse à la Chambre : le parti conservateur a été décimé et, de plus, une partie de ses membres est défavorable à ces théories. Pour les élections, au contraire, il n'en est pas de même, et cet état d'esprit donne naissance à des coalitions imprévues (1) qui, si elles se généralisaient, compromet-

---

(1) Voir à ce sujet le discours de M. Clemenceau et les réponses de MM. Jaurès, Compère-Morel et Mille. *Journal officiel* des 13 et 16 juillet 1909, *Chambre*, p. 2007 et 2008, 2081, 2084, 2085 et 2086.

traient non seulement le jeu du régime parlementaire, mais encore feraient courir au pays les plus graves dangers. La représentation proportionnelle n'améliorerait sans doute pas cette situation : si les partis anti-constitutionnels en effet, sont assez forts pour atteindre le quotient électoral, il n'y aura plus de coalitions, mais ils arriveront renforcés à la Chambre ; au cas contraire, il n'y aura rien de changé.

L'effacement du président de la République contribue au mauvais fonctionnement du régime parlementaire, mais il ne provient pas de la Constitution de 1875. Le président nomme à tous les emplois civils et militaires, il a donc le droit de nommer les ministres et de les révoquer : bien que ce ne soit pas inscrit dans le texte, c'est conforme à l'esprit de la Constitution. Or, jamais un président n'a osé révoquer ses ministres; le plus énergique, le maréchal de Mac-Mahon, s'est borné à critiquer leurs actes, dans une lettre inconstitutionnelle, où il parlait, malgré son irresponsabilité consacrée par la Constitution, de sa « responsabilité envers la France » (16 mai 1877). Cette lettre provoqua la démission du cabinet Jules Simon, qui fut remplacé par un ministère de Broglie-de Fourtou pris dans la minorité. Après un ajournement d'un mois, la Chambre fut dissoute (25 juin). C'était une mesure illégale, car le droit de dissolution, véritable appel au pays d'un ministère mis en minorité à la Chambre, ne doit pas être exercé aussitôt après les élections, alors que l'on est à peu près sûr que le pays n'a pas eu le temps de changer d'opinion. Or les élections étaient encore récentes : elles dataient du 5 mars 1876 et rien ne faisait supposer un revirement d'idées. Ces actes indisposèrent la majorité de l'opinion publique contre la présidence ; ils sont la cause indirecte de son effacement. Le droit de dissolution est une prérogative très importante et il est à supposer qu'en raison des circonstances où il a été exercé, nul président de la République ne voudra plus y recourir.

L'affaiblissement de la présidence a été, en quelque sorte volontaire ; il a été consommé par M. Grévy qui, en se tenant à l'écart de tout, a autant diminué la première magistrature française que Washington avait grandi celle des Etats-Unis.

Dans un régime parlementaire, le chef de l'État doit être, non l'homme d'un parti, mais l'arbitre des partis ; il doit être indépendant. On peut douter qu'il en soit ainsi en France. Bien que l'élection soit accrète, le Président n'en connaît pas moins ceux qui ont fait campagne en sa faveur ; bien que, durant son septennat, le Sénat se renouvelle au moins pour les deux tiers et la Chambre, une ou deux fois, il se souvient de ceux qui l'ont porté au pouvoir et de ce fait, il est dans une certaine dépendance vis-à-vis des Chambres ; au lieu de devenir véritablement le chef de l'État, il tend à demeurer le chef suprême d'un parti.

Est-ce à dire que la réforme proposée par certains

publicistes, notamment M. Charles Benoist, l'élection au moyen d'un « plébiscite filtré », par les Conseils généraux, par exemple, donnerait au Président de la République la liberté qui lui manque? Nous ne le pensons pas. Le Président serait sans doute plus indépendant vis-à-vis des Chambres, mais il le serait peut-être moins à l'égard des partis. En outre, cette réforme aurait l'inconvénient de donner des pouvoirs politiques importants à des corps destinés exclusivement à la défense des intérêts locaux.

Le vice le plus profond du régime actuel réside certainement dans l'esprit de surenchère qui anime la majorité des députés de tous les partis.

Pour y remédier, certains voudraient rendre les députés non rééligibles, sauf à prolonger la durée de leur mandat (1).

Cette manière de voir n'a certainement aucune chance d'être partagée par les parlementaires. Elle aurait cependant pour effet, en les rendant complètement indépendants vis-à-vis de leurs électeurs, de les inciter à l'économie. Mais, en revanche, ils se désintéresseraient peut-être trop de leur mandat.

Le plus pratique serait de limiter l'initiative parlementaire en matière fiscale, en donnant au gouvernement seul, comme en Angleterre, le droit de proposer des dépenses nouvelles.

(1) Voy. la proposition de M. Gellé du 8 mars 1901, *Journal officiel*, Doc. parl., Chambre, 7e lég., n° 2245.

Cette réforme, sans doute, ne donnerait que des résultats modestes : les députés exerceraient une pression sur les ministres, dans les couloirs ou dans leur cabinet, pour les amener à proposer les dépenses qu'ils sollicitent. En Angleterre, le principe observé scrupuleusement en apparence, subit de nombreuses atteintes par ces moyens détournés, et les Chanceliers de l'Echiquier sont unanimes à s'en plaindre (1). Malgré tout, les effets de cette réforme ne peuvent être que bons, aussi est-il urgent de la tenter ; elle figure parmi les revendications de ceux qui proposent d'opérer la réforme parlementaire uniquement en révisant le règlement des Chambres (2).

La réforme électorale ne peut donc avoir la prétention de remédier à elle seule à un malaise dont les causes, nous l'avons vu, sont nombreuses. Ce malaise, la France n'est d'ailleurs pas le seul pays à en souffrir : en Espagne, la situation est pire, et en Italie (3), elle n'est pas meilleure, en Angleterre même, berceau du régime parlementaire, l'équilibre est rompu et il n'y a plus de centre de gravité.

Partout, on se plaint que les réformes utiles n'aboutissent pas, que les Chambres consacrent le meilleur de leur temps, non à la discussion des lois, mais aux luttes de

---

(1) Sur cette question, voy. Stourm, *Le budget*, 5ᵉ éd., p. 54 et suiv.

(2) Au sujet de la réforme parlementaire par la révision du règlement de la Chambre, voy. l'art. de M. Th. Ferneuil, dans la *Revue politique et parlementaire*, juillet 1894, p. 18 et suiv.

(3) Voir l'opinion de M. le Docteur Provido Siliprandi, traduite par M. Charles Benoist : *La reforme parlementaire*, p. 144 et suiv.

partis. En dépit de certains efforts, le travail parlementaire est stérile. Quelquefois, des idées très intéressantes sont enterrées par les commissions ; d'autres, plus heureuses, voient le jour et sont étudiées consciencieusement, mais alors, elles ne sont pas discutées ou elles le sont hâtivement, et de multiples amendements, parfois contradictoires, en détruisent l'économie.

On ne saurait toutefois, sans quelque injustice, rendre le gouvernement parlementaire responsable de cette anarchie ; aux Etats-Unis, où le régime n'existe pas, bien qu'en pense M. Benoist, la situation n'est guère meilleure qu'en Europe.

Il y a donc des causes d'ordre général dont souffrent tous les régimes ; elles proviennent sans doute de la complexité, croissante avec la civilisation, des attributions parlementaires, de la nécessité d'une législation toujours plus abondante, d'une réglementation toujours plus touffue, et la généralité même du malaise semble faire présager son incurabilité.

Vu et approuvé :
Le Président de la Thèse,
CAPITANT

Vu
Le Doyen,
P. CAUWÈS

Vu et permis d'imprimer :
Le Vice-Recteur de l'Académie de Paris,
L. LIARD.

ANNEXES

ANNEXE I

Dispositif de la proposition de loi présentée au nom de la Commission du suffrage universel par M. Étienne Flandin (Yonne), député.

(*Séance du 22 mars 1907*)

PROPOSITION DE LOI

Article premier

Les membres de la Chambre des députés sont élus au scrutin de liste, suivant les règles de la représentation proportionnelle exposées ci-après.

L'élection se fait en un seul tour de scrutin.

Art. 2

Chaque département élit autant de députés qu'il compte de fois 75.000 habitants. Toute fraction supérieure à 25.000 habitants est comptée pour le chiffre entier (1).

(1) Le rapport complémentaire de M. Varenne prévoit un minimum de 3 députés par département.

Art. 3

Le département forme une seule circonscription. Toutefois, lorsque le nombre des députés à élire y est supérieur à 10, le département est divisé en circonscriptions déterminées par une loi.

Art. 4

Une liste est constituée par le groupement des candidats qui, ayant fait la déclaration de candidature exigée par l'article 2 de la loi du 17 juillet 1889, se présentent conjointement aux suffrages des électeurs.

Elle ne peut comprendre plus de noms qu'il n'y a de députés à élire dans la circonscription ; mais elle peut comprendre un nombre moindre de noms. Les candidatures isolées sont considérées comme constituant chacune une liste distincte.

Art. 5

Le dépôt de la liste est fait à la préfecture, à partir de l'ouverture de la période électorale et au plus tard cinq jours francs avant celui du scrutin. La préfecture l'enregistre, le numérote et en délivre récépissé à chacun des candidats.

Ne peuvent être enregistrés que les noms des candidats dont la signature a été apposée sur la liste. L'enregistrement est refusé à toute liste portant plus de noms qu'il n'y a de députés à élire.

Aucun des candidats déjà inscrits sur une liste ne peut être inscrit sur une autre, à moins d'avoir notifié à la préfecture, par exploit d'huissier, sa volonté de se retirer de la première, d'où son nom est aussitôt rayé.

Vingt-quatre heures avant l'ouverture du scrutin, les listes enregistrées doivent être affichées, avec leur numéro, à la porte des bureaux de vote, par les soins de l'administration préfectorale.

Art. 6

Chaque électeur dispose d'autant de suffrages qu'il y a de **députés à élire dans sa circonscription.**

L'électeur peut accumuler la totalité ou plusieurs de ses suffrages sur un même nom.

Les procès-verbaux des bureaux de vote constatent le **nombre de suffrages recueillis par chaque candidat.**

Art. 7

La commission de recensement centralise les procès-verbaux des bureaux de vote, établit la masse électorale de chaque liste et répartit les sièges entre les listes au prorata de leur masse électorale.

La masse électorale de chaque liste est la somme des nombres de suffrages respectivement obtenus par les candidats appartenant à cette liste.

Art. 8

Pour répartir les sièges entre les listes, chaque liste électorale est successivement divisée par 1, 2, 3, 4..., jusqu'à concurrence du nombre des sièges à pourvoir, et les quotients obtenus sont inscrits par ordre d'importance, jusqu'à ce qu'on ait déterminé dans cet ordre autant de quotients qu'il y a de députés à élire dans la circonscription. Le plus petit de ces quotients, correspondant au dernier siège à pourvoir, sert de diviseur commun. Il est attribué à chaque liste autant de députés que sa masse électorale contient de fois le diviseur commun.

Art. 9

Dans chaque liste, les sièges sont dévolus aux candidats ayant obtenu le plus de suffrages, et en cas d'égalité de suffrages, aux plus âgés.

Art. 10

S'il arrive qu'un siège revienne à titre égal à plusieurs listes, il est attribué, parmi les candidats en ligne, à celui qui a recueilli le plus de suffrages individuels, et, en cas d'égalité de suffrages, au plus âgé.

Art. 11

Les candidats non élus de chaque liste qui ont recueilli le

plus grand nombre de voix sont classés premier, deuxième, troisième suppléants et ainsi de suite.

En cas de vacance par décès, démission ou toute autre cause, les suppléants seront appelés, suivant le rang de leur inscription, à remplacer les titulaires de la même liste, pourvu qu'ils jouissent, à ce moment, de leurs droits politiques.

Art. 12

Si, plus de six mois avant la fin d'une législature, la représentation d'une circonscription est réduite d'un quart et qu'il ne se trouve pas de suppléant susceptible d'être proclamé député, il est procédé dans cette circonscription à des élections complémentaires.

Art. 13

La présente loi est applicable à l'Algérie. Il n'est rien innové en ce qui concerne la représentation des colonies.

ANNEXE II

Opinion des députés sur la réforme électorale d'après les scrutins du 8 novembre 1909 (1)

142 partisans du statu quo :

1 conservateur : M. Fouquet.

1 libéral : M. Lemire.

2 progressistes : MM. Bonniard,
             Santelli.

27 républicains et républicains de gauche : MM. Babaud-Lacroze, Bouctot, Cazauvieilh, *Cazeaux-Cazalet*, Clament (Clément). Combrouze, Constant (Gironde), Cuttoli.

Dulau.

Etienne, *Euzière*.

Gavini, Guernier.

Iriart d'Etchepare (d').

de Kerguézec.

Léglise, Leroy (Modeste), Le Troadec.

Mairat, *Mulac*.

Poullan, *Pourteyron*.

Raynaud, Robert Surcouf, Rozet.

(1) Les noms écrits en italique sont ceux des députés qui ne se sont pas représentés ou ont été battus aux élections de 1910.

Thomson.

Villault-Duchesnois.

96 radicaux et radicaux-socialistes : MM. Armez, *Authier*, Bachimont, Baduel, *Balandreau*, *Balési*, Baudet (Côtes-du-Nord), Beauquier, Bender (Rhône), *Berthet*, Bertrand (Drôme), Bollet, Bouffandeau, Bozonet, *Brunard*, *Bussière*, *Butin*

Chapuis (Jura), Chapuis (Meurthe-et-Moselle) , *Chaumié*, Chaussier, Chavet, *Chenavaz*, Chopinet, Cloarec, *Couderc*, Crépel.

Daniel-Lacombe, David, Debaune, *Delaunay*, Deléglise, Delmas, Derveloy, Donadeï, *Dubief*, Dubuisson.

Émile Chauvin, Eugène Chanal.

Féron, Fitte, *Forcioli*.

Gallot, Gasparin, *Gentil*, Gioux, *Godet*.

Henri Roy (Loiret), Héritier, Hubert, *Hugon*.

Jacquier *Jean Grillon*.

Lachaud, Lafferre, La Trémoïlle (L de) prince de Tarente, Le Bail, Lefèvre, *Lefort*, Le Hérissé, Le Louédec, *Lesage*, *Levraud*, Lorimy, Loup, Milliaux, *Minier*.

Noguès.

Ossola.

Pajot, Pasqual, Péchadre, *Péronnet*, *Petitjean*, Pichery, Piérangeli, *Pierre Berger (Loir-et-Cher)*, Ponsot, *Pozzi*.

Rabier, Ragally, *Rajon*, Ravier, *Régnier*, Ribière.

Salis, *Sandrique*, Sarrazin, Schneider, (Haut-Rhin); *Sénac*, Simyan, Sireyjol.

Tavé, Thierry-Cazes, Trouin.

Villejean.

13 socialistes indépendants : MM. *Carnaud*, *Cornand*.

Delcluze, Devèze.

Émile Favre.

Fort.

Gérault-Richard.

Isoard.
Joly, *Jourde.*
Ledin.
Mahieu.
Normand.

2 socialistes unifiés : MM. Basly, Lamendin.

36 *partisans de la représentation proportionnée :*

1 libéral : M. Quesnel.

4 progressistes : MM. Boury (de).
Chambrun (marquis de).
Laniel.
Sibille.

7 républicains et républicains de gauche : MM. Dupuy (Pierre).
Hémon (Finistère).
Jean Morel (Loire).
Morel (Pas-de-Calais).
Roch.
Saumande, Siegfried.

20 radicaux et radicaux-socialistes : MM. *Antoine Gras.*
Baudet (Eure-et-Loir), *Baudon,* Berteaux, Borrel.
Chautemps (Isère).
Decker-David, Defontaine, Devins.
Gérard-Varet, Girod, *Guillemet.*
Hauet.
Leroy (Nord).
Méquillet.
Noulens.
Réville, *Rolland.*

Tenting.
Vidon.

3 socialistes indépendants : MM. *Charpentier*, Colliard, Coutant.

1 socialiste unifié : M. Breton.

70 partisans du scrutin de liste pur et simple :

2 libéraux : MM. Durand (Haute-Loire).
Pinault.

8 républicains et républicains de gauche : MM. *Arago.*
Bar, Bignon.
Coache.
Joyeux-Laffuie.
Larquier.
Vallée, Vion.

56 radicaux et radicaux-socialistes : MM. Ajam, *Astier* (Hérault), *Augé.*
Balitrand, Becays, *Bellier*, Besnard, Binet, Bougues, Bouttié, Bouyssou, *Braud.*
Chabert, *Chambon, Chandioux*, Chanoz, *Charonnat, Chautard*, Chautemps (Indre-et-Loire), Chenal, Cosnier.
Dalbiez, *Dauthy, Dehove*, Disleau, Dreyt, Dron, Dusevel.
Fabre, Fernand-Brun, Foucher, *Foy.*
Godart, *Goujat.*
Hector Depasse.
Jouancoux, Judet.
Lagasse, Lauraine.
Magniaudé, *Maille*, Malvy, Massé, Mathis, *Michel*, Mons, Muteau.
Nicolle.
Péret, Pujade.

Renard, *Ridouard, Rigal*, Rougier.
Simonet.
Vigier.

3 socialistes indépendants : MM. Chauvière.
Desfarges.
Fournier (François).

1 socialiste unifié : *M. Brousse (Paul)* *(Seine)*.

18 partisans du scrutin de liste avec ou sans R. P. :

4 conservateurs : MM. Bougère (Ferdinand).
Dion (marquis de).
Legrand (Manche).
Rauline.

2 républicains de gauche : MM. Lefébure.
Reinach (Théodore).

12 radicaux et radicaux-socialistes : MM. Astier (Ardèche).
Bourély, *Buyat.*
Chaumeil, Clémentel.
Dessoye.
Fournol.
Klotz.
Noël.
Pelisse.
Roret.
Treignier.

265 partisans de la représentation proportionnelle :

41 conservateurs : MM. Baudry d'Asson (de), Blacas (duc de),
Boissieu (baron de).

Cibiel (Aveyron), Cochin (Denys) (Seine) Cochin (Henry) (Nord).

Delafosse, Delahaye, Des Lyons de Feuchin (baron), Dutreil, de l'Estourbeillon (marquis de).

Fontaines (de), Forest.

Galpin, Gayraud, Gérard (baron), Ginoux-Defermon, Gonidec de Traissan (comte le).

Halgouet (lieutenant colonel du), Hercé (de).

Jacquey (général), Juigné (marquis de).

La Ferronnays (marquis de), Lanjuinais (comte de), *Largentaye (Rioust de)*, Lavrignais (de), *Leblanc*, Lerolle, *Lévis-Mirepoix (comte de)*, Limon.

Mackau (baron de), Maurice Binder, *Monti de Rézé (de)*.

Pins (marquis de), Pomereu (marquis de).

Ramel (de), *Rosanbo (marquis de)*.

Savary de Beauregard, *Schneider (Saône-et-Loire)*.

Villebois-Mareuil (vicomte de), Villiers.

13 nationalistes : MM. *Argeliès*.

Barrès, Bienaimé (Amiral), Bussat.

Ferrette, Flandin (Ernest) (Calvados), Flayelle.

Gauthier (de Clagny).

Lasies.

Millevoye.

Pugliesi-Conti.

Rudelle.

Tournade.

27 libéraux : MM. *Anthime-Ménard*.

Ballande. *Belcastel (baron de)*, Berry.

Cachet.

Dansette, Desjardins.

Gailhard-Bancel (de), Groussau, Guichenné, *Guilloteaux*, *Guyot de Villeneuve*.

Lamy, Lefas, Lefebvre du Prey, Ludre (comte Ferri de).

Massabuau, Mun (comte Albert de).
Néron.
Ollivier.
Pasquier, Passy, Piou, Plichon.
Reille (baron Amédée), *Reille (baron Xavier).*
Tailliandier.

52 progressistes : MM. Adigard, *Alicot,* Archambeaud, Auriol, Aynard.

Bansard des Bois, *Bartissol,* Beauregard, *Berger (Georges) (Seine),* Bertrand *(Marne),* Bonnevay, Brice, Brindeau, Brousse (Emmanuel) (Pyrénées-Orientales).

Charles Benoist, *Colin (Vosges),* Cornudet (Vicomte).

Dior, Duclaux-Monteil, *Dudouyt, Dupourqué.*

Elissagaray (d'), Engerand.

Failliot.

Gaffier, *Gauvin, Gontaut-Biron (Bernard de)* Gourd, *Guillain.*

Hennessy, *Hugues (Frédéric).*

Krantz.

Laurent, *Lebaudy,* Leroy-Beaulieu (Pierre).

Mando, Marin, Maurice Spronck, Monsservin, Moustier (marquis de).

Ory, Osmoy (d').

Périer (Saône-et-Loire), *Perroche, Prache,* Pradet-Balade.

Quilbeuf.

Raiberti, Roche (Jules), *Rose.*

Thierry, Thierry-Delanoue.

27 républicains et républicains de gauche : MM. *Amodru.* Bénazet.

Caillaux, Carnot (François), Chailley, Chastenet, Chaulet, Chaumet, *Cibiel (Vienne),* Colin (Alger).

Delaune, Delelis-Fanien, Deschanel, Dunaime.

Farjon, Folleville de Bimorel (de).

Gast, Gérald, Grosdidier.

Jules Legrand.
La Batut (de), Laroche, Lebrun, *Lemaire*, Lhopiteau.
Reinach (Joseph) (Basses-Alpes).
Vigouroux.

51 radicaux et radicaux-socialistes : MM. Amiard, Andrieu, *Archimbaud.*

Buisson (Ferdinand), *Boulard.*

Carpot, Ceccaldi, *Capéran, Cère, Chaigne, Cosnard,* Couesnon, *Couloudre,* Cruppi.

Dalimier, *Dauzon,* Delcassé, *Delecroix,* Deloncle (Seine), Delpierre, Desplas, *Doumer,* Drelon, *Dumont,* (Drôme), Dumont (Jura).

Ferry (Abel), *Fleurent.*

Gheusi, *Guieysse,* Guislain.

Haguenin.

Labori, Leboucq, *Le Foyer.*

Marrou, Messimy, *Messner.*

Pérès, Perrissoud, *Petin,* Puech.

Reveillaud, *Roy (Charente-Inférieure).*

Saint-Martin, Schmidt, Sévère, Steeg.

Torchut, Trouvé.

Vazeille, Viollette.

6 socialistes indépendants : MM. *Baron (Gabriel).*
Camuzet.
Lenoir.
Merle.
Paul-Boncour.
Zévaës.

48 socialistes unifiés : MM. Albert-Poulain, Aldy, *Alexandre Blanc, Allard, Allemane.*

Bedouce, Betoulle, Bouisson, Bouveri.

Cabrol, Cadenat, *Carlier,* Compère-Morel, *Constans.*

Dejeante, Delory, *Dubois*, Ducarouge, Dufour, *Durre*.
Ferrero, *Fiévet*, Franconie.
Ghesquière, Goniaux, Groussier, Guesde.
Jaurès.
Lecointe.
Marietton, *Melin*, Meslier, Mille.
Nectoux, Nicolas.
Roblin, Rognon, Rouanet, Rozier.
Selle, Sembat.
Thivrier.
Vaillant, V*arenne*, Véber, Vigne.
Walter, Willm.

2 députés ont voté uniquement contre la R. P.

2 radicaux-socialistes : MM. Chassaing.
                                    Pelletan.

2 députés ont simplement voté le passage à la discussion des articles.

1 républicain de gauche : M. *Codet*.

1 radical-socialiste : M. *Louis--Dreyfus*.

15 députés se sont abstenus.

Le président de la Chambre : M. Brisson.

11 ministres et sous-secrétaires d'état-députés : MM. Aristide Briand, Barthou, Chéron, Cochery, *Doumergue*, Dujardin-Beaumetz, Millerand, René Renoult, Ruau, Sarraut, Viviani.

1 conservateur : M. *Suchetet*.

1 républicain de gauche : M. *Deloncle* (*Cochinchine*).

1 radical : M. Jean Javal.

37 députés étaient absents par congé :

MM. *Abel-Bernard*.

Begey, Biétry, Bougère (Laurent).

Castellane (Comte Boni de), Castillard, Chamerlat, Chavoix, *Chion-Ducollet, Corderoy*.

Demellier, *Duquesnay*, Durand (Aude).

Gaillard, Grandmaison (de).

Halléguen.

Jonnart.

Lassalle, Le Cherpy, Légitimus, *Levet*, Leygues, *Lockroy*.

Magnaud, Montaigu (Marquis de), Morel (Haute-Saône).

Pastre, Paul-Meunier, *Peureux*, Plissonnier, *Pressensé (de)*.

Razimbaud, Rohan (duc de).

Saint-Pol (de), Sauzède.

Théron.

Vandame.

5 sièges étaient vacants : Pamiers — Besançon, 2ᵉ circonscription. — Cahors — Limoges, 2ᵉ circonscription.

Les 222 proportionnalistes résolus comprennent :

41 conservateurs : MM. Baudry d'Asson (de), Blacas (duc de), *Boissieu (baron de)*.

Cibiel (Aveyron), Cochin (Denys) (Seine), Cochin (Henry) (Nord).

Delafosse, Delahaye, Des Lyons de Feuchin (baron), Dutreil, de l'Estourbeillon (Marquis de).

Fontaines (de), Forest.

Galpin, Gayraud, Gérard (baron), Ginoux-Defermon, Gonidec de Traissan (Comte le).

Halgouët (Lieutenant Colonel du), Hercé (de).

Jacquey (Général), Juigné (Marquis de)

La Ferronnays (Marquis de), Lanjuinais (Comte de), *Largentaye (Rioust de)*, Lavrignais (de), *Leblanc*, Lerolle, *Lévis-Mirepoix (Comte de)*, Limon.

Mackau (baron de), Maurice-Binder, *Monti de Rezé (de)*.

Pins (Marquis de), Pomereu (Marquis de).

Ramel (de), *Rosanbo (Marquis de)*.

Savary de Beauregard, *Schneider (Saône-et-Loire)*.

Villebois-Mareuil (Vicomte de), Villiers.

13 nationalistes : MM. *Argeliès*.

Barrès, Bienaimé (Amiral), Bussat.

Ferrette, Flandin (Ernest) (Calvados), Flayelle.

Gauthier (de Clagny).

Lasies.

Millevoye.

Pugliesi-Conti.

Rudelle.

Tournade.

27 libéraux : MM. *Anthime-Ménard*.

Ballande, *Belcastel (baron de)*, Berry (Georges).

Cachet.

Dansette, Desjardins.

Gailhard-Bancel (de), Groussau, Guichenné, *Guillotteaux, Guyot de Villeneuve*.

Lamy, Lefas, Lefebvre du Prey, Ludre (comte Ferri de).

Massabuau, Mun (comte Albert de).

Néron.

Ollivier.

Pasquier, Passy, Piou, Plichon.

Reille (baron Amédée), *Reille (baron Xavier)*.

Tailliandier.

50 progressistes : MM. Adigard, *Alicot*, Archambeaud, Auriol, Aynard.

Bansard des Bois, *Bartissol*, Beauregard, *Berger (Georges) (Seine)*, *Bertrand (Marne)*, Bonnevay, Brice, Brindeau, Brousse (Emmanuel) (Pyrénées-Orientales).

Charles Benoist, *Colin (Vosges)*, Cornudet (Vicomte).

Dior, Duclaux-Monteil, *Dudouyt*, *Dupourqué*.

Élissagaray (d'), Engerand.

Failliot.

Gaffier, *Gauvin*, Gontaut-Biron (*Bernard de*), Gourd, *Guillain*.

Hennessy, *Hugues (Frédéric)*.

Krantz.

Lebaudy, Leroy-Beaulieu (Pierre).

Maudo, Marin, Maurice-Spronck, Monsservin, Moustier (marquis de).

Osmoy (d').

Périer (Saône-et-Loire), *Perroche*, *Prache*, Pradet-Balade.

Quilbeuf.

Raiberti, Roche (Jules), *Rose*.

Thierry, Thierry-Delanoue.

10 républicains et républicains de gauche : MM. *Amodru*.

Caillaux, Carnot (François).

Delaune, Deschanel.

Farjon.

Gérald, Grosdidier.

Jules Legrand.

Reinach (Joseph) (Basses-Alpes).

29 radicaux et radicaux-socialistes : MM. Amiard, Andrieu, *Archimbaud*.

Buisson (Ferdinand).

Carpot, Ceccaldi, *Cosnard*, Cruppi.

Delecroix, Deloncle (Seine), Delpierre, Desplas, *Doumer*, *Dumont* (Drôme).

Ferry (Abel), *Fleurent*.
Gheusi, *Guieysse*.
Labori, Leboucq, *Le Foyer*.
Marrou, Messimy.
Perrissoud, *Petin*, Puech.
Schmidt. Sévère, Steeg.

3 socialistes indépendants : MM. Camuzet.
Lenoir.
Zevaës.

48 socialistes unifiés : MM. Albert-Poulain, Aldy, *Alexandre Blanc*, *Allard*, *Allemane*.
Bedouce, Betoulle, Bouisson, Bouveri.
Cabrol, Cadenat, *Carlier*, Compère-Morel, *Constans*.
Dejeante, Delory, *Dubois*, Ducarouge, Dufour, *Durre*.
Ferrero, *Frévet*, *Franconie*.
Ghesquière, Goniaux, Groussier, Guesde.
Jaurès.
Lecointe.
Marietton, *Melin*, Meslier, Mille.
Nectoux, Nicolas.
Roblin, Rognon, Rouanet, Rozier.
Selle, Sembat.
Thivrier.
Vaillant, *Varenne*, Veber, Vigne.
Walter, Willm.

Ont en outre voté l'ensemble :

4 conservateurs qui s'étaient abstenus sur la question de la R. P. : MM. Bougère (Ferdinand).
Dion (marquis de).
Legrand (Manche).
Rauline.

1 socialiste unifié, partisan du scrutin de liste : *M. Brousse (Paul) (Seine)*.

ANNEXE III

L'historique parlementaire de la réforme électorale (1870-1910). (Tableau des propositions et rapports, discussions, lois).

I

PROPOSITIONS ET RAPPORTS

1° Scrutin uninominal.

19 mars 1872. — Proposition de Castellane, p. 50.

9 décembre 1872. — Rapport sommaire Ferdinand Boyer, p. 51.

20 mai 1873. — Projet Thiers, p. 51.

21 mars et 22 juillet 1874. — Rapports Batbie au nom de la Commission des Trente, p. 53 et 54.

15 octobre 1888. — Proposition Michelin, p. 107.

15 octobre 1888. — Proposition Ribot, p. 108.

15 octobre 1888. — Proposition Antide Boyer, p. 108.

16 octobre 1888. — Proposition Boysset, etc. p. 109.

10 décembre 1888. — Rapport sommaire Maurice-Faure, p. 110.

31 janvier 1889. — Projet Floquet, p. 110.

9 février 1889. — Rapport Thomson, p. 110.

13 février 1889. — Rapport de Casabianca (au Sénat), p. 114.

19 juillet 1897. — Proposition Gabriel Deville (représentation proportionnée, p. 121.

23 octobre 1897. — Rapport sommaire Odilon-Barrot, p. 122.

15 juin 1906. — Proposition Guillemet (réduction des députés), p. 148.

9 juillet 1906 — Proposition Sénac (représentation proportionnée), p. 149.

5 novembre 1906 — Proposition J.-L. Breton, (représentation proportionnée), p. 150.

30 novembre 1906. — Proposition Lemire (réduction des députés), p. 155.

28 octobre 1907. — Proposition Bérard, etc. (représentation proportionnée), p. 159.

27 novembre 1907. — Proposition Gioux (représentation proportionnée), p. 160.

24 mars 1908. — Proposition Breton (représentation proportionnée, p. 162.

10 juillet 1908. — Proposition Breton, (représentation proportionnée), p. 163.

21 mai 1909. — Proposition Breton, etc. (représentation proportionnée), p. 165.

2· *Scrutin de liste*

2 septembre 1871. — Proposition Ch. Rolland et Paul Jozon, p. 49.

26 janvier 1872. — Rapport sommaire de Marcère, p. 50.

22 juillet 1875. — Rapport Ricard-de Marcère, au nom de la nouvelle Commission des Trente, p. 55.

19 décembre 1876. — Proposition Hervé de Saisy (au Senat) p. 69.

16 février 1877. — Rapport sommaire Poriquet (défavorable) p. 69.

7 mai 1877. — Proposition Hervé de Saisy (au Sénat). p 69.

7 mars 1878. — Rapport sommaire de Lareinty, p. 69.

22 mars 1879. — Proposition Hervé de Saisy (au Sénat), p. 70.

1er avril 1879. — Rapport sommaire Meinadier (défavorable), p. 70.

13 juillet 1880. — Proposition Bourgeois, p. 71.

13 juillet 1880. — Proposition Bardoux, p. 71.

26 novembre 1880. — Rapport sommaire Labuze, p. 73.

16 mai 1881. — Rapport Boysset (défavorable), p. 73.

3 juin 1881. — Rapport Waddington (au Sénat) (défavorable), p. 82.

23 mai 1881. — Proposition Eymard-Duvernay (au Sénat), p. 87.

14 janvier 1882. — Projet Gambetta, p. 88.

26 janvier 1882. — Rapport Andrieux (défavorable), p. 88.

26 mars 1884. — Proposition Constans, p. 90.

26 mai 1884. — Rapport sommaire Escande, p. 90.

29 décembre 1884. — Rapport Constans, p. 90.

16 mai 1885. — Rapport Bozérian (au Sénat), p. 102.

9 février 1895. — Proposition Goblet, etc. p. 118.

7 mars 1895. — Rapport sommaire Odilon-Barrot (défavorable), p. 119.

29 octobre 1897. — Rapport Ch. Ferry, (défavorable), p. 123.

24 juin 1901. — Proposition Berry, p. 126.

18 novembre 1901. — Proposition Klotz, p. 126.

5 mars 1902. — Rapport Ruau, p. 132.

24 octobre 1902. — Proposition Klotz, etc. p. 138.
7 avril 1905. — Rapport Buyat, p. 141.

2 juillet 1906. — Rapport Buyat (repris), p. 149.
3 juillet 1906. — Proposition Depasse, p. 149.
26 novembre 1906. — Proposition Buyat, etc. (réduction des députés). p. 154.
8 mai 1907. — Proposition Bignon, p. 157.
24 mars 1908. — Proposition Dessoye, p. 160.

3° *Scrutin de liste par arrondissement.*

7 mars 1881. — Proposition Desseaux, p. 86.

15 octobre 1888. — Proposition Maxime Lecomte, p. 107.
15 octobre 1888. — Proposition G. Hubbard, p. 109.

9 juin 1893. — Proposition de Ramel, etc., p. 117.

5 décembre 1901. — Proposition Chassaing, p. 127.

4° *Représentation proportionnelle.*

26 décembre 1873. — Proposition Pernolet, p. 52.
17 juin 1875. — Proposition Pernolet, p. 55.

25 novembre 1880. — Proposition Cantagrel, p. 71.
5 mars 1881. Rapport sommaire Trouard-Riolle, p. 72.

25 juin 1896. — Proposition Dansette et Le Gavrian, p. 119.
25 juin 1896. — Proposition Lemire, p. 121.

20 janvier 1898. — Proposition Chassaing, p. 122.

8 novembre 1900. — Proposition Dansette, p. 125.
29 janvier 1901. - Proposition Chassaing et Louis Martin, p 126.
9 décembre 1901. — Proposition Vazeille, p. 127.
29 janvier 1902. — Proposition Lasies, p. 131.
5 mars 1902. - Rapport Ruau (défavorable), p. 132.

10 juin 1902. — Proposition Dansette, p. 137.
24 octobre 1902. — Proposition Lasies, p. 138.
8 juin 1903. — Proposition Louis Mill, etc., p. 138.
9 juin 1903. — Proposition Dansette, p. 140.
25 juin 1903. — Proposition Louis Martin, p. 140.
7 avril 1905. - Rapport Charles Benoist, p. 142.
28 novembre 1905 — Proposition Massabuau, p. 145.

12 juin 1906. — Proposition Dansette, p. 147.
12 juin 1906. — Proposition Louis Martin, p. 148.
14 juin 1906. — Proposition Massabuau p. 148.
9 juillet 1906. — Rapport Benoist (repris), p. 149.
8 novembre 1906. — Proposition Etienne Flandin, p. 153.
22 novembre 1906. — Proposition Ch. Benoist, etc. (réduction des députés), p. 154.
22 novembre 1906. — Proposition Bonnevay (réduction des députés), p. 154.
22 mars 1907. — Rapport Etienne Flandin, p. 156.
29 octobre 1907. — Proposition Louis Martin, etc., p. 159.
29 octobre 1907 - Proposition Louis Martin, p. 160.
3 mars 1909. — Rapport complémentaire Varenne, p. 164.
11 janvier 1910. — Proposition mixte Dauthy, p. 232.

ANNEXES

II

DISCUSSIONS

2 juin 1874. — Première délibération de la loi électorale de 1875, p. 54.

8 novembre 1875. — Deuxième délibération, p. 56.

23 novembre 1875. — Troisième délibération, p. 63.

19 mai 1881. — Proposition Bardoux, p. 75.

9 juin 1881 (au Sénat). — Proposition Bardoux, p. 84.

26 janvier 1882. — Projet Gambetta, p. 88.

19 mars 1885. — Proposition Constans, p. 91.

19 mai 1885 (au Sénat). — Proposition Constans, p. 102.

11 février 1889. — Projet Floquet, p. 111.

13 février 1889 (au Sénat). — Projet Floquet, p. 115.

21 mars 1898. — Proposition Goblet, p. 124.

17 mars 1902. — Propositions de scrutin de liste et de R. P., p. 133.

21 octobre 1909. — Propositions de R. P., p. 179.

III

LOIS

30 novembre 1875. — Scrutin d'arrondissement.

16 juin 1885. — Scrutin de liste.

13 février 1889. — Scrutin d'arrondissement.

TABLE DES MATIÈRES

	PAGES
BIBLIOGRAPHIE	1
INTRODUCTION	1

PREMIÈRE PARTIE

Les réformes proposées

Chapitre I. — *Le scrutin de liste*	17
Chapitre II. — *La représentation proportionnelle*	22
Chapitre III. — *Le scrutin de liste par arrondissement*	35
Chapitre IV. — *La représentation proportionnée*	36

DEUXIÈME PARTIE

La réforme dans l'histoire

Chapitre I. — *Le mode de scrutin de la Révolution française à la chute du Second Empire*	41
Chapitre II. — *Travaux parlementaires et variations législatives de 1870 à 1889*	43

I. 1870-1875... 48

II. 1876-1885........... 68

III. 1885-1889... 106

TROISIÈME PARTIE

La réforme électorale et l'opinion contemporaine

CHAPITRE I. — *La réforme et le Parlement (1889-1910)* 117

I. 1889-1898... 117

II. 1898-1902.. 125

III. 1902-1910....................................... 137

CHAPITRE II. — *La réforme électorale et les partis*............ 239

CHAPITRE III. — *L'avenir de la représentation proportionnelle*... 248

QUATRIÈME PARTIE

La pratique de la réforme électorale

CHAPITRE I. — *Critique des différents systèmes de représentation proportionnelle*.. 255

CHAPITRE II. — *Comparaison des arguments donnés pour et contre la réforme électorale*....................................... 276

CHAPITRE III. — *Le champ d'application de la représentation proportionnelle*... 286

I. Les élections municipales........................ 286

II. Les élections sénatoriales....................... 291

CONCLUSION... 295

ANNEXES

I. Texte d'une proposition de représentation proportionnelle. — (Rapport Flandin)...................................... 303

II. Opinion des députés sur la réforme électorale, d'après les scrutins du 8 novembre 1909............. 306

III. Tableau chronologique des propositions et rapports, discussions, lois, de 1871 à 1910........................... 319

ERRATUM

Page 137, ligne 3, au lieu de : 8 juin 1902, lire : 10 juin 1902.

Angers, Imprimerie J. Siraudeau. — 10-2220.

www.ingramcontent.com/pod-product-compliance
Lightning Source LLC
Chambersburg PA
CBHW072007150426
43194CB00008B/1029